Radreiseführer
Oder-Neiße-Radweg

Genussmomente und lohnenswerte Schlenker für Reise-Radler und E-Bike-Entdecker

Inhaltsverzeichnis

Lasse den Alltag hinter dir. Nimm dir die Zeit – Fahr los, um etwas zu erleben und schreibe es nieder. Erinnere dich an deine Reise, an die Natur, die Städte und die Menschen, mit denen du die Momente geteilt hast.

Der Oder-Neiße-Radweg

Von der Neiße-Quelle zur Mündung in die Oder und weiter zur Ostsee

Auftakt Seite 5
Vorbereitung Seite 12
Beschilderung & Information Seite 16

Der Reiseführer ab Seite 18

1. Von Nová Ves nad Nisou / Neiße-Quelle nach Zittau: Tschechischer Auftakt. **Seite 20**

2. Von Zittau nach Rothenburg/Oder: Durch die Oberlausitz. **Seite 42**

3. Von Rothenburg/Oder nach Guben: Dörfer, Parks und Auen. **Seite 56**

4. Von Guben nach Frankfurt/Oder: Von der Neiße an die Oder. **Seite 76**

5. Von Frankfurt/Oder nach Stolpe: Durch das Oderbruch. **Seite 94**

6. Von Stolpe nach Gartz/Oder: Nationalpark Unteres Odertal. **Seite 110**

7. Von Gartz/Oder nach Ueckermünde: Von der Oder zum Stettiner Haff. **Seite 122**

8. Von Ueckermünde nach Ahlbeck: Ums Haff auf die Insel Usedom. **Seite 140**

Das Roadbook (Maßstab 1:50.000)
Die Strecke ab Seite 160
Kapitelübersicht & Kartenlegende auf der hinteren Klappe

Die Extra-Tourenkarte – Die Landschaft und Sehenswürdigkeiten des Radwegs

Auftakt: **Der Oder-Neiße-Radweg von Nová Ves nach Ahlbeck**

Weit reicht der Blick von den Oderhängen in Lebus über das Odertal

Neiße und Oder

Drei Länder, zwei Flüsse, historische Städte und faszinierende Flusslandschaften prägen den 630 km langen Radweg. Burgen und Schlösser, schöne Altstädte, verträumte Dörfer mit Feldsteinkirchen und Fachwerkhäusern säumen die Flüsse und laden zu einer Reise in die Vergangenheit ein. Das Oderbruch und der Nationalpark Unteres Odertal begeistern mit stillen Auenlandschaften und großem Vogelreichtum. Durch Vorpommern geht es zum Stettiner Haff, ins Peenetal und über den Peenestrom auf die Sonneninsel Usedom, wo an der Ostsee feine Sandstrände und elegante Bäderarchitektur locken.

Entlang der Neiße zur Oder

Der Hausberg von Liberec: der Ještěd mit dem futuristischen Jeschkenturm

Im waldreichen Isergebirge mit seinen aussichtsreichen Gipfeln startet der Radweg an der Quelle der Lausitzer Neiße, verläuft zunächst aber noch flussfern südlich des Flusses. Ab Liberec folgt er dann bis zur Oder der Lausitzer Neiße. Beiderseits der Grenze finden sich in den Dörfern sehenswerte Umgebindehäuser, die typisch für das Dreiländereck sind. Kulturell bietet die Route neben Dörfern, Burgen und Kirchen sehenswerte Altstädte in Jablonec, Liberec und Zittau, die alle ihren Reichtum dem Tuchhandel und der Leinenweberei verdanken.

Mahnmal am polnischen Oderufer – die gesprengte Oderbrücke südlich von Fürstenberg

Durch das Oderbruch und den Nationalpark

Die Oder im Oderbruch...

Eine faszinierende Flusslandschaft erwartet uns: Zunächst das Oderbruch, ein durch Deiche und Entwässerungsgräben gezähmtes 60 km langes Flussbinnendelta, daran anschließend der Nationalpark Unteres Odertal, Deutschlands einziger Auennationalpark. Hier flutet die Oder regelmäßig die angrenzenden Auen, Auwälder und Altarme der Oder. Das Untere Odertal ist als Brut-, Rast- und Überwinterungsplatz ein Paradies für Wasservögel. Im Frühjahr und Herbst lässt sich der Durchzug tausender Gänse, Enten und Kraniche beobachten.

... und im Nationalpark Unteres Odertal

Um das Stettiner Haff zur Ostsee

Am Stettiner Haff in Mönkebude

Wir verlassen die Oder und radeln durch Vorpommern – Buchen- und Mischwälder, Seen und Moore und ein paar Anstiege sorgen für Abwechslung im Hinterland der Küste. In den Dörfern laden Feldsteinkirchen und Gutshäuser zur Pause ein. Die Ankunft am Stettiner Haff weckt Vorfreude: Kleine Hafforte, die Hafenstadt Ueckermünde und die Hansestadt Anklam an der Peene verströmen mit ihren Häfen schon maritimes Flair. Durch den Süden der Insel Usedom geht es dann zum 70 m breiten Sandstrand des Kaiserbades Ahlbeck. Geschafft!

Am Ziel in Ahlbeck auf Usedom

Vorbereitung

Zum Radreiseführer

Das Buch ist klar und einfach in zwei Teile gegliedert:
Reiseführer & Roadbook

Mit dabei sind eine große Extra-Karte und der GPX-Track
zur Hauptroute des Roadbooks: *www.kompass.de/gpx*

Der Reiseführer und die Extra-Karte für den nötigen Überblick zeigen dir das „Rundherum" des Weges und nicht nur den Asphalt unter den Reifen. Hier werden die Stationen des Radwegs charmant beschrieben. Die Einteilung in „Kapitel" dient der großräumigen Orientierung. Dabei handelt es sich nicht um Empfehlungen für Tagesetappen. Die Wahl des Fahrrades, mit oder ohne Motorunterstützung, und konditionelle Unterschiede erfordern eine individuelle Etappenplanung.

Jedes Kapitel beginnt mit einem illustrierten Höhen- und Streckenprofil zur schnellen Orientierung. Die Beschreibung greift nach und nach den landschaftlichen Charakter und die Sehenswürdigkeiten entlang der Hauptroute auf und vermittelt auf diese Weise ein Gefühl für die Umgebung. Unterbrochen wird der Text durch farblich hinterlegte Infoboxen.

Highlights am Wegesrand: Diese sind im Haupttext hervorgehoben und mit blauem Symbol durchnummeriert (siehe oben rechts). In grünen Infoboxen mit der entsprechenden Symbol-Nummer wird das jeweilige Highlight detailliert beschrieben. Die Stadtpläne helfen bei der Orientierung an Ort und Stelle. Im Roadbook sind die Sehenswürdigkeiten mittels Symbol-Nummer verortet.

Highlights am Wegesrand   **1**

Lohnenswerte Schlenker   **2**

Wissenswertes im Gepäck

Lohnenswerte Schlenker: Neben den Highlights sind im Text auch abseits vom Radweg gelegene Sehenswürdigkeiten als Lohnenswerte Schlenker ausgewiesen. Denn häufig zahlen sich kleinere oder größere Abstecher von der Hauptroute aus, um interessante Orte und Geheimtipps fernab des Trubels für sich zu entdecken. Die Kennzeichnung im Text sowie in der dazugehörigen Infobox und im Roadbook erfolgt ebenfalls über die entsprechende Symbol-Nummer.

Wissenswertes über lokale und regionale historische, landschaftliche oder kulturelle Gegebenheiten wird an vielen Stellen in roten Infoboxen vermittelt.

Roadbook: Detailkarten und exakte Wegbeschreibung

GPX-Track: die Hauptroute für die digitale Navigation

Extra-Karte: maximale Übersicht und Planungsinstrument

Das Roadbook enthält die Detailkarten mit eingezeichneter Hauptroute und die dazugehörige Streckenbeschreibung. Stellenweise können mehrere offizielle Varianten des Radwegs existieren. Unsere Autoren haben die schönste als Hauptroute gewählt und als rote Linie dargestellt. Es ist möglich, dass diese Route punktuell vom offiziellen Verlauf abweicht, um verkehrsreiche Abschnitte zu umfahren oder besondere Highlights entlang der Strecke aufzunehmen. Das Roadbook ist an die aktuellen Bedingungen rund um den Radweg angepasst. Die mittlerweile gute bis hervorragende Beschilderung der beliebtesten Radwege sowie die häufig offiziell erhältlichen Radwege-Apps und digitalen Wegverläufe erlauben es, das Roadbook auf das Wesentliche zu reduzieren und dadurch eine optimale Übersichtlichkeit zu erreichen.

Linien: Unsere Hauptroute wird als durchgezogene rote Linie abgebildet. Ausgewählte Varianten werden als rot gestrichelte Linie dargestellt. Lohnenswerte Schlenker entsprechen der grünen Linie und zweigen von der Hauptroute ab. Maßstabsbedingt können nicht alle Schlenker im Roadbook abgebildet werden.

Wegpunkte: Der Text und die Kartografie sind über die Wegpunkte miteinander verbunden. Schwarze Kreise mit weißer Zahl beschreiben die Hauptroute. Grüne Wegpunkte erläutern den Verlauf der Lohnenswerten Schlenker.

Kilometrierung: Die Hauptroute ist vom Start bis zum Ziel fortlaufend in regelmäßigem Abstand mittels weißer Kilometerangabe in rotem Kreis beschildert. An jedem Ort ist die bereits zurückgelegte Strecke problemlos ablesbar und die Anschlusskarte schnell gefunden. Steigungspfeile entlang der Route markieren steilere Abschnitte in oder entgegen der Fahrtrichtung.

Sehenswürdigkeiten: Soweit möglich, sind die im Reiseführer beschriebenen Highlights und Schlenker im Roadbook mit blauem Symbol und weißer Nummer verortet. Darüber hinaus enthalten die Karten viele weitere Hinweise zu touristischen Attraktionen und landschaftlichen Besonderheiten entlang des Radweges. Die vollständige Kartenlegende befindet sich auf der hinteren Klappe.

Aktuelles: Hochwasser- oder baustellenbedingte Umleitungen sind in der Regel gut ausgeschildert und werden ebenso wie die aktuellsten Verkehrsinformationen, Hinweise und Sicherheitsmaßnahmen auf den offiziellen Seiten des Radwegs und der Touristinformationen kommuniziert. Hilfreiche Adressen und Kontakte finden sich auf den nächsten Seiten.

Beschilderung & Information

Schilderwald, Wegecharakter, An- und Abreise

Die Beschilderung entlang des Radweges (ganz links das offizielle Logo; rechts ein Schild aus Tschechien. Der Radweg folgt dort auch der Nr. 14)

Der Radweg ist auf dem deutschen Abschnitt sehr gut und zum Großteil mit dem offiziellen Logo beschildert. Der Oder-Neiße-Radweg entspricht in Deutschland der D-Route 12, deren Logo besonders am Anfang häufig gesetzt ist. Im tschechischen Teil ist die Beschilderung nur unzureichend. Falls vorhanden, ist das entsprechende Symbol ein schwarzes Fahrrad mit der Radwegnummer auf gelbem Hintergrund. Bis Jeřmanice/Liberec ist dies die Radwegnummer 3038, stellenweise 3036, und von dort bis zur Grenze die Nummern 14 und 20.

Die Wegequalität wird bis auf wenige Ausnahmen mit sehr gut bewertet. Die flussbegleitende Route führt fast immer über gut asphaltierte Radwege und ruhige Landstraßen. In Tschechien und in Mecklenburg-Vorpommern gibt es gelegentlich unbefestigte Wegstücke. Stärkere Steigungen gibt es nur in dem tschechischen Abschnitt der Quellregion und der sonst ebene Radweg ist somit auch für etwas ältere Kinder geeignet. Aufgrund der afrikanischen Schweinepest können einige Streckenabschnitte nicht befahrbar sein (Wildschwein-Abwehrzäune). Örtliche Umleitungen sind meist gut ausgeschildert und auf den offiziellen Seiten der jeweiligen Gebiete beschrieben (siehe rechts). Zudem besteht zwischen Friedrichsthal und Gartz (Oder) eine gut ausgeschilderte Umleitung auf Grund von Deichbauarbeiten.

Die Anreise nach Liberec gestaltet sich in der Regel problemlos. Die Mitnahme von Fahrrädern in Zügen/Bussen wird allerdings sehr unterschiedlich gehandhabt und ist zeitlichen Einschränkungen unterworfen. Informiere dich deshalb vorab. Zur Neißequelle kann man von Liberec aus mit der Regionalbahn fahren (Strecke nach Tanvald bzw. Harrachov, aussteigen in Lučany nad Nisou). Die Fahrzeit beträgt ca 30 Minuten. Von Liberec nach Jablonec nad Nisou existiert eine Straßenbahnverbindung (Linie 11). Im Nahverkehr mit Bahn oder Straßenbahn kann das grenzüberschreitende EURO-NEISSE-Ticket benutzt werden.

Symbolfoto

Umleitungsinformationen Mecklenburg-Vorpommern:
www.auf-nach-mv.de/oder-neisse-radweg

Umleitungsinformationen Uckermark:
www.tourismus-uckermark.de/angebote/nationalparklinie/oder-neisse-radweg

Umleitungsinformationen Lausitz:
www.lausitzerseenland.de/de/erleben/radfahren/fernradwege/
artikel-oder-neisse-radweg.html

Umleitungsinformationen Oberlausitz:
www.oberlausitz.com/oder-neisse-radweg

Private Infoseite:
www.oder-neisse-radweg.de

Deutsche Bahn:
www.bahn.de/service/individuelle-reise/bahn_und_fahrrad

Tschechische Bahn:
www.cd.cz

EURO-NEISSE-Tickets:
www.zvon.de/de/euro-neisse-ticket/

Der Oder-Neiße-Radweg

Von der Neiße-Quelle zur Mündung in die Oder und weiter zur Ostsee

Teil 1
Reiseführer

Kapitel 1: **Von Nová Ves nach Zittau**

Tschechischer Auftakt

Blick zum Ještěd westlich von Liberec

8 Schlenker & Highlights

60 km

Zittau ○——○ Nová Ves

Streckenprofil

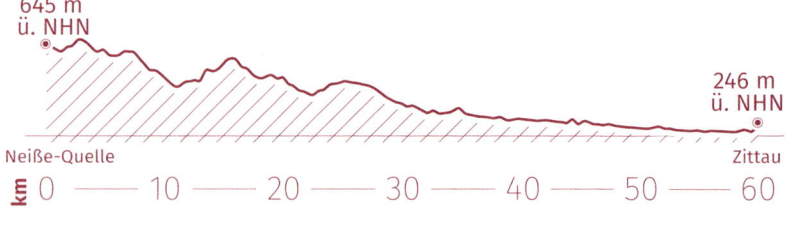

645 m ü. NHN

246 m ü. NHN

Neiße-Quelle — Zittau
km 0 — 10 — 20 — 30 — 40 — 50 — 60

Von Aussichtsturm zu Aussichtsturm

Von der Quelle der Lausitzer Neiße (Pramen Lužické Nisy) im Isergebirge bis zu ihrer Mündung in die Oder bei Ratzdorf/Oder sind es 254 km. Landschaftliche Höhepunkte auf dem Weg zur deutschen Grenze sind – im wahrsten Sinne des Wortes – das Isergebirge und der westlich von Liberec gelegene Jeschkenkamm. Wir befinden uns hier in einer der beliebtesten Tourismusregionen Tschechiens. Die raue Gebirgslandschaft des Isergebirges (Jizerské hory) mit Gipfeln bis zu 1126 m hat zum Teil tundrenähnlichen Charakter und fasziniert zu allen Jahreszeiten. Bekannt ist das Gebirge für seine vielen Aussichtstürme, von denen einige am Beginn des Radwegs liegen und den einen oder anderen Schlenker lohnen.

Auftakt: Zur Quelle

Die **Lausitzer Neiße** entspringt in 545 m Höhe an den nördlichen Ausläufern der Cerná Studnice (Schwarzbrunnkoppe). Wer den Ehrgeiz hat, die Radtour an der Quelle zu beginnen, muss zunächst die Bahn besteigen: Vom Bahnhof in Liberec sind es 19 Bahnkilometer zur Bahnstation Lucany nad Nisou am nordöstlichen Stadtrand von Jablonec nad Nisou.

Bergab durchs Isergebirge

Vom Bahnhof sind es nur 2 km zur zur Quelle im malerisch gelegenen **Nová Ves nad Nisou (Neudorf an der Neiße)**. Das Bergdorf mit seinen 840 Einwohnern schmiegt sich an die waldreichen Hänge des Isergebirges; die vielen Ferienhäuser zeugen von der Bedeutung des Tourismus für das Dorf. Auf dem Gemeindegebiet entspringt am Nordhang der Cerná Studnice die **Lučanská Nisa (Wiesentaler Neiße)**, eine der vier Quellflüsse der **Lausitzer Neiße**. An der Quelle steht ein Denkmal aus regionaltypischem Stein mit der Aufschrift „Pramen Nisy

Kapitel 1: **Von Nová Ves nach Zittau**

Friedlich plätschert die Lausitzer Neiße gen Norden

Die Neiße

Wissenswertes im Gepäck

Im Gebirgszug der Sudeten entspringen gleich drei Flüsse mit dem Namen Neiße.

Den schönsten Namen trägt die 51 km lange **Wütende Neiße** (Nysa Szalona), ein Nebenfluss der Kaczawa (Katzbach).

195 km lang ist die **Glatzer Neiße (Schlesische Neiße; Nysa Kłodzka)**, ein linker Nebenfluss der Oder. Ursprünglich sollte sie nach dem Zweiten Weltkrieg nach Vorstellung der westlichen Alliierten die Westgrenze Polens markieren.

Erst auf Stalins Druck einigte man sich schließlich auf einen Grenzverlauf am längsten Neiße-Fluss, der **Lausitzer Neiße (Lužická Nisa; polnisch Nysa Łużycka).**

Der 254 km lange linke Nebenfluss der Oder hat vier Quellflüsse: Lučanská oder Lužická Nisa (Wiesentaler Neiße), Bílá Nisa/Rýnovická Nisa (Weiße Neiße/Gablonzer Neiße) und Černá Nisa (Schwarze Neiße), die Quellen aller Nebenflüsse liegen im Isergebirge.

Der Radweg folgt der Lausitzer Neiße zunächst

durch Tschechien, dann immer nordwärts entlang der deutsch-polnischen Grenze durch die Ober- und Niederlausitz bis zu Einmündung in die Oder.

Viele Brücken wurden im Lauf des Zweiten Weltkriegs zerstört, viele seitdem auch wiederaufgebaut und ermöglichen so unterwegs Stippvisiten ins Nachbarland.

Kapitel 1: **Von Nová Ves nach Zittau**

Lohnenswerter Schlenker am Wegesrand ❶

Černá Studnice
Weiter Blick ins Isergebirge

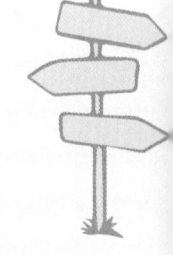

Länge des Schlenkers: 3,5 km

Gleich am Start der Radtour bietet sich die einmalige Gelegenheit, die Schönheit des Isergebirges aus der Vogelperspektive zu genießen. Der 26 m hohe, aus Granit errichtete Aussichtsturm auf dem 869 m hohen Gipfel der Černá Studnice bietet einen weiten Blick bis hin zum Riesengebirge. Im Norden erheben sich die Kämme des Isergebirges und im Süden die Gipfel von Tábor und Kozákov sowie die Hügellandschaft des Böhmischen Paradieses (Český ráj). Eröffnet wurde der Turm 1905, ergänzt um eine Berghütte, ein Restaurant und einen kleinen botanischen Garten. Von Nová Ves aus gibt es beschilderte Wege, die zu Fuß oder per Rad zum Gipfel führen.

– Neissequelle – Źródło Nysy" – der Startpunkt auf dem Weg zur Ostsee.

Wer es nicht eilig hat, sollte einen Tag im Bergdorf verbringen und zwei der Gipfel des Isergebirges besteigen. Einer von ihnen ist der 676 m hohe **Novoveský Vrch (Kynast)**, auf dem der Aussichtsturm Nisanka steht. Von seiner 24 m hoch gelegenen Plattform auf genau 700 m genießt man ein eindrucksvolles Panorama auf das tschechische Mittelgebirge, hin zum Riesengebirge und auf Jablonec nad Nisou.

Noch im Ort findet sich auch der Wegweiser zur **Černá Studnice (Schwarzbrunnkoppe)** ❶, einem weiteren Aussichtsberg über dem Bergdorf. Der 869 m hohe Gipfel ist der Hausberg von Jablonec nad Nisou und Wasserscheide zwischen Ostsee (Neiße) und Nordsee (Mohelka, ein Zufluss der Jizera/Iser, die in die Elbe mündet). Auch hier gibt es einen Aussichtsturm mit Panoramablick.

Der Radweg verläuft bis Liberec zunächst südlich der jungen Neiße, ein erster Halt empfiehlt sich in **Jablonec nad Nisou (Gablonz an der Neiße)** ❷. Die sehenswerte Altstadt und die sich nach Norden anschließende Talsperre liegen nördlich des Radwegs und lohnen unbedingt einen Stopp. Das Städtchen mit etwa 45.300

Eindrucksvoller Blick ins Isergebirge

Einwohnern verdankt seinen überregionalen Ruhm der Glasindustrie: Im 18. Jh. wurde die Herstellung von Schmuck und Glaskurzwaren (die sog. „Gablonzer Bijouterie") zu einem der wichtigsten Wirtschaftszweige in ganz Böhmen. Vom einstigen Reichtum der Bürger zeugen bis heute die vielen schönen Jugendstilgebäude, auf die man beim Bummel durch und rund um die Altstadt trifft.

Am nördlichen Stadtrand liegt die **Talsperre Mšeno (Talsperre Grünwald)**, die von den Einwohnern auch liebevoll das „Gablonzer Meer" genannt wird. Warum? Laut der Stadtoberen ist sie mit ihren 42 ha die größte städtische Wasserfläche in Mitteleuropa. Errichtet wurde sie Anfang des 20. Jh. zum Schutz vor Hochwasser. Zulauf erhält die Talsperre über das Grünwalder Wasser (Mšenský potok). An der Talsperre kann man auf Liegewiesen und Kiesstränden sonnenbaden, den Sprung ins Wasser wagen oder diverse Wassersportarten ausprobieren. Im Sommer stehen gratis Toiletten und Freiluftduschen zur Verfügung. Westlich der Talsperre mündet die Bílá Nisa (Weiße Neiße) in die Łużiska Nysa (Lausitzer Neiße).

Eine Abfahrt führt ins Tal des 40 km langen Flüsschens Mohelka, das in die Jizera/Iser, einem Zufluss der Elbe, einmündet. Auch der Talort **Rychnov (Reichenau)** profitierte im 19. Jh. von der aufblühenden Glasindustrie. Die im Mittelalter zunächst aus Holz erbaute Kirche St. Wenzel wurde Anfang des 18. Jh. durch eine monumentale Barockkirche ersetzt. Sie ist wie so viele Kirchen in der Region dem heiligen Wenzel, dem Schutzpatron Böhmens, geweiht.

Schweißtreibend ist die Fahrt hoch nach **Rádlo (Radl),** das auf einem Höhenzug des Jeschkengebirges (Jesch-

Highlight am Wegesrand

Jablonec nad Nisou
Jugendstil, Glas und Bijouterie

Ein einstündiger Rundgang führt zu den wichtigsten Sehenswürdigkeiten der Stadt.

Startpunkt ist die Touristeninformation im Haus der **Volkskundler Jana und Josef V. Scheybal** in der Kostelní 1 (Dómě národopisců Scheybalovýc). Zusammen mit der gegenüberliegenden **Kirche der hl. Anna** (kostel sv. Anny; 1685–87) zählt das Haus zu den ältesten Gebäuden der Stadt.

Von dort steigen wir bergauf, halten uns am Parkplatz rechts in die Fußgängerzone Komenskéro und bummeln vorbei an schönen Bürgerhäusern wie der ehemaligen Weinhandlung U Zlatého hroznu (Zur Goldenen Traube – Nr. 545/14), dem Gustav-Linke-Haus (Linkeho dům; Nr. 544; schönstes Beispiel expressionistischer Architektur in der Region Liberec), dem einstigen Hotel Praha (Hotel Praha; Nr. 446/6) und dem berühmten Café Habsburg (Jizera; Nr. 407/1).

Der **Mírové náměstí** (Friedensplatz, früher Alter Markt) ist der älteste Platz der Stadt und wird überragt vom **Neuen Rathaus** im Stil des Funktionalismus (1931/32). Sein 51 m hoher Turm kann in den Sommermonaten bestiegen werden.

Weiter geht es über die Straße Gen. Mrázek zum **Theater** (Městské divadlo) in der Liberecká 5, das mit seiner Jugendstilfassade sofort ins Auge fällt. Zurück an der Kreuzung biegen wir links ab (rechts das historische Gebäude des Postamts/průčelí pošty) und spazieren zur Straße des 28. Oktobers hinauf: Wir halten uns links und sehen einige Villen der einst sehr einflussreichen Gablonzer Bijouterie-Exporteure, darunter die Franz-Hübner-Villa (Vila Franze Hübnera; Nr. 1859/29) und gleich gegenüber die Villen der Brüder Josef und Max Jäger (Vila Josefa Jägera; Nr. 1969/22). Wir kehren um und kommen zum Haus Hoffmann (Hoffmanův dům), in dem heute die tschechische Polizei ihre Dienststelle hat (Nr. 424/10).

Geradeaus weiter kommen wir zur **Herz-Jesu-Kirche** (kostel Nejsvětějšího Srdce Ježíšova) am Horní náměstí (Oberer Platz). Die altkatholische Kirche ist ein Juwel des Jugendstils, auch im europäischen Vergleich. Vom Marktplatz hat man einen schönen Blick zur Černá studnice in der Ferne.

Jablonec nad Nisou

Wir passieren die Gebäude von zwei Fachschulen und kommen erneut zum Rathaus. Die 1880 als Kunstgewerbeschule gegründete Fachschule für angewandte Kunst (Střední uměleckoprůmyslová škola) bildet Fachleute mit Spezialgebieten wie Bijouterie, Metallschmuck, plastische Gravur und grafisches Design aus.

Vom Mírové náměstí biegen wir diesmal Richtung Osten in die Podhorská ulice ab und kommen zur malerischen, im neugotischen Stil errichteten **Dr.-Farský-Kirche** (kostel Dr. Farského) am gleichnamigen Platz Nám. Dr. Farského. An der Kreuzung Jiráskova ulice/Podhorská ulice steht das Gebäude der ehemaligen Eskomptbank (eskomptní banky), das 1924 im neoklassischen Stil erbaut wurde.

Das Areal des modernen Eurocentrums (Eurocentra) queren wir und gelangen so direkt zum **Museum für Glas und Bijouterie** (Muzeum skla a bižuterie): Das Jugendstil-Gebäude wurde 1904 als Exporthaus für die Firma Zimmer & Schmidt errichtet und zeigt heute in seinen Räumen zwei hervorragend präsentierte Dauerausstellungen mit den Titeln „Die Zauberwelt der Bijouterie" und „Der Zaubergarten – Böhmisches Glas aus sieben Jahrhunderten".

www.msb-jablonec.cz/de

kenkamms) liegt. Der Ort wurde einst mehrheitlich von einer deutschen Bevölkerung bewohnt, die ihre Heimat aber nach dem Zweiten Weltkrieg verlassen musste. An seine Vergangenheit als Köhlerdorf erinnert Rádlos Ortsteil Milíre (Kohlstatt).

Im Nordwesten des Ortes lässt sich auf dem 637 m hohen **Císařský kámen (Kaiserstein)** ein 20 m hoher Aussichtsturm – eine schöne Stahl-Holz-Konstruktion – besuchen; der Fußweg dorthin ist ausgeschildert. Der Panoramablick ist fantastisch!

Anschließend geht es bergab zur Bahnlinie und wieder bergauf nach **Dlouhê Most (Langenbruck)**, dessen Schicksal eng mit dem Namen Wallenstein verbunden ist. Dieser kam 1612 in den Besitz des Ortes. Im Dreißigjährigen Krieg blieb der Ort zunächst unter dem Schutz des berühmten Feldherren vor Verwüstungen verschont. Umso härter litt der Ort nach dessen Tod unter der Zerstörungswut seiner Gegner. Wahrzeichen des Ortes ist die barocke Pfarrkirche St. Laurentius. Nach Passieren des Ortsendes können wir einen ersten Blick auf den **Ještěd** werfen. Von nun an geht es stetig bergauf auf dem Kammweg des Jeschkengebirges. Bis zu 8 % Steigung folgen nun bis **Šimonovice (Schimsdorf)**. Nach weiteren 3 km Richtung Süden erreicht man den Ortsteil **Rašovka (Raschen)**.

Gleich am Ortseingang lädt die Gaststätte „V Trnci" auf 610 m Höhe zu einer Rast ein. Daneben erhebt sich der 19,5 m hohe **Aussichtsturm Rašovka**, 61 Stufen führen zur Aussichtsplattform. Von oben hat man einen herrlichen Blick auf das Riesengebirge im Osten sowie das Böhmische Paradies.

Vor dem Besuch von Liberec lohnt sich der Schlenker auf den Hausberg der Stadt, den im Südwesten gelegenen 1.012 m hohen **Ještěd (Jeschken)**. Der **Jeschkenturm** 3 ist das futuristische Wahrzeichen des Aussichtsberges und kann mit einer Kabinenbahn erreicht werden.

Zwischen Isergebirge im Nordosten und Jeschkengebirge im Südwesten hat sich die Stadt **Liberec (Reichenberg)** 4 im Talkessel der Neiße zur bedeutendsten Stadt Nordböhmens entwickelt. Durch die Tuchmacherei und Textilindustrie wurde sie eine aufblühende Großstadt und 1577 von Kaiser Rudolf II. zur Stadt erhoben. Zu Beginn des Dreißigjährigen Krieges erhielt Wallenstein die Stadt vom Haus Habsburg zugesprochen. Wie Dlouhê Most musste auch Liberec nach Wallensteins Tod unter großen Zerstörungen leiden. Seine zweite Blütezeit erlebte die Stadt im 18. und 19. Jh. durch die erfolgreiche Textilindustrie; viele repräsentative Gebäude datieren aus dieser Zeit. Die **Altstadt** befindet sich östlich der Neiße, vom Radweg (Abzweig in Františkov) sind es knapp 4 km bis zur Kreuzkirche am Ostrand der Altstadt.

Der offizielle Radweg führt durch die nordwestlichen Vororte von Liberec, quert die Bahn und erreicht das Tal

Lohnenswerter Schlenker am Wegesrand

Jeschkenturm
auf dem Ještěd

Länge des Schlenkers: 7,6 km

1.012 m hoch ist der Hausberg Ještěd im Südwesten der Stadt; der weithin sichtbare futuristische Fernsehturm ist das Wahrzeichen von Liberec. Aus einer kleinen Hütte von 1844 wurde 1906 ein Berghotel, das wiederum nach 1966 durch einen für damalige Verhältnisse ausgesprochen modernen Entwurf des Architekten Karel Hubácek ersetzt wurde. Der Fernsehturm ist 100 m hoch und beherbergt neben einem Restaurant auch das Hotel. Die Verkleidung des Hauptgebäudes in Form eines Rotationshyperboloiden besteht aus Aluminium, die des eigentlichen Sendemastes aus Kunststoff. Der Fernsehturm ist von vielen der anderen Aussichtstürme des Isergebirges zu sehen und eine gute Orientierungshilfe. Wer nicht hinauflaufen oder mit dem Rad fahren will, kann die Kabinenseilbahn besteigen; die Talstation liegt in der Nähe der Endhaltestelle Horní Hanychov der Straßenbahnlinie 3.

Der Abzweig vom Radweg hinauf zum Ještěd ist ausgeschildert.

Lohnenswerter Schlenker am Wegesrand ❹

Länge des Schlenkers: 3,7 km

Liberec Altstadt-Rundgang

Der kleine Rundgang durch die Altstadt beginnt an der **Kreuzkirche** (Kostel Nalezení svatého Kříže), eines der bedeutendsten Barockgebäude der Stadt. Vom Parkplatz im Osten der Kirche geht es in die schmale Gasse Větrná ulička, die mit ihrer Länge von 53,30 m und einer Breite von nur 3,25 m zu den kürzesten und engsten der Stadt zählt. Dort findet man auch die ältesten erhaltenen Häuser von Liberec, die **Waldsteinhäuser** (Wallensteinhäuser, Valdštejnské domky). Das hübsche Fachwerkensemble wurde ab 1678 errichtet und gibt eine kleine Vorstellung davon, wie hier einst Handwerker und Tuchmacher gelebt und gearbeitet haben.

Stadtplan Liberec

0   100 m

Wie anders präsentieren sich dagegen die folgenden Bürgerhäuser mit ihren 4 bis 5 Stockwerken! Überragt werden die eindrucksvollen Häuser von der **Kirche des hl. Antonius dem Großen** (kostel svatého Antonína Velikého) mit ihrem imposanten 70 m hohen Turm. Auch sie zählt zu den bedeutenden Barockgebäuden der Stadt. Gleich dahinter erreichen wir einen viereckigen Platz, der vom imposanten **Rathaus** (Bauzeit 1888-1893) beherrscht wird. Mit seiner reich gegliederten Fassade und dem 65 m hohen Turm zählt es zu den Wahrzeichen der Stadt.

Das Rathaus von Liberec

Vor dem Hotel Radnice halten wir uns links und nochmals links und kommen so zum **Schloss** mit seinem Schlosspark. Sein heutiges Aussehen erhielt das Schloss Ende des 18. Jh. Im Stil der Neorenaissance und wurde wie auch das **Nordböhmische Museum** (Severočeské muzeum v Liberci) außerhalb der Altstadt errichtet. Das Museum zeigt eine naturwissenschaftliche, archäologische und historische Sammlung. Die Sammlung orientalischer Teppiche ist die umfassendste ihrer Art in Tschechien. Das Gebäude wurde ursprünglich als Gewerbemuseum gebaut.

Den **Botanischen Garten** bepflanzte man ab 1895. Vor wenigen Jahren wurde er zum modernsten seiner Art in Tschechien umgestaltet. In den Gewächshäusern finden sich tropische und subtropische Arten.
www.botanyliberec.cz

Science Center iQLANDIA
Lohnend ist auch der Besuch des hochmodernen naturwissenschaftlich-technischen Wissenszentrums mit originellen interaktiven Exponaten und einem Planetarium.
www.iqlandia.de/fur-besucher

Kapitel 1: **Von Nová Ves nach Zittau**

der Neiße. Diese wird auf Höhe von **Machnín (Machendorf)** gequert. Wir radeln nun entlang des Ostufers nach Norden. Schon kurze Zeit später sehen wir links von uns die hoch über dem Neißetal gelegene Ruine der **Burg Hamrštejn** in einem Mäander der Neiße. Sie war im Mittelalter um 1350 als Schutzburg am Handelsweg zwischen Stara Boleslav (Altbunzlau) und Zittau errichtet worden und fiel knapp 100 Jahre später einem Hussitenangriff zum Opfer. Vom Radweg führen beschilderte Wanderwege hinauf zur Ruine mit ihren zwei erhaltenen Türmen.

Der Radweg quert vor **Andělská Hora (Engelsberg)**, ein Ortsteil von Chrastava, erneut den Fluss. Das von Hügeln umgebene Andělská Hora ist eine Gründung deutscher Bergleute im 14. Jh., abgebaut wurden hier Silber, Blei und Kupfer. So erfolgreich, dass der Ort 1547 das Stadtrecht erhielt. Wahrzeichen des Ortes ist die Kirche der Jungfrau Maria Schnee am Dorfplatz, 1816 errichtet.

Kurz danach ist die Tuchmacher- und Bergbaustadt **Chrastava (Kratzau)** erreicht, sie liegt an der Einmündung der Jeřice in die Lausitzer Neiße. 1352 lud der böhmische König Bergleute aus Pirna ein, sich hier anzusiedeln. Verheerend für die Bewohner wirkten sich die Hussitenkriege (1419–39) und der Dreißigjährige Krieg aus. Erst der Anschluss ans Bahnnetz und der Aufschwung der Textilindustrie führten zu einer neuen wirtschaftlichen Blüte, die sich auch im Stadtbild niedergeschlagen hat. Mitte des 14. Jh. baute der Zittauer Johanniterorden die Kirche St. Laurentius. Hübsch ist das barocke Ensemble aus Brunnen und Mariensäule auf dem schönen Marktplatz, der von architektonisch interessanten Häusern (z. B. dem Rathaus mit wiederaufgebautem Uhrturm) umrahmt wird. Mit der Stadtgeschichte befasst sich das Stadtmuseum beim Rathaus. Wer sich für das Thema Feuerwehr begeistert, findet im Feuerwehrmuseum eine Rarität, eine Signalkanone, die man früher bei Feueralarm zündete.

Wahrzeichen der folgenden Ortschaft **Bílý Kostel nad Nisou (Weißkirchen an der Neiße)** ist die weiße Kirche St. Nikolaus, sie wurde 1679 errichtet. Auch hier sorgten der Bergbau im Jeschkengebirge und die Textilindustrie für den Lebensunterhalt der Einwohner. 1842 bauten diese eine Holzbrücke über die Neiße, auf der schon bald eine Maut erhoben wurde. Interessant ist das 6 km südwestlich bei Jítrava gelegene **Naturdenkmal Bílé kameny (Elefantensteine)** am Fuß der Vysoká im Lausitzer Gebirge.

Der Radweg folgt dem Westufer der Neiße nach Chotyne (Ketten), das vor allem durch den **Hrad Grabštejn** ❺ (Burg Grafenstein) bekannt ist. Die eindrucksvolle Festungsanlage liegt 2 km nördlich des Zentrums und bietet alles, was man so von einer Burg erwartet: eine Schlosskapelle, eine weitreichende Aussicht, ein Verlies und eine Folterkammer. Am Ortsrand entspringt eine eisenhaltige Mineralquelle, kurzzeitig gab es hier ab 1869 sogar ein kleines Kurbad.

Lohnenswerter Schlenker

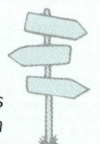

Länge des Schlenkers: 2,2 km

5 Hrad Grabštejn

Eine der ältesten Burgen Nordböhmens

Der älteste (gotische) Kern der Festung Grabštejn stammt aus dem 13. Jh. Die Burg liegt im Dreiländereck Tschechien, Polen und Deutschland, ihre Besitzer waren die Burggrafen von Dohna, ein weit verzweigtes sächsisches Adelsgeschlecht. Deren Stern sank jedoch mit dem Ausbruch der Dohnaischen Fehde, einer erbittert geführten Auseinandersetzung mit einem konkurrierenden Adelshaus sowie dem Meißner Markgrafen Ende des 14. Jh.

Mehrfach wurde die Anlage während der Hussitenkriege angegriffen. In der zweiten Hälfte des 16. Jh. baute sich der Kaiserliche Rat Georg Mehl von Strehlitz die Burg zu einem Renaissanceschloss um. Nach dem Dreißigjährigen Krieg folgten zahlreiche Besitzerwechsel, bis 1990 nutzte die tschechoslowakische Armee die Anlage als Kaserne.

Zu den Highlights der Burgbesichtigung zählen die epochengerecht möblierten Räume (Mitte 13. bis 20. Jh.), der gotische Burgkeller, die Aussichtsplattform auf dem Bergfried mit weitem Blick bis nach Zittau und die komplett ausgemalte Renaissancekapelle der hl. Barbara, in der die ursprünglichen Fresken und Gewölbe von 1569 erhalten geblieben sind.

Am ersten Septemberwochenende findet ein Weltmusikfestival statt.
www.grabstejn.cz

Hrad Grabštejn (Burg Grafenstein)

Lohnenswerter *Schlenker* 6

Zittauer Gebirge

Natur und Architektur in faszinierendem Einklang

Länge des Schlenkers 7,3 km

Schon die Anreise mit der **Zittauer Schmalspurbahn** unter Dampf ins Zittauer Gebirge ist ein Highlight, die Spurweite liegt bei 750 mm. Die Bahn fährt von Zittau über Bertsdorf nach Oybin und Jonsdorf.

Oybin
514 m hoch ist der Oybin, der bekannteste Berg im Naturpark Zittauer Gebirge – ein imposantes Sandsteinmassiv inmitten eines von alten Vulkanen umschlossenen Talkessels. Am Fuß des Berges liegt die Bergkirche, eine barocke Saalkirche mit zweigeschossigen Holzemporen und einer Holzkassettendecke.

Auf dem Oybin, dessen Form an einen Bienenkorb erinnert, befinden sich die romantischen Ruinen eines mittelalterlichen Klosters und einer Burg, die den Oybin zu einer der Hauptsehenswürdigkeiten der Oberlausitz machen.

Aus einer einfachen Befestigung wurde im 13. Jh. zunächst eine Wehranlage zum Schutz von zwei Handelsstraßen durch das Zittauer Gebirge. Kaiser Karl IV., böhmischer König und deutscher Kaiser, wusste, wo es schön war, und ließ sich oben auf dem Plateau eine Residenz, das Kaiserhaus, bauen. 1369 stiftete er ein Kloster für den Orden der Cölestiner. Am Bau des Klosters wirkte die Prager Dombauschule mit. Die Anlage überlebte die Angriffe der

Blick auf die Ruinen von Burg und Kloster Oybin

Steinzoo im Zittauer Gebirge unweit von Oybin

Hussiten 1429 – zum Glück, denn hier war ein Teil des Prager Domschatzes von St. Veit versteckt worden. Mit der Reformation und Gegenreformation endete schließlich das Klosterleben. Naturgewalten trugen in den folgenden Jahrhunderten zum Verfall der einzigartigen Anlage bei: 1577 zerstörte Blitzschlag Teile des Klosters, Brände und 1681 ein Felsabriss weitere Teile der Anlage. Die eindrucksvollen Ruinen von Wehrbauten, Kaiserpalais und Kloster lassen aber bis heute die einstige Pracht erahnen.

Im Wohnturm der Herren von Zittau und vor dem Bau des Kaiserhauses das Zentrum der Burg erzählt eine Ausstellung von der Bedeutung der Anlage. Regelmäßig finden thematische Führungen, Konzerte und Theateraufführungen statt – sehr lohnend.

Im Ort Oybin selbst finden sich die für die Region so typischen **Umgebindehäuser**, im Bahnhof eine kleine Ausstellung zur Zittauer Schmalspurbahn, die von Zittau nach Oybin fährt.
www.burgundkloster-oybin.com

Jonsdorf
Der Luftkurort im Zittauer Gebirge begeistert mit einer traumhaften Landschaft, bizarren Felsformationen und schönen **Umgebindehäusern** entlang malerischer Dorfstraßen. Über dem Ort thronen der Jonsberg und der Buchberg. Ein Muss für jeden Besucher ist die **Jonsdorfer Felsenstadt** mit der Felsenkette der Nonnenfelsen im Südosten des Ortes. Die Nonnenfelsen sind begehbare Felsen, die Felstürme erreicht man über Brücken und Felsstufen. Daran anschließend sollte man zu den Mühlsteinbrüchen weiterwandern – bizarre Felsgebilde, die durch den Abbau von Sandstein entstanden. Über den Orgelsteig und den Alpenpfad ist schon bald die faszinierende Felsenstadt erreicht, die im Nordosten an die Mühlenbrüche angrenzt.

Eine Wanderung (2 Std., 6,5 km, 210 Hm) führt vom Wanderparkplatz über die Mühlsteinbrüche zu den Nonnenfelsen.

Kapitel 1: **Von Nová Ves nach Zittau**

Die Fahrt durch Tschechien nähert sich ihrem Ende, wir erreichen die Grenzstadt **Hrádek nad Nisou (Grottau an der Neiße)**, die schon 1260 vom böhmische König Premysl Otakar II. das Stadtrecht erhielt. Hrádek ist eine der ältesten Stadtsiedlungen an der Lausitzer Neiße; durch das Gebiet verlief über Jahrhunderte ein Handelsweg von Rom über Schlesien zur Ostsee. In den folgenden Jahrhunderten siedelten sich neben Tschechen und Deutschen auch Sorben an. Neben der Kirche St. Bartholomäus lohnt die Friedenskirche von 1901 einen Besuch.

Wer vor dem Grenzübertritt eine Abkühlung oder Übernachtung braucht, kann rechts zum nordwestlich gelegenen **Tagebausee Kristýná** radeln (600 m). Hier wurde bis 1972 Lignit im Tagebau abgebaut. Heute ist der von Birken gesäumte See ein beliebter Badesee mit Stränden und angeschlossenem Campingplatz.

In der Oberlausitz
Nach 55 km auf tschechischem Territorium verlässt die Neiße die Gebirgswelt der Sudeten und fließt als sächsisch-polnischer Grenzfluss der Oder zu. Der deutsche Grenzort **Hartau** ist seit dem 14. Jh. eng mit Zittau verbunden und seit 1999 ein Zittauer Ortsteil. Bekannt ist der Ort für seine sehenswerten **Umgebindehäuser**, die das Ortsbild, aber auch die umliegende Oberlausitz prägen. Die Alte Schule von 1780 (Kreuzung Untere Dorfstraße/Hohle Gasse) gilt als schönstes Beispiel dieser Architekturform.

Bevor es nur noch nach Norden – zunächst einmal nach Zittau – geht, sollte man von Hartau aus einen Schlenker nach Westen ins **Zittauer Gebirge** ❻ in den sächsischen Kurort **Oybin** unternehmen. Der hübsche Ort liegt landschaftlich einmalig – Sandsteinberge und Reste einstiger Vulkane prägen die Szenerie. Im Zentrum von Oybin erhebt sich ein bienenkorbähnliches Sandsteinmassiv – der Berg Oybin, auf dem die romanischen Reste einer böhmischen Königsburg und des Klosters Oybin thronen.

Von Hartau geht es bergab in die Neißeniederung. Schon von weitem sind am Horizont die Türme der Neißestadt **Zittau** ❼ über die Wiesen und Felder hinweg zu sehen. Der böhmische König Ottokar II. erhob 1254 die Siedlung an der Mündung der Mandau in die Neiße zur Stadt. Fast kreisrund ist die historische Altstadt, deren Grenzen der Böhmenkönig übrigens durch einen Umritt festgelegt haben soll. Ein besonderes historisches Ereignis war die Gründung des Sechsstädtebundes 1346 gemeinsam mit den Städten Bautzen, Görlitz, Lauban, Löbau und Kamenz. Während des Schmalkaldischen Krieges verweigerte der Bund dem König die Gefolgschaft und musste dies bitter büßen: Im Zuge des Oberlausitzer Pönfalls gingen viele Privilegien verloren.

Im Dreißigjährigen Krieg fiel Zittau dann an den sächsischen Kurfürsten. Für Reichtum in den Taschen der Zittauer Bürger sorgte der Handel und die Tuchmacherei – das spiegelt sich

Highlight am Wegesrand

Zittau ❼

Zeitreise ins Mittelalter

Die idyllische Stadt im Südosten liegt am Fuß des Zittauer Gebirges und begeistert mit vielen mittelalterlichen Gebäuden. Reich geworden ist die Stadt durch den Tuchhandel und die Leinenweberei, dazu kreuzten mehrere Handelsstraßen die Stadt, woran z. B. das Salzhaus erinnert.

Der Reichtum sprudelte vor allem aus drei Quellen: Bierbrauerei, Fernhandel mit Tuchen und Leinen sowie fortlaufender Landerwerb. Das in Zittau gebraute Bier wurde bis Ungarn, Wien und Prag verschickt, die erlesenen Tuche und Leinen fanden ihren Weg nach Spanien, Portugal und Venedig.

Was damals galt, gilt auch heute noch: Zittau ist unglaublich reich an kulturellen, architektonischen und musealen Schätzen! Bei einem Rundgang erlebt man das sehr eindrucksvoll. Die Ringstraße rund um die Altstadt spiegelt den Verlauf der mittelalterlichen Stadtmauer.

Marktplatz in Zittau

Kapitel 1: Von Nová Ves nach Zittau

Stadtrundgang

Die Besichtigung beginnt im Süden, auf der Friedensstraße kommen wir zum Ottokarplatz, geradeaus führt die Reichenberger Straße zum **Rathausplatz**. Dort erinnert das imposante Rathaus den einen oder anderen an einen italienischen Palazzo Grande aus der Renaissancezeit. Das Rathaus wurde aber erst 1845 nach Plänen von keinem Geringeren als Karl Friedrich Schinkel erbaut. Der Platz wird von gepflegten barocken Bürgerhäusern umrahmt; der 50 m hohe Turm des Rathauses überragt alle. Das **Noacksche Haus am Markt** gehörte einst einem der reichsten Händler der Stadt, der es 1689 am Markt 4 erbauen ließ.

Etwas nördlich des Platzes erhebt sich die **Kirche St. Johannis** am Johannisplatz, auch sie geht auf einen Entwurf von Schinkel zurück. Das Gebäude im klassizistischen Stil wurde 1837 fertiggestellt; der gotische Vorgängerbau aus dem 13. Jh. fiel dem Siebenjährigen Krieg zum Opfer. 266 Stufen führen hinauf zur Türmerwohnung auf dem Südturm – hier in 60 m Höhe hat man einen grandiosen Blick über

die Dächer der Altstadt, ins Tal der Neiße und bis zum Zittauer Gebirge. Aus dem 16. Jh. stammt das Alte Gymnasium, ein sehenswertes Renaissancegebäude.

Über die Rektorgasse kommen wir zur **Klosterkirche St. Peter und Paul** am Klosterplatz, hier lebten und arbeiteten zwischen 1244 und 1554 Franziskanermönche. Im ehemaligen Kloster (1260–90) befindet sich heute das **Kulturhistorische Museum Franziskanerkloster** mit dem „Kleinen Zittauer Fastentuch" und dem Klosterschatz.

Nur wenige Schritte sind es zur **Kreuzkirche** mit einer architektonischen Besonderheit: Sie gilt als die größte und höchste Einstützenkirche Deutschlands. Über einem einzigen Polygonpfeiler wölbt sich das Sterngewölbe. Heute befindet sich in der Kirche ein Museum mit dem **„Großen Zittauer Fastentuch"** von 1472. Auf der beeindruckenden Fläche von 8,20 m x 6,80 m erzählt das Fastentuch in 90 Bildern die biblische Geschichte, in der Fastenzeit wurde damit früher der Altar verhüllt.

Farbenfroh – Zittaus Viertel Mandauer Glanz

Das 1511 erbaute **Zittauer Salzhaus** (Marstall) ist eines der größten Speichergebäude Deutschlands, es liegt südlich der Kreuzkirche. Das 1511 mit zunächst drei Stockwerken erbaute Haus (Grundfläche 53 m × 25 m) diente unter anderem als Rüstkammer, Pferdestall und Schüttboden, 1572 wurde es auf vier Stockwerke erweitert, 1730 erfolgte die Aufsetzung eines Mansardendaches mit fünf weiteren Böden. Seit dem 19. Jh. ist hier u. a. das Städtische Archiv untergebracht, ab 1965 wurde wieder Korn gelagert. Im ehemaligen Pferdestall befindet sich das rustikale „Wirtshaus zum alten Sack" mit Biergarten.

Im Südwesten der Altstadt liegt das **Künstlerviertel Zittau (Mandauer Glanz)**. Es ist das von der Fläche her größte Pop-Art-Viertel Deutschlands: Viele Fassaden sind farbenfroh und fantasievoll bemalt. Ursprünglich sollten nur die sanierten Plattenbauten aufgewertet werden – heute ist das Viertel ein Touristenmagnet. In die Altstadt gelangt man vom Künstlerviertel durch einen 16 m hohen goldfarbenen Torbogen.

Kapitel 1: **Von Nová Ves nach Zittau**

Lohnenswerter *Schlenker*

Olbersdorfer See ❽

Länge des Schlenkers 3 km

Wer sich bei der Ankunft in Zittau oder dem Stadtrundgang abkühlen will, kann entlang der Mandau zum südwestlich der Stadt liegenden See radeln. Von der Mandaubrücke (Friedensstraße) sind es 3 km bis zum Naturstrand am Nordufer. Der See ist der erste von mehreren Tagebaurestseen, die unweit des Radwegs liegen.

Rund um den See führen zwei Rundwege, 4,5 bzw. 6 km lang.

bis heute im sehenswerten Stadtbild mit prächtigen Bürgerhäusern und Handelshöfen. Ein Muss ist daher der Abstecher in die Altstadt rund um den Marktplatz.

Wer anschließend eine Abkühlung braucht oder ein schönes Sonnenbad nehmen möchte, kann entlang der Mandau nach Westen den kurzen Abstecher zum **Olbersdorfer See** ❽ machen. Über den See genießt man einen schönen Blick ins Zittauer Gebirge bzw. auf die Skyline von Zittau – je nachdem, an welchem Ufer man sich befindet.

Essen, Trinken & Durchatmen

Ein kulinarischer Abzweig

Das Restaurant des Berg-Hotels im Fernsehturm auf dem Ješted bietet nicht nur eine gute Küche, sondern zusätzlich auch aus den Fenstern des futuristischen Fernsehturms eine grandiose Aussicht auf Liberec und das Riesengebirge. Auf der Speisekarte finden sich tschechische und internationale Gerichte. Da es sich um einen Hotelbetrieb handelt, kann man hier Frühstücken, zu Mittag und Abend essen.

Hotel Ješted
Horní Hanychov 153
CZ-460 08 Liberec 8
Tel. +420 731 658 045
www.jested.cz

Im ehemaligen Pferdestall des Salzhauses befindet sich ein gemütliches Wirtshaus mit einem Biergarten. Serviert werden Oberlausitzer Speisen wie das Oberlausitzer Nationalgericht „Teichelmauke" (Stampfkartoffeln mit Rinderbrühe, gekochtem Rindfleisch und gekochtem Wurzelwerk), „Stupperchl" (von der Rolle geschnittene scheibenförmige Kartoffelklöße) und hausgemachte „Goalerte" (Sülze) sowie viele saisonale Gerichte.

Wirtshaus zum Alten Sack
Neustadt 47
D-02763 Zittau
Tel. +49 3583 540459
www.zumaltensack.de

Kapitel 2: **Von Zittau nach Rothenburg/Oberlausitz**

Durch die Oberlausitz

4 Schlenker & Highlights

65 **km**

Rothenburg (Oder)

Zittau

Streckenprofil

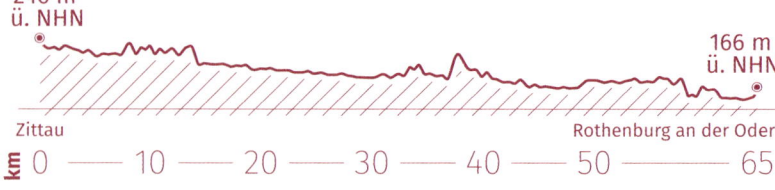

246 m ü. NHN

166 m ü. NHN

Zittau — Rothenburg an der Oder

km 0 — 10 — 20 — 30 — 40 — 50 — 65

Die Oder bei der „Geheimen Welt von Turisede" südlich von Rothenburg/Oberlausitz

Wir starten südöstlich der Zittauer Altstadt an der Mandaubrücke und folgen dem offiziellen Radweg entlang der Mandau bis zu ihrer Einmündung in die Neiße, bleiben am linken Ufer des Flusses und fahren unter dem 745 m langen Neißeviadukt hindurch. Es überspannt das Neißetal und zählt zu den größten Eisenbahnbrücken in Deutschland.

Anschließend umrunden wir zur Hälfte den Weinau-Park und den Tierpark und folgen dann der B99 Richtung **Hirschfelde**. Die alte Dorfkirche St. Peter und Paul wurde 1299 eingeweiht. Für ein Auskommen der Bewohner sorgte die im 16. Jh. aufkommende Leinenweberei, die in Hirschfelde bis ins 20. Jh. eine wirtschaftlich bedeutende Rolle spielte. Ähnlich wie in Hartau finden sich auch hier im Ortsbild besonders viele gut erhaltene **Umgebindehäuser**. Dazu zählt z. B. das jahrhundertealte Pilgerhäusl Hirschfelde, in dem man auch übernachten kann. Das rund 300 Jahre alte Gebäude war zunächst ein Bauernhaus, später wurde es als Pfarrhaus genutzt.

In **Rosenthal** verleiht die Alte Wäscherei und Fleischerei Engemanns Schlauchboote für eine 2½ Stunden lange **Bootsfahrt auf der Neiße**.

Der Neiße-Radweg verläuft auf den nächsten Kilometern immer nahe des Grenzflusses nach Marienthal, wo uns mit dem 1234 gegründeten gleichnamigen **Klosterstift St. Marienthal** ❾ ein großes kulturelles Highlight erwartet. Die Abtei der Zisterzienserinnen ist das am längsten ununterbrochen arbeitende Frauenkloster des Zisterzienserordens in Deutschland. Aber nicht nur bauliche Sehenswürdigkeiten sind hier zu entdecken. Neben dem Weinberg führt ein Weg hinauf zum Kalvarienberg (Stationsberg).

Kapitel 2: **Von Zittau nach Rothenburg/Oberlausitz**

Highlights am Wegesrand

9 Kloster Marienthal

Barockjuwel an der Neiße

Barockwunder Kloster Marienthal

Manchmal erwächst aus einer Katastrophe etwas noch Größeres, Schöneres... Das Zisterzienserinnenkloster wurde 1683 bei einem Großbrand zu großen Teilen zerstört. Der Wiederaufbau zog sich 60 Jahre hin – und begeistert heute mit seiner barocken Pracht. Und wie durch ein Wunder überstand das Kloster auch den Zweiten Weltkrieg: Durch die standhafte Weigerung der Nonnen, einem Räumungsbefehl der SS Folge zu leisten, entging die Anlage der Sprengung kurz vor Kriegsende. Die größten Schäden in der jüngsten Geschichte hinterließ das katastrophale Hochwasser 2010, u. a. an der Klosterkirche und an der Kreuz- und Michaeliskapelle.

Der imposante, weitläufige Klosterkomplex ist kulturhistorisch bedeutsam. Auf dem Klostergelände befinden sich neben den Konventsgebäuden auch eine Bäckerei, ein Sägewerk, eine ehemalige Mühle und eine Brauerei. Und was nur Wenige wissen: Im Nordwesten der Klosteranlage liegt der östlichste Weinberg Deutschlands. Im Kloster und im Internationalen Begegnungszentrum werden Zimmer vermietet.
www.kloster-marienthal.de
www.stmarienthal.de

12 Berzdorfer See

„Berzi" – Badewanne der Görlitzer

2018 begann mit der Flutung der stillgelegten Tagebaue des Lausitzer Braunkohlereviers die Entstehung des viertgröß-

ten Seengebiets Deutschlands, dem **Lausitzer Seenland**. Im Norden reichen die Seen bis zum brandenburgischen Calau, bei Görlitz markiert der Berzdorfer See den südöstlichsten Punkt.

Im Osten von der Neiße begrenzt, wird der See im Westen und Norden von Hügeln umrahmt. Mit dem Fluten des Tagebaulochs nördlich von Tauchritz wurde 2002 begonnen; das Wasser dazu stammte zunächst aus der Pließnitz, einem 20 km langen linken Nebenfluss der Lausitzer Neiße. Ab 2004 wurde mit Hilfe einer 1 km langen Überleitung zudem Wasser aus der Neiße zugeführt. An seiner tiefsten Stelle erreicht der See 72 m, er ist insgesamt 5 km lang und 2 km breit. Rund um den See führt der See-Rundweg, an dem

verschiedene Strände, Badestellen, Restaurants, Biergärten, historische Dörfer und dem Verfall preisgegebene alte Rittergüter (Ostufer) liegen.
www.berzdorfer-see.eu

Das **Rittergut Tauchritz** bietet Übernachtungsmöglichkeiten am See.
www.gut-tauchritz-am-see.de

Stimmungsvoller Berzdorfer See

11 Schaufelradbagger 1452
Ungetüm am Badesee

Das Technische Denkmal am Berzdorfer See war bis 2001 im Tagebau Phönix im Altenburger Land im Einsatz, ab 1970 bis 2001 dann im Tagebau Berzdorf. Das Ungetüm kann im Rahmen einer Führung begangen werden. Angesichts der Eckdaten – 75 m lang, 33,5 m hoch, mit dem Verladeausleger knapp 48 m breit – fühlt man sich als Besucher winzig klein.
Infozentrum
Berzdorferstr. 102
Telefonische Anmeldung
Tel. +49 35822 37708
www.verein-bergbaulicher-zeitzeugen.de

Wissenswertes im Gepäck

Umgebindehäuser
Geniale Baukunst

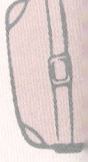

In Nordböhmen, vor allem aber in der Oberlausitz, findet man diese ungewöhnliche und fotogene Hausform.

Umgebindehäuser sind eine regionaltypische Architektur – eine Mischung aus slawischer Blockstube und fränkischer Fachwerktradition, die die fränkischen Siedler einst in die Region mitgebracht hatten.

Interessant ist der Bautyp durch die Verbindung aus Blockbau-, Fachwerk- und Massivbauweise unter einem Dach. Die findigen Bauleute verknüpften dabei die jeweiligen Vorteile der drei Bauweisen zu einem neuen Haustyp: Dach und Fachwerkgeschoss wurden mit einer Holzkonstruktion abgestützt. Unter dieses Stockwerk wurde dann eine Blockstube als eigenständiger Baukörper geschoben. Für dieses Tragwerk entstand der Begriff „Umgebinde".

Diese Bautechnik lässt sich etwa 400 Jahre zurückverfolgen; vermutlich ist sie sogar noch älter. Jedes Haus ist ein Unikat, das sich hinsichtlich Größe, Umgebindeart, Fachwerk, Farbe, den Auf- und Anbauten, den Schmuckelementen wie Sandstein- oder Granittürstöcke von anderen Umgebindehäusern unterscheidet. Es lohnt sich daher, in der Umgebinderegion durch die Ortschaften rechts und links der Neiße mit offenen Augen zu spazieren – es gibt viele sehenswerte Häuser!

Die Mehrheit der Umgebindehäuser wurde zwischen 1760 und 1850 errichtet. Entlang der Radroute finden sich Umgebindehäuser z. B. im tschechischen Radló, aber auch in Hartau, in Zittau, in Jonsdorf (Zittauer Gebirge) und Hirschfelde.

Jonsdorf: Die Weberstube, ein kleines Heimatmuseum, hat seine Räumlichkeiten in einem denkmalgeschützten Umgebindehaus.

In **Hirschfelde** finden sich schöne Umgebindehäuser in den Straßen Am Angel, Ernst-Thälmann-Platz, August-Bebel-Straße, Görlitzer Straße und Komtursgasse. Im Ortsteil **Rosenthal** u. a. in den Straßen Am Galgenberg, Bergblick, Bergstraße, Flachsspinnereistraße, Im Winkel und Mittelweg.
www.stiftung-umgebindehaus.de
www.pilgerhaeusl.de

Schönes Umgebindehaus in Zittau

Traditionelles Umgebindehaus im tschechischen Rádlo

Von dort hat man einen schönen Blick über die Klosteranlage an der Neiße.

Von der eindrucksvollen Klosteranlage geht es auf der von Umgebindehäusern gesäumten Klosterstraße nach **Ostritz**, dessen Geschichte eng mit der des nahen Klosters verbunden ist. So erhielten die Burggrafen von Dohna von der böhmischen Krone die Herrschaft über den Ort. Aus diesem Adelsgeschlecht stammt mit Adelheid von Dohna auch die erste Äbtissin des Konvents. Die katholische Kirche Mariä Himmelfahrt war ursprünglich den Aposteln Peter und Paul geweiht. Aufgrund der engen Bindung zum Kloster Marienthal erfolgte im 14. Jh. ein Patrimoniumswechsel, wobei die Kirche ihren neuen Namen erhielt. Eines der ältesten Häuser der Stadt ist ein sehenswertes **Umgebindehaus** von 1723 in der Klosterstraße 1, das allen Stadtbränden getrotzt hat und heute für Ausstellungen genutzt wird. Sehenswert ist auch das Rathaus der Stadt.

Auf dem Weg nach Hagenwerder bietet sich der kurze Schlenker zum **Freien Weltadeligen Evangelischen Fräuleinstift Joachimstein zu Radmeritz** ❿ (siehe Roadbook) (polnisch: Pałac Radomierzyce) an – es galt einmal als das schönste Schloss der Oberlausitz. Das in unmittelbarer Nähe zum Grenzübergang Hagenwerder bei Radomierzyce (Radmeritz) gelegene Stift wurde auf einer künstlich angelegten Insel an der Einmündung der Witka in die Neiße errichtet und liegt heute auf polnischem Gebiet.

Am südlichen Ortsausgang von Hagenwerder führt der Radweg am Freibad Hagenwerder, einem Badesee mit angeschlossenem Campingplatz, vorbei.

Die größten Sehenswürdigkeiten in Hagenwerder sind aber der **Schaufelradbagger 1452** ⓫ und der **Berzdorfer See** ⓬. Das 33 m große Ungetüm an der Berzdorfer Straße erinnert an den Braunkohletagebau: Um 1835 wurde im nahen Berzdorf mit dem Abbau von Braunkohle begonnen, zunächst mit Hilfe kleiner Tiefbauschächte. Nach einer ersten Stilllegung und Flutung des Tagebaus setzte 1946 mit dem erneuten Aufschluss ein groß angelegter Abbau ein, der erst mit der Wende beendet wurde. Das stillgelegte Tagebauareal wurde dann geflutet: Heute ist der Berzdorfer See ein überregional bedeutsames Naherholungsgebiet.

Zwischen Berzdorfer See zur Linken und der Lausitzer Neiße zur Rechten leitet der Radweg Richtung Görlitzer Zentrum. Nach dem fotogenen **Neißeviadukt** führt der Radweg an der **Obermühle Görlitz** vorbei. Sie ist nicht nur eine beliebte Einkehr, sondern bietet auch Zimmer im angeschlossenen Hotel und einen **Bootsverleih:** Vom Ruderboot oder Kanu aus hat man eine schöne Perspektive auf die städtische Skyline.

Die deutsch-polnische Europastadt **Görlitz/Zgorzelec** ⓭ ist berühmt für ihren architektonischen Reichtum. Die unglaublich schöne Altstadt überstand den Zweiten Weltkrieg ohne nennenswerte Zerstörung und zählt daher zu den am besten erhaltenen Altstädten Europas. Knapp 4000 Baudenkmale lassen hier 500 Jahre europäische Baugeschichte lebendig werden. Die zum Teil mit großem Aufwand sanierten Gebäude stammen aus verschiedensten Epochen – von der Gotik über die Renaissance bis zur Gründerzeit und dem Jugendstil. Die historische Altstadt begeistert auf einem Rundgang mit prächtigen barocken Bürgerhäusern, einem Jugendstilkaufhaus, unzähligen originellen Altstadtkneipen, einer Oldtimer-Parkeisenbahn und dem Schlesischen Museum.

Zu Kriegsende wurde am 7. Mai 1945 die Neißebrücke in die Görlitzer **Schwesterstadt Zgorzelec** von Wehrmachtsoldaten zerstört, bis zu ihrem Wiederaufbau dauerte es knapp 60 Jahre. Die Fahrt über die Neiße in die hübsche Altstadt lohnt sich auf alle Fälle!

Lohnend ist auch der Schlenker zur **Görlitzer Landeskrone** 14, dem Hausberg der Stadt mit herrlichem Rundumblick.

Wir verlassen die Stadt schließlich im Norden durch das Finstertor. Schon 1455 wurde es als „Tor bei dem Totenwächter" erwähnt; zwischen den Durchgängen konnte damals ein Fallgatter herabgelassen werden. Gleich daneben steht ein Fachwerkhaus mit Inschrift „1666 – L.S.B.". Das Kürzel verweist auf den Görlitzer Scharfrichter Lorenz Straßburger, der hier einmal gewohnt hat. Schon seit 1571 waren Scharfrichter hier untergebracht – wegen ihres unehrenhaften Berufes außerhalb der Stadtmauern.

Die Straße „An der alten Ziegelei" führt uns an zwei Dorfteichen vorbei nach **Klingewalde**, einem Stadtteil von Görlitz. Hier sollte man sich Zeit nehmen für einen Blick auf die hübschen Dreiseitenhöfe und das Herrenhaus Klingewalde aus dem 16. Jh. (Dorfstraße 38). Leider erfuhr es zahlreiche Umbauten, was der unterschiedlichen Nutzung vom Pflegeheim bis zur Hochschulfakultät geschuldet war.

Rathaus auf dem Untermarkt

Kapitel 2: **Von Zittau nach Rothenburg/Oberlausitz**

Highlights am Wegesrand **13**

Görlitz Stadt der Türme

Bereits 1071 wurde Görlitz erwähnt. Ihre Blütezeit erlebte die Handelsstadt und Metropole einer ganzen Region vor allem im späten Mittelalter. Auch die Görlitzer wurden durch die Tuchproduktion wohlhabend. 1339 erhielt die Stadt das wichtige Stapelrecht für die Farbstoffpflanze Waid, aus der man ein ganz besonderes Blau gewinnen konnte. An diese Zeit erinnern die Hallenhäuser mit ihren breiten Zufahrten für die Pferdekutschen.

Seinem Reichtum verdankte Görlitz auch seiner dominierenden Stellung innerhalb des Oberlausitzer Sechsstädtebundes. Schwer gebeutelt ging es aus den großen kriegerischen Auseinandersetzungen des 16., 17. und 18. Jh. hervor. Auf die Böhmische Krone folgten als Herren das Kurfürstentum Sachsen und später das Königreich Preußen. Der Radweg verläuft im Stadtgebiet auf der Uferstraße – schon von weitem sind die Türme von St. Peter und Paul zu sehen. Auf Höhe der Alt-

stadt sollte man unweit der Pfarrkirche sein Rad abstellen und zu Fuß die Altstadtgassen erkunden. Die Kirche **St. Peter und Paul** ist das Wahrzeichen der Stadt, sie wurde 1423 zu einer imposanten gotischen Hallenkirche umgebaut.

Von der Altstadtbrücke führt in südwestlicher Richtung die Neißestraße Richtung Obermarkt. Haus Neißestraße Nr. 29 ist das 1570 errichtete **Biblische Haus**: Die Fassade zeigt 10 plastisch gestaltete biblische Reliefszenen. Das **Barockhau**s (Nr. 30) ist ein Durchgangshaus (1729) mit einem prächtigen Portal und ein typisches Beispiel für die Görlitzer Hallenhäuser. Das Kulturhistorische Museum der Stadt zeigt hier einen Teil seiner Sammlung.

Die Neißestraße geht in den **Untermarkt** über, hier nimmt das Rathaus die gesamte Westfront des Platzes ein. Vom Untermarkt geht es auf der Brüderstraße weiter Richtung Obermarkt. Der Schönhof, im 16. Jh. als Brauhof errichtet, beherbergt heute das **Schlesische Museum**, wo u. a. Kunsthandwerk und Kunstgewerbe ausgestellt werden. 2006 wurde das Museum um drei weitere historische Gebäude – Mittelhaus, das Gebäude am Fischmarkt und das Hallenhaus am Untermarkt – erweitert, durch Glasbauten verbunden und neu konzipiert.

Am nordöstlichen Ende des **Obermarktes** steht die **Dreifaltigkeitskirche**, vorbei an den schönen Fassaden der Nordseite geht es zum **Kulturhistorischen Museum Görlitz Reichenbacher Turm**. Er ist mit 51 m der höchste der drei erhaltenen Stadttürme. Bis ins 19. Jh. hinein waren der Reichenbacher Turm und Kaisertrutz durch Mauern verbunden. Der **Frauenturm (Dicker Turm)** an der Elisabethstraße ist 46 m hoch

Die schöne Skyline von Görlitz

Kapitel 2: **Von Zittau nach Rothenburg/Oberlausitz**

und wurde 1250 als Teil der Stadtbefestigung errichtet. Im Rahmen von Führungen kann der Turm bestiegen werden.

Die **Nikolaivorstadt** ist Teil der Altstadt und begeistert als architektonisches Gesamtensemble mit sehenswerten Straßenbildern. Der Nikolaiturm war Teil der Verteidigungsanlage, das Finstertor (Besteigung möglich) ist das letzte erhaltene Stadttor, daneben wohnte in einem Fachwerkhaus seit 1571 der Scharfrichter.

Görliwood
Dank seiner gut erhaltenen Bausubstanz aus verschiedenen Bauepochen hat sich Görlitz zu einer beliebten Filmlocation entwickelt. In deutschen, europäischen und amerikanischen Filmen tauchen Görlitzer Straßenzüge und Gebäude unter so klangvollen Namen wie New York oder Paris auf. So wurde hier u. a. die mit mehreren Oscars prämierte Serie *Grand Budapest Hotel* gedreht.

Zgorzelec
Über die Altstadtbrücke geht es hinüber in die polnische Schwesterstadt Zgorzelec, die zusammen mit Görlitz den Titel Europastadt führt.

Als erstes fällt das Speichergebäude der einstigen Dreiraden-Getreidemühle mit dem Mosaikgesicht ins Auge. Der heutige Bau des Getreidesilos stammt allerdings von 1938. Besonders schön präsentiert sich die Stadt entlang des Uferabschnitts der Straße I. Daszynskiego gleich südlich des Speichergebäudes.

Das **Jakob-Böhme-Haus** (Museum) erinnert an den Mystiker und Theosophen Jakob Böhme (1575–1624), der von 1590 bis 1610 in dem kleinen Haus in Zgorzelec lebte, das zu seinen Ehren in ein Museum umgewandelt wurde. Gleich nebenan lohnt das sehenswerte **Lausitzer Museum** einen Besuch.

Die eindrucksvollste Sehenswürdigkeit ist die ehemalige **Oberlausitzer Ruhmeshalle** (Miejski Dom Kultury), das heutige Kulturhaus. Eingeweiht wurde es 1902 von Kaiser Wilhelm II. – Vorbild war das Berliner Reichstagsgebäude.

Einen Stopp lohnt bald darauf auch das Örtchen **Ludwigsdorf**, ebenfalls heute nach Görlitz eingemeindet. Vermutlich Mitte des 12. Jh. wurde die Dorfkirche erbaut, zunächst romanisch, später gotisch überformt. Die barocke Uhr neben der Kanzel diente dem Pfarrer dazu, die Länge seiner Predigt besser abschätzen zu können. Hübsch ist auch das frühgotische Spitzbogenportal auf der Südseite der Kirche und die Frombergsche Gruft an der Nordseite des Kirchturms.

Verführerisch ist der Biergarten bei der historischen **Ludwigsdorfer Kunstmühle**. Sie erinnert daran, dass Ludwigsdorf schon zu Beginn des 14. Jh. als Mühlenstandort bekannt war. Die Mühle diente im Laufe der

Lohnenswerter Schlenker

14 Görlitzer Landeskrone

Der im Südwesten liegende 419,5 m hohe Hausberg und eines der Wahrzeichen der Stadt verdankt seine symmetrische Form der Tatsache, dass er ein erloschener Vulkan ist.

Auf der Spitze wurde im Hochmittelalter eine Burg erbaut, in der sich heute das gleichnamige Burghotel befindet. Vom Aussichtsturm bietet sich ein eindrucksvoller Blick über die Stadt und ihre Umgebung bis hin zu den Königshainer Bergen und dem Berzdorfer See. Wer einen Tag mit sehr guter Fernsicht erwischt, kann im Süden die Radtour bis zum Isergebirge mit dem Ještěd zurückverfolgen. In der Ferne grüßt das Riesengebirge.

Der Aufstieg beginnt an den Treppen am Fuß des Berges in den Pfaffendorfer Weg, von da aus sind es 45 Minuten hinauf zum Aussichtsturm. Der untere Rundweg lädt zum Entspannen ein und führt in gut 1 Stunde einmal um die Landeskrone herum.

Länge des Schlenkers: 3,4 km

Görlitzer Landeskrone

Zeit als Knochenstampfe, Graupenmühle, Kunstmühle (fünf französische Mahlgänge) und kombinierte Roggen- und Weizenmühle. Die heutige Kunstmühle ist leider nicht mehr das Original: Das heutige Gebäude wurde nach einem Brand 1929 neu errichtet und bis 1997 als Mühle genutzt. Seitdem bietet der einstige Walzenboden den schönen Rahmen für Veranstaltungen und Gastronomie.

Die Rothenburger Landstraße führt durch **Ober-Neundorf** mit einem Rittergut. Ein kunsthistorisches Kleinod sind die Sgraffitoreste an der Fassade, die noch aus der Zeit der Renaissance stammen. Das über Jahrzehnte immer mehr dem Verfall preisgegebene Schloss wird nun von einem Verein nach und nach saniert. Auch im folgenden Dorf **Zodel** sollte man für ein paar Minuten das Rad stehen lassen und die Dorfkirche besuchen. Hier finden sich im Kirchenraum spektakuläre Fresken aus dem 14. Jh. Im Altarraum zeigen sie Christus und die zwölf Apostel. 1945 wurden sie wiederentdeckt und freigelegt.

Nördlich des Örtchens Deschka liegt in einer Flussbiegung der Neiße der östlichste Punkt Deutschlands – eine Tafel weist darauf hin.

Hinter Zentendorf treffen wir in der Gemeinde Neißeaue auf den Abenteuerfreizeitpark **Die Geheime Welt von Turisede** 15 . In den letzten 30 Jahren entstand auf dem Gelände eines ehemaligen Waldbauernhofs ein Areal mit eigenwilligen und fantastischen Holzobjekten, Baumhütten, Spiellandschaften und Tiergehegen. Das Areal zieht sich über die Grenze ins benachbarte Bielawa Dolna.

Im Neiße-Camp, einem idyllisch in den Neißewiesen vor den Toren von Rothenburg gelegenen Zelt- und Campingplatz, können **Bootstouren auf der Neiße** gebucht werden (www.neisse-tours.de). Entlang des Flusses und vorbei am Bootssteg wird der Stadtrand von Rothenburg erreicht.

Rothenburg/Oberlausitz ist das östlichste Städtchen in Sachsen – 13 Stadtbrände mussten die Bürger bekämpfen – wie ein Wunder blieb dennoch ein hübsches Gebäudeensemble rund um den Markt mit dem Rathaus erhalten. Das Rathaus wurde 1850 um einen neoklassizistischen Anbau erweitert. Heute lädt der Biergarten auf dem Marktplatz zur Pause ein.

Lohnenswert ist auch der Historische Stadtpark, der aus einem im 15. Jh. angelegten Schlossgarten hervorgegangen ist. Um 1750 zählte der Barocke Lustgarten mit seinen Wasserspielen und einem Heckenlabyrinth zu den Highlights der Stadt. Er ist ein Vorgeschmack auf das, was uns in Bad Muskau erwartet: Im 19. Jh. wurde er nach der Vorstellungswelt Fürst Pücklers komplett umgestaltet. Neben den Landschaftsparks von Bad Muskau und Gaußig zählt der Rothenburger Park zu den größten seiner Art in der Oberlausitz. Glücklich schätzen kann sich jeder, der hier während der Rhododendronblüte unterwegs ist!

Felsennest in der Geheimen Welt von Turisede

Highlight am Wegesrand 15

Die Geheime Welt von Turisede

Der zunächst unter dem Namen Kulturinsel Einsiedel bekannt gewordene Abenteuerfreizeitpark lohnt einen Stopp. Zahlreiche Objekte regen hier zum Spielen, Staunen und Entdecken an. Seit 1990 entstand hier Stück für Stück auf deutscher und polnischer Seite ein Wunderland vornehmlich aus Holz.

Zu den Wahrzeichen zählen das Piratenschiff, das Zauberschloss und die Krönum-Krönungshalle (Theater), in der regelmäßig ein Inselkönig gewählt wird. Im Park kann auch hoch oben in den Baumwipfeln im „Baumhaushotel" übernachtet werden. Im Museumsbaumhaus begibt man sich auf die Spuren des Volkes von Turisede: Das slawische Volk siedelte vor über 1000 Jahren in den Neißeauen.
www.turisede.com

Kapitel 3: **Von Rothenburg/Oberlausitz nach Guben**

Dörfer, Parks und Auen

Lausitzer Neiße bei Forst

5 Schlenker & Highlights

Guben
Rothenburg (Oder)

104 km

Streckenprofil

166 m ü. NHN

47 m ü. NHN

Rothenburg an der Oder — Guben
km 0 — 10 — 20 — 30 — 40 — 50 — 60 — 70 — 80 — 90 — 104

Entlang des Radwegs nach Guben finden sich immer wieder unweit des Weges Türme für die Vogelbeobachtung und Rastplätze.

Rothenburg/Oberlausitz verlassen wir Richtung Norden und passieren am Ausgang des langgestreckten Ortes das Hallenbad und den Flugplatz der Stadt, an dessen südlichem Rand sich das **Luftfahrttechnische Museum Rothenburg** (www.luftfahrtmuseum-rothenburg.de) befindet. Hier können Besucher dank einiger Besucherbühnen einen Blick in die Kabinen verschiedener Flugzeugtypen werfen. Insgesamt werden hier 15 Flugzeuge und Hubschrauber ausgestellt, alle nach dem Zweiten Weltkrieg gebaut.

Von hier bietet sich ein Schlenker in das **Naturschutzgebiet Niederspreer Teichgebiet und Kleine Heide Hähnichen** 16 zum Naturschutzzentrum Schloss Niederspree an, dafür folgt man den Wegweisern zum **Wolfsradweg**. Dieser 41 km lange Radweg führt nach Boxberg/Oberlausitz und verbindet damit den Oder-Neiße-Radweg mit dem Spreeradweg. Thematisch wird auf den Spuren der Oberlausitzer Wölfe geradelt, die hier seit etwa 1996 wieder heimisch sind.

Ab dem Ortsende von Lodenau folgt der Radweg wieder unmittelbar dem Fluss. An einem Prallhang der Neiße findet man bei einer Bank eine Tafel mit Informationen zum Biosphärenreservat. Die Neiße ist hier ein träge dahinströmender, überraschend breiter Fluss. Vom Radweg aus erreicht man das unmittelbare Ufer. An einer Schutzhütte vorbei kommen wir zu einer Pumpstation, die für die Flutung der Tagebauseen Spreetal, Skado und Sedlitz mit Neißewasser errichtet wurde. Bald radeln wir in das hübsche Örtchen **Steinbach** mit einer verwunschenen Schlossruine.

Kapitel 3: **Von Rothenburg/Oberlausitz nach Guben**

Lohnenswerter *Schlenker* 16

Niederspreer Teichgebiet und Kleine Heide Hähnichen

Im Reich der Seeadler und Wölfe

Länge des Schlenkers: 8 km

Auffallend ist die Zahl an großen und kleinen Seen südlich des Truppenübungsplatzes Oberlausitz. Die Teichlandschaft ist über 500 Jahre alt – damals legte man die Teiche für die Fischzucht an. Uralte Eichen an den Teich- und Wegrändern, Heide, Binnendünen, Kiefern- und Mischwälder sowie zahlreiche Moore prägen das Niederspreer Teichgebiet.

Hier lassen sich mit etwas Glück Seeadler, Kraniche, Fischotter, Reh- und Rotwild und viele Vogelarten sowie (wenn auch eher selten) Wölfe beobachten. Ziel des kleinen Abstechers ins westliche Hinterland der Neiße ist **Schloss Niederspree**, das vor 100 Jahren im Stil englischer Landhäuser errichtet wurde. Seit 30 Jahren wird es als Naturschutzzentrum genutzt.

Wölfe
Seit 20 Jahren leben Wölfe im Teichgebiet – sie wanderten aus Polen ein und sind seit etwa 1996 wieder in der Muskauer Heide heimisch. Der Truppenübungsplatz Oberlausitz mit seiner Kernregion in der Muskauer Heide bot dazu ideale Voraussetzungen. Die ersten Welpen wurden 2000 geworfen. Ins Teichgebiet wechseln sie aus dem

Zwischen dem Gelände des Truppenübungsplatzes Oberlausitz zur Linken und der Oder geht es durch Wald nach **Klein Priebus**, einem Ortsteil der Gemeinde Krauschwitz.

Am Fluss entlang erreicht man anschließend **Podrosche**, das ebenfalls zu Krauschwitz gehört. Beherrscht wird der Ort von der hochwassersicher auf einem Hügel im Ortszentrum erbauten achteckigen Dorfkirche von 1908. Der Vorgängerbau (eine acht-

eckige Fachwerkkirche) war durch einen Brand nach Blitzeinschlag zerstört worden. Interessant ist ihre Entstehungsgeschichte: Die erste Fachwerkkirche wurde auf dem sogenannten Königsgrab, einem 8 bis 10 m hohen künstlichen Hügel errichtet, der wohl ursprünglich als Grablege für wendische Stammeshäuptlinge aufgeschüttet worden ist. Sie war eine evangelische Grenzkirche – eine von vielen, die nach dem Dreißigjährigen Krieg Ende des 17. Jh. vor allem in Sachsen und

nördlich angrenzenden Truppenübungsplatz. Die Wölfe finden hier einen idealen Lebensraum: weitläufige, zusammenhängende Waldflächen, Teiche zum Trinken, große Waldwiesen zum Austoben und trockene Sandböden, in die die Wolfsmütter Höhlen zur Aufzucht ihrer Welpen graben können. Und natürlich wirkt sich auch die geringe Siedlungsdichte positiv aus. Wolfsrudel finden ausreichend Nahrung in Form von Rot-, Reh- und Schwarzwild, ohne sie auszurotten. Am einfachsten sichtet man einen Wolf, wenn man sich still in der Natur bewegt.
www.natura2000. sachsen.de

Majestätischer Seeadler

Brandenburg in Grenznähe zu den von der Gegenreformation betroffenen Gebieten in Böhmen und Schlesien errichtet worden sind. Hier feierten evangelische Gläubige aus Böhmen und Schlesien Gottesdienste, die ihnen in der von der Rekatholisierung betroffenen Heimat verwehrt wurden.

Der Radweg verläuft entlang der Neiße in weiten Schwüngen durch eine fruchtbare Talaue ins mit 30 Einwohnern winzige **Werdeck**. Gleich das erste Gebäude ist das kleine, dafür aber ausgesprochen schön gelegene und gemütliche Waldlokal Kasemannel-Alm, eine gute Gelegenheit für eine Rast.

Nun etwas entfernt vom Wasser geht es nach **Pechern**. Der Name des Örtchens verweist auf einen in der waldreichen Region wichtigen Erwerbszweig – die Gewinnung von Pech aus Kiefernholz. An der Dorfstraße liegt eine hübsche Fachwerkkirche aus dem 16. Jh. Während der Gegenreformati-

Kapitel 3: **Von Rothenburg/Oberlausitz nach Guben**

Lohnenswerter *Schlenker* 17

Geopark Muskauer Faltenbogen
Blick in die Landschaftsgeschichte

Der Faltenbogen, der sich über Brandenburg und Sachsen bis Polen erstreckt, ist ein Stauchendmoräne. Ein bis zu 500 m mächtiger Gletscher des Inlandseises stauchte die vor und unter ihm liegenden Sand- und Braunkohleschichten auf mehr als 40 km Länge zu einem kleinräumigen Faltenbogen mit einer Stauchendmoräne zusammen – diese war bis zu 180 m hoch und 700 m breit. Der Form nach ist der Faltenbogen ein nach Norden hin offenes Hufeisen, das sich von Döbern im Nordwesten und Bad Muskau im Süden nach Trzebiel im Nordosten erstreckt. Höchste Erhebungen sind der 183,7 m hohe Hohe Berg, der Brandberg (175,3 m) und die 162,8 m hohen Drachenberge. Charakteristisch für den Geopark Muskauer Faltenbogen sind so genannte Giesser (parallele Senken), Tagebau-Restgewässer, Tiefbaubruchfelder (hier wurde Braunkohle durch Gletscherstauchung an die Erdoberfläche gepresst), zahlreiche Quellen im Neißegebiet, Findlinge aus Skandinavien sowie Moore.
www.muskauer-faltenbogen.de

Vom Radweg lassen sich zwei Geopfade des Geoparks recht einfach besuchen, einer befindet sich im deutschen, einer im polnischen Teil des **UNESCO Global Geopark Muskauer Faltenbogen**.

Geopfad „Ehemalige Grube Babina" (Dawna kopalnia Babina)
Ein 5,5 km langer Geopfad verbindet die polnischen Städte Leknica, Nowe Czaple und Przewozniki. Der Eingang zum Geopfad „Grube Babina" liegt am Ostrand von Leknica und führt zur Tagebaugrube, wo ein neu errichteter 24 m hoher Aussichtsturm Besuchern einen umfassenden Blick aus der Vogelperspektive ermöglicht. Hier wurde von 1920 bis 1973 Braunkoh-

le abgebaut. Der Blick schweift über das Wasserreservoir Afrika: Der 190 m lange und 27 m tiefe See ist der größte im Abbaugebiet und erinnert mit seiner Form an den afrikanischen Kontinent. Bei guter Fernsicht reicht der Blick 150 bis 200 km weit bis ins Isergebirge!

Die Infotafeln entlang des Wegs sind auch in Deutsch beschriftet, dazu gibt es Hütten und Bänke für eine Rast zwischendurch.

Vom Radweg nimmt man den Abzweig zur ehemaligen Eisenbahnbrücke, die wegen ihres Farbanstrichs auch den Beinamen „Das Blaue Wunder" trägt. Ab dort sind es 2,2 km zum Eingang des Geopfads.

Geopfad Drachenberge
Dieser Geopfad startet beim Gasthaus zur Linde (Bautzener Straße 28, D-02957 Krauschwitz i.d. O.L.) in Krauschwitz. Die Drachenberge sind mit 163 m die höchste Erhebung im sächsischen Teil des Geoparks. *www.eiszeitdorf.de/ eiszeitdorf/geopark-muskauer-faltenbogen/*

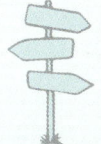

Länge des Schlenkers bis zum Gasthaus: 3 km

Blick auf den Aussichtsturm am Wasserreservoir Afrika

Wissenswertes im Gepäck

Hermann von Pückler-Muskau
Dandy, Reisender und genialer Gartengestalter

Der 1785 geborene Hermann von Pückler-Muskau stammte aus adligem Haus, wuchs in der unglücklichen Ehe seiner Eltern auf, studierte ein Jahr in Leipzig Jura und entschied sich dann für eine militärische Laufbahn. Dort machte er Karriere, wurde schließlich Verbindungsoffizier zu Zar Alexander I. und nahm an den Schlachten der Napoleonischen Befreiungskriege teil. 1811 erbt er die Standesherrschaft Muskau, damals der größte Besitz auf deutschem Boden.

Sein zukünftiges Leben veränderte sich mit seinem ersten Besuch in England 1812: Dort besuchte er eine Reihe englischer Landschaftsparks, die eine bisher unerkannte Leidenschaft in ihm weckten: die Gestaltung solcher Gärten.

Das Schicksal meinte es gut mit ihm. Durch die Heirat mit Lucie von Hardenberg 1817 bekam er die nötigen Geldmittel, um seine Passion Wirklichkeit werden zu lassen.

---

on fast 80 Jahre geschlossen, wurde sie 1747 auf einen Erlass des Alten Fritz hin wieder für Gottesdienste geöffnet. Baumliebhabern wird angesichts der imposanten Dorflinde bei der Kirche das Herz aufgehen.

Durch die weitläufige Auenlandschaft führt die Route nach **Skerbersdorf**, wo es ein Freibad gibt. Auch Skerbersdorf und Sagar (mit Radlerklause) gehören zur folgenden Stadt Krauschwitz. In **Sagar** sollte man das interessante **Handwerk- und Gewerbe-Museum Sagar** (www.museum-sagar.de) in einem alten Sägewerk besuchen.

Die Ausstellung zeichnet die industrielle Entwicklung der letzten 150 Jahre nach – zu sehen sind eine Dampfmaschine, ein Holzschleifer, eine Pappenpresse, eine Lokomobile (Dampfmaschinenanlage) und eine Gattersäge.

Wir nähern uns nun Bad Muskau, doch noch vor der Stadt bietet sich direkt vom Radweg aus die Möglichkeit für zwei Abstecher in den **Geopark Muskauer Faltenbogen** 17 . Der Faltenbogen verläuft hufeisenförmig von Döbern im Westen an Weißwasser und Bad Muskau vorbei bis zum polnischen Trzebiel. Beide Abstecher –

Die Anlage des Muskauer Parks, mit der er 1815 begonnen hatte, verschlang jedoch Unsummen an Geld, die Geldsorgen wurden zunehmend prekärer. Seine Frau höchstpersönlich riet ihm schließlich zu einer formellen Scheidung, um ihm die Möglichkeit zu einer erneuten (reichen) Heirat in England zu ermöglichen. Drei Jahre war er erfolglos auf Brautschau unterwegs, kam aber ohne Frau, dafür mit vielen neuen Ideen für seine Gärten zurück.

Gleichzeitig hatte er sich als Autor einen Namen gemacht, reiste ab 1834 6 Jahre lang durch Nordafrika und den Orient. Doch die finanziellen Schwierigkeiten konnte er nicht lösen und war schließlich gezwungen, die Herrschaft Muskau zu verkaufen.

Der Fürst zog mit Lucie auf ihren Wunsch hin nach Branitz um und begann umgehend mit der Gestaltung des dortigen Parks. Er ließ das spätbarocke Herrenhaus seiner Ahnen umfangreich umbauen und begann in der flachen, sandigen und kargen Landschaft von Branitz einen zweiten Landschaftspark anzulegen, der sein „Meisterstück" werden sollte.

1854 starb seine Frau, Pückler arbeitete in den folgenden Jahren weiter an seinem Branitzer Park und wurde schließlich 1871 in der Seepyramide (Tumulus) des Branitzer Parks neben seiner Frau beigesetzt.
www.pueckler-museum.de

---

der eine zum **Geopfad Drachenberge** in Krauschwitz, der andere zum **Geopfad „Grube Babina"** – geben Einblicke in die geologische Besonderheit des Muskauer Faltenbogens.

Zu den bedeutendsten Sehenswürdigkeiten entlang des Oder-Neiße-Radwegs zählt **Bad Muskau**: Die idyllisch gelegene Park- und Kurstadt an der Neiße steht mit ihrem **Fürst-Pückler-Park Bad Muskau** ❿, der zu den schönsten Landschaftsparks Europas zählt, auf der Liste des UNESCO-Welterbes. Unweit der Grenzbrücke befindet sich der Südeingang.

Die weitläufige Parkanlage ließ der geniale Landschaftsparkgestalter **Fürst Pückler** ab 1815 nach seinen Plänen anlegen. 830 ha groß ist die Anlage, die die Stadt umgibt und sich zu beiden Seiten der Grenze erstreckt. Für die Erkundung sollte man sich einen Tag Zeit nehmen, die Parkwege leiten den Besucher zu den wichtigsten Attraktionen und überraschen unterwegs mit immer neuen Blicken, Sichtachsen und Perspektiven.

Bevor wir uns in Bad Muskau den dortigen Sehenswürdigkeiten widmen, lohnt sich der Schlenker nach Krom-

Kapitel 3: **Von Rothenburg/Oberlausitz nach Guben**

Das Neue Schloss im Fürst-Pückler-Park in Bad Muskau

Highlight am Wegesrand

Fürst-Pückler-Park/Park Muzakowski
Natur als Kunstwerk

Die Bedeutung des Moorheilbads Bad Muskau ist untrennbar mit **Fürst Hermann von Pückler-Muskau verbunden**. Neben Joseph Peter Lenné und Friedrich Ludwig von Sckell zählt er zu den bekanntesten Landschaftsparkgestaltern. 1815 begann er mit der Anlage, ohne zu ahnen, dass er in 30 Jahren ein Gartenkunstwerk von Weltrang schaffen würde.

Der Fürst hatte ein unglaubliches Gespür für Blickachsen und schuf aus Wiesen, Gewässern, altehrwürdigen Bäumen sowie Brücken und sorgsam positionierten Gebäuden ein landschaftsarchitektonisches Meisterwerk. Die Idee dahinter: mit Materialien aus der Natur dreidimensionale Bilder zu malen. Für sein Gesamtkonzept waren ihm keine Mühen zu groß: Er schüttete Hügel auf, wo keine waren, leitete Flüsse um, legte Seen an, drapierte große eiszeitliche Findlinge und schuf fotogene Brücken und Blickachsen, die ihm erlaubten, sein Gartenreich bestmöglichst

renaissance ist der Blickfang des Parks. Die monumentale Treppenrampe stammt von Karl Friedrich Schinkel. Im Schloss beleuchtet eine Ausstellung das Leben und Werk von Fürst Pückler-Muskau. Der **Südwestturm** bietet in 36 m Höhe eine tolle Panoramasicht auf die Gesamtanlage. Direkt an das Schloss ließ Pückler kleinteilige Gärten anlegen, darunter die drei Blumengärten Schlossgarten, Herrengarten und Blauer Garten.

Wesentlich unscheinbarer präsentiert sich dagegen das **Alte Schloss**, wobei es sich eigentlich um das Torhaus der ursprünglichen Burganlage handelt, dass im 17. Jh. zu einem Verwaltungssitz umgebaut wurde. Marstall und Schlossvorwerk in Form eines offenen Vierseithofes beherbergten im 19. Jh. die Reitstallungen und Stellplätze für Kutschen.

Bergpark
Wie anders präsentiert sich dagegen der Bergpark! Entlang eines Panoramaweges genießt man malerische Aussichten auf Stadt, Schloss und Parklandschaft. Romantisch ist die im Norden gelegene Ruine der 1200 errichteten kleinen **Bergkirche**. Ein Panoramaweg führt bis zum ehemaligen Weinberg und nach Krauschwitz weiter. Abgehende, teils sehr schmale und steile Pfade laden zu Entdeckungstouren ein und führen in beeindruckende Schluchten, zu malerischen Vorsprüngen und romantischen Lichtungen.

Östlicher Park
Seit 1945 liegt der östliche Teil und damit zwei Drittel des Parks in Polen, er ist aber über die Doppelbrücke an der Jeanetteninsel und die Englische Brücke ohne Grenzkontrollen zugänglich. Der östliche Teil gliedert sich in Terrassenpark, Oberpark und Arboretum. Der Außenpark reicht bis zum Dorf Bronowice. Lange nicht gepflegt, sind die historischen Pflanzungen und Sichtachsen heute weitgehend wieder freigelegt. Nach 1945 abgetragen wurden das Englische Haus und das Mausoleum.
www.muskauer-park.de

zu präsentieren. Selbst die Umsiedlung eines ganzen Dorfes nahm er dafür in Kauf.

Der 2004 zum Welterbe geadelte Park erstreckt sich beiderseits der Neiße und gliedert sich in drei große Bereiche.

Schlosspark
Der Schlosspark ist der zentrale Bereich, er erstreckt sich bis zum Neißeufer. Im Schlosspark liegen das Neue und Alte Schloss, die Orangerie, das Schlossvorwerk und die Schlossgärtnerei. Das **Neue Schloss** im Stil der Neo-

Kapitel 3: **Von Rothenburg/Oberlausitz nach Guben**

Lohnenswerter Schlenker **19**

Rhododendronpark Kromlau Der perfekte Kreis

Wohl dem, der Glück mit dem Wetter hat und bei Windstille die Rakotzbrücke bewundern kann!

Dann erlebt man die Bogenbrücke, die den künstlich angelegten Rakotzsee überspannt, als perfekten Kreis, durch dessen Mitte man auf eine künstliche Insel mit einer Basaltstelengruppe blickt.

So dünn wie die Steinbrücke wirkt, wurde sie lange für ein Werk des Teufels gehalten. Errichtet wurde sie aus Feldsteinen und Basalt, der aus der Sächsischen Schweiz stammt. Während der 20-jährigen Bauphase stützen zunächst hölzerne Träger die Brücke. Bei ihrer Entfernung 1882 ereignete sich ein tragischer Unfall, bei dem

Länge des Schlenkers: 6,3 km

der Gablenzer Zimmermann Traugott Wolsch ums Leben kam. Und so findet sich in einer Chronik der Hinweis, dass das Erbauen der Brücke „Fünfzigtausend Taler und ein Menschenleben" gekostet habe.

Die Rakotzbrücke überspannt den 35 m breiten Rakotzsee und wird links und rechts von Basaltsäulen aus dem Elbsandsteingebirge gesäumt. Die Brücke wurde wegen Einsturzgefahr saniert, man wird sie aber wohl auch zukünftig nicht betreten dürfen.

Blumenliebhaber erleben im Mai die Blütezeit der Rhododendren, im Juni begeistern die teils 150 Jahre alten Tulpenbäume. *www.kromlau-online.de/der-park*

lau mit dem berühmten **Rhododendronpark** ❶⓽ und der fotogenen Bogenbrücke. Blumenliebhaber strömen in Scharen in den Park, der sich zur Blütezeit der immergrünen Rhododendren und sommergrünen Freilandazaleen in ein Blütenmeer verwandelt. Kromlau und Bad Muskau liegen beide in der abwechslungsreichen und eindrucksvollen Landschaft des Muskauer Faltenbogens.

Wir erreichen **Köbeln**, das Fürst Pückler 1815 vom rechten ans linke Neißeufer umzusiedeln ließ, um Raum für die ausgedehnte Parklandschaft zu schaffen. Am Ortsausgang befindet sich im Glockenhof, ein imposanter Vierseitenhof, das **Heidebauern-Museum**.

Willkommen in der Niederlausitz
Nördlich des Anwesens verlassen wir Sachsen und radeln nun durch Brandenburg. Die Landesgrenze markiert auch die Grenze zwischen Ober- und Niederlausitz. In **Pusack** passieren wir das Einzelbauerngehöft des Ziegenhofs Pusack (www.ziegenhof-pusack.de), der hofeigene Produkte verkauft; auch übernachten kann man dort. An der folgenden Kreuzung ist ein Abstecher nach **Jerischke** zu einem Infopavillon des **Geoparks Muskauer Faltenbogen** ❶⓻ möglich. Wenig später führt der Radweg am Ziegenhof Zur Wolfsschlucht (www.ziegenhof-wolfsschlucht.de), einer weiteren Käserei, vorbei. Pusack liegt im Naturschutzgebiet Zerna.

Nun führt der Weg durch das **Naturschutzgebiet Schwarze Grube** mit urwüchsigem Winterlinden-, Stieleichen- und Hainbuchenbestand. Parallel zur Neiße und fast eben fahren wir über Zels und Bahren nach

Kapitel 3: **Von Rothenburg/Oberlausitz nach Guben**

Die Lausitzer Neiße bei Groß Bademeusel

Klein Bademeusel und von dort weiter nach **Groß Bademeusel**.

Auf dem Neißedeich geht es durch eine parkähnliche Auenlandschaft und schließlich über eine Kastanien- und Eichenallee nach **Forst** 20 (siehe Roadbook). Bekannt ist der Ort für seinen „**Ostdeutschen Rosengarten**". Im über 100 Jahre alten Garten wachsen auf 16 ha rund 800 Rosensorten – eine Schar von Gärtnern pflegt etwa 10.000 Rosenstöcke. Die denkmalgeschützte Anlage liegt auf zwei Inseln, der Wehrinsel und der Reisigwehrinsel. Der größte Teil der Rosen wächst im Rosengarten, der im Jugendstil angelegt wurde. Verschiedene Themengärten wie Frühlings-, Heide- oder Dahliengarten ergänzen den eigentlichen Rosengarten.

Forst war eine berühmte Tuchmacherstadt und trug im 19. und frühen 20. Jh. den Beinahmen „deutsches Manchester". Das dominierende Gebäude der Stadt ist die im 13. Jh. errichtete **Stadtkirche St. Nikolai**; nach dem Zweiten Weltkrieg baute man die Kirche in der heutigen Form wieder auf. Ein ganz besonderes Erlebnis ist die Besteigung des über 50 m hohen Turmes, in dessen achteckiger Turmhaube auch eine Postkarten- und Fotoausstellung besichtigt werden kann. Ein weiteres Wahrzeichen der Stadt ist der Wasserturm, den der Volksmund „unser Dicker" nennt.

Ein ungewöhnliches Museum ist das **„Archiv verschwundener Orte"** im neu errichteten Gemeindezentrum des Forster Ortsteils **Horno**, wohin 2003 die Bewohner von Alt-Horno umgesiedelt wurden, bevor ihr Dorf den Schaufelradbaggern zum Opfer fiel. Horno ist einer von 137 Orten in der Lausitz, die ganz oder teilweise dem Tagebau weichen mussten.

Über **Sacro** mit einer stattlichen Eiche und einer Feldsteinkirche geht es weiter flussabwärts zum **Malxe-Neiße-**

Wissenswertes im Gepäck

Archiv verschwundener Orte

Im Forster Ortsteil Horno leben seit 2003 die Bewohner des Altorts Horno, die nach langem Widerstand an diesen neuen Standort in Forst umgesiedelt wurden. Das Museum hat fünf zentrale Multimediabereiche: „Einführung", „Umsiedlung", „Sorben/Wenden" „Sorbisches/Wendisches Sprachlabor" und „Kampf um Horno".

Das Archiv ist in seiner Art einzigartig – auch in der Art und Weise der Präsentation. Mit Lesegeräten können auf einer riesigen interaktiven Karte alle 137 abgebaggerten Ort in der Lausitz angesteuert werden. Für jeden Ort gibt es eine entsprechende Datenbank.
An der Dorfaue 9
OT Horno/Rogow
D-03149 Forst (Lausitz)
www.verschwundene-orte.de

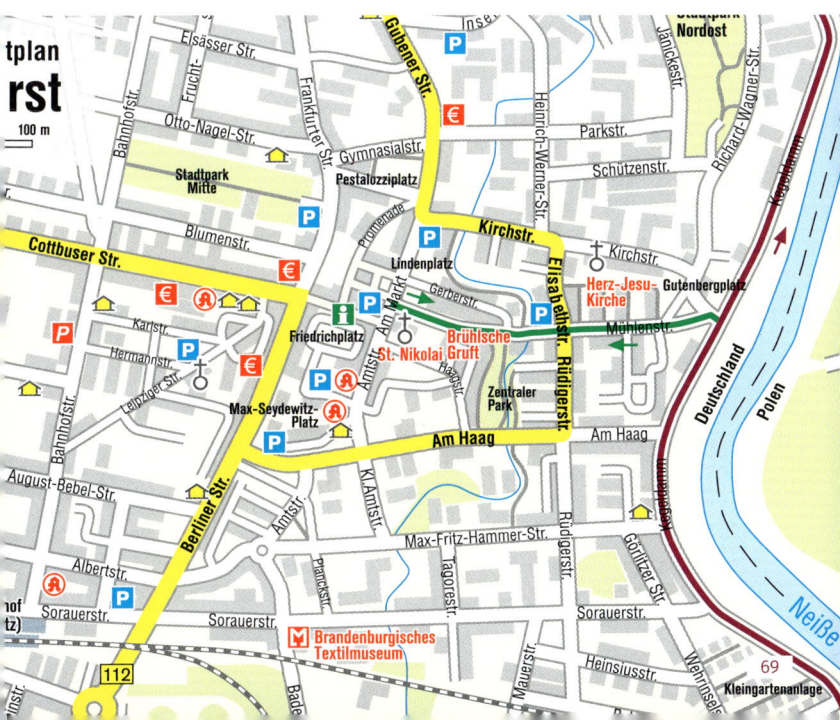

Kapitel 3: Von Rothenburg/Oberlausitz nach Guben

Kanal, der überquert wird. Die Malxe war einst ein 45 km langer Fluss, dessen Oberlauf in den 1980er-Jahren durch den Tagebau Jänschwalde vom Unterlauf getrennt wurde. Deshalb fließt heute alles Wasser des Oberlaufs über den kleinen Kanalgraben aus dem 19. Jh. der Neiße zu. An der Radstraße nach der Brücke schwenkt die Tour rechts. Wir radeln am Ortsrand von Briesnig entlang und fahren nun auf einem ehemaligen Bahndamm.

Die Weiterfahrt führt entlang des **Tagebaus Jänschwalde**, der durch den jahrelangen Rechtsstreit um das kleine Dorf **Horno** und dessen Abriss im Jahre 2004/05 überregional traurige Berühmtheit erlangte.

Durch seine Lage auf einer eiszeitlichen Endmoräne erhebt sich **Grießen** etwa 40 m über das Neißetal. Größte Sehenswürdigkeit ist die Wehrkirche, eine der eindrucksvollsten der Region. Im 14./15. Jh. aus unbehauenen Feldsteinen errichtet, fällt auf dem hölzernen Turmaufsatz das Johanniterkreuz auf, das den Einfluss des Ritterordens in Grießen belegt. Als technisches

Wissenswertes im Gepäck

Gut behütet
Exportschlager aus Guben

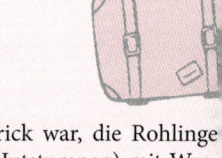

Guben entstand aus einer Handelsniederlassung am Kreuzungspunkt wichtiger Fernhandelswege. Im 14. Jh. erlebte die Stadt ihre erste Blütezeit durch Wein- und Obstanbau, Tuchmacherei, Neißeschifffahrt und Fernhandel. Der Durchbruch zu internationalem Ruhm gelang im 19. Jh.: Millionenfach verkauften sich die Hüte aus Guben in alle Welt. Standortvorteile waren die lange Tradition der Tuchindustrie, die sich in ausreichend vielen Fachkräften und einem Technologievorsprung durch die Tuchindustrie niederschlug; ein weiterer Faktor war das weiche Wasser der Neiße.

Der aus Forst stammende Hutmacher Carl Gottlob Wilke erfand 1847 nach vielen frustrierenden Fehlversuchen den wasserdichten und damit witterungsfesten Filzhut aus preiswerter Schafwolle. Sein Trick war, die Rohlinge (Hutstumpen) mit Wasser zu bedampfen und sie so formstabiler zu machen. Er legte mit seiner bahnbrechenden Idee den Grundstein für die Massenproduktion in einer Zeit, in der das Tragen eines Hutes noch selbstverständlich war. Kein Mann und keine Frau ging damals ohne Hut aus dem Haus!

Und so kam es, dass bereits in den 1920er-Jah-

Blick in den Tagebau Jänschwalde

ren in Guben in 11 Hutfabriken 10 Millionen Wollfilzhüte von rund 7000 Beschäftigten hergestellt wurden. 1925 gab es allein im Westteil der Stadt neben den Hutfabriken sieben Hutformfabriken, ein Hutstoffwerk sowie zwei Maschinenfabriken, die sich auf Entwicklung, Bau und Reparatur von Hutmaschinen spezialisiert hatten.

Ein Drittel der Produktion ging damals in die USA. Bekannte Werbeträger waren Hollywoodgrößen wie Marlene Dietrich und Charlie Chaplin, die einen Filzhut aus der Lausitz be-

saßen. Damals kannte jeder den Werbespruch „Gubener Tuche, Gubener Hüte – weltbekannt durch ihre Güte". Zwei Drittel aller in Deutschland produzierten Hüte kamen in der Folgezeit aus Guben.

In DDR-Zeiten wurde der **Vigu-Hut** international bekannt, er wurde aus Plaste als Ersatz für den Strohhut hergestellt – sein prominentester Werbeträger war Erich Honecker. Die Hutmacher überzogen den Hutrohling mit einem Gewebe aus Polyvinylchlorid (PVC), der anschließend erhitzt

wurde. Das Material schrumpfte dabei und nahm die gewünschte Form an. Vom als unverwüstlich und wasserbeständig geltenden „Vigu" (einer Wortschöpfung aus Vinylchlorid und Guben) wurden noch 1989 eine halbe Million hergestellt, von etwa 1000 Mitarbeitern der Vereinigten Hutwerke.

Das **Stadt- und Industriemuseum** widmet sich der Hutmachertradition – auf innovative, interessante und witzige Art und Weise.
Gasstraße 5
Tel. +49 3561/68 71 21 00
www.museen-guben.de

Kapitel 3: **Von Rothenburg/Oberlausitz nach Guben**

Highlight am Wegesrand ㉑

Gubin
die historische Altstadt

Über die Grenzbrücke an der Frankfurter Straße ist man schnell am polnischen Neißeufer, wo der historische Kern von Gubin liegt.

Theaterinsel
Einen alternativen Übergang nach Gubin bietet die Theaterinsel, über eine feste Brücke ist sie mit dem deutschen und dem polnischen Neißeufer verbunden und somit ein wichtiges Bindestück zwischen den beiden Teilen der Europastadt. Bis heute ist sie das grüne Herz der Stadt inmitten des Flusses. Im 19. Jh. stand hier ein Theater für 750 Zuschauer, die damals berühmtesten Künstler Europas sorgten für volle Häuser. 1946 brannte das Gebäude komplett nieder – an seine einstigen Glanzzeiten erinnern nur noch die steinerne Treppe, die zum ehemaligen Haupteingang führte, und ein paar Säulenreste der Fassade.

Mahnmal
Das alles beherrschende Wahrzeichen des Zentrums ist die imposante rote Ruine der **Stadtkirche**, die leider in den letzten Kriegsmonaten 1945 zerstört wurde. Nach einer ersten Kirche im romanischen Stil wurde nach einem Erdbeben im 14. Jh. an ihrer Stelle mit dem Bau einer gotischen Kirche begonnen. Seit wenigen Jahren kann der Kirchturm bestiegen werden.

Neben der Kirchenruine steht das wieder aufgebaute **Rathaus** mit Kulturhaus, Stadtbibliothek und dem Ratskeller; eine Galerie zeigt Wechselausstellungen.

Im 14. und 15. Jh. schützten drei Tore (Klostertor, Crossener Tor und Werdertor) als Teil der Stadtbefestigung die historische Altstadt, im 16. Jh. ergänzt um weitere Türme und Rondelle. Der **Werderturm** (Wieża Bramy Ostrowskiej) ist als Teil der ehemaligen Stadtbefestigung erhalten geblieben. Heute beherbergt es ein Museum zur Regionalgeschichte.
www.guben-gubin.eu

Eindrucksvolles Mahnmal – die Kirchenruine in Gubin, links das Rathaus

Denkmal unter Schutz gestellt ist das Wasserkraftwerk (1927–29). Seit 1992 produziert die denkmalgeschützte Anlage wieder umweltfreundlich Energie, die ins öffentliche Stromnetz eingespeist wird. Lohnend ist die Besteigung des Kraftwerkturms (nach Vereinbarung). Von der Aussichtsplattform reicht der Blick über die Neißeaue bis zur Grenze.

Ebenfalls lohnend ist der Aussichtspunkt mit Blick über das Tagebaugelände am Ende der Dorfstraße im Nordwesten des Ortes. Der Tagebau grenzt unmittelbar an den westlichen Ortsrand.

Der Radweg verläuft entlang der Grenze und des Neißedeichs über Groß Gastrose und Klein Gastrose nach **Guben**. Alte Mauern, Industriedenkmäler und Villen aus der Blütezeit der Tuch- und **Hutmacher** sowie moderne Architektur zeugen beidseits der Neiße von Gubens bzw. Gubins wechselvoller Geschichte.

Nach dem Zweiten Weltkriegs wurde Guben entlang der Neiße geteilt. Die im Krieg stark zerstörte und nur in Teilen wieder aufgebaute Altstadt der historischen Stadt liegt auf polnischer Seite im heutigen **Gubin** 21, der mehr industriell geprägte Teil im deut-

Kapitel 3: Von Rothenburg/Oberlausitz nach Guben

schen Guben. Die Frankfurter Straße ist das verbindende Element zwischen Guben und Gubin und gilt mit seinen renovierten Gründerzeitgebäuden als Gubens Flaniermeile.

Nördlich des Wehrs lag das riesige Fabrikgelände der größten Gubener Tuchfabrik, das Areal wurde ab 2007 in eine grüne Oase umgewandelt. Die **Neißeterrassen** verbinden heute die Neiße und das Stadtzentrum, mit freiem Blick auf die polnische Nachbarstadt. Teile alter Mauern der Gubener Tuchfabrik sind als Relikte im Park erhalten und wurden geschickt in die Parkfläche integriert. Eine Fußgängerbrücke verbindet die Gubener Neißeterrassen mit der **Gubiner Theaterinsel** und ermöglicht dem Besucher einen Spaziergang über die Insel zur historischen Altstadt Gubin. An den Neißeterrassen starten auch **Bootsfahrten auf der Neiße**.

Einen schönen Blick über die Doppelstadt hat man von den Gubener Bergen am Stadtrand.

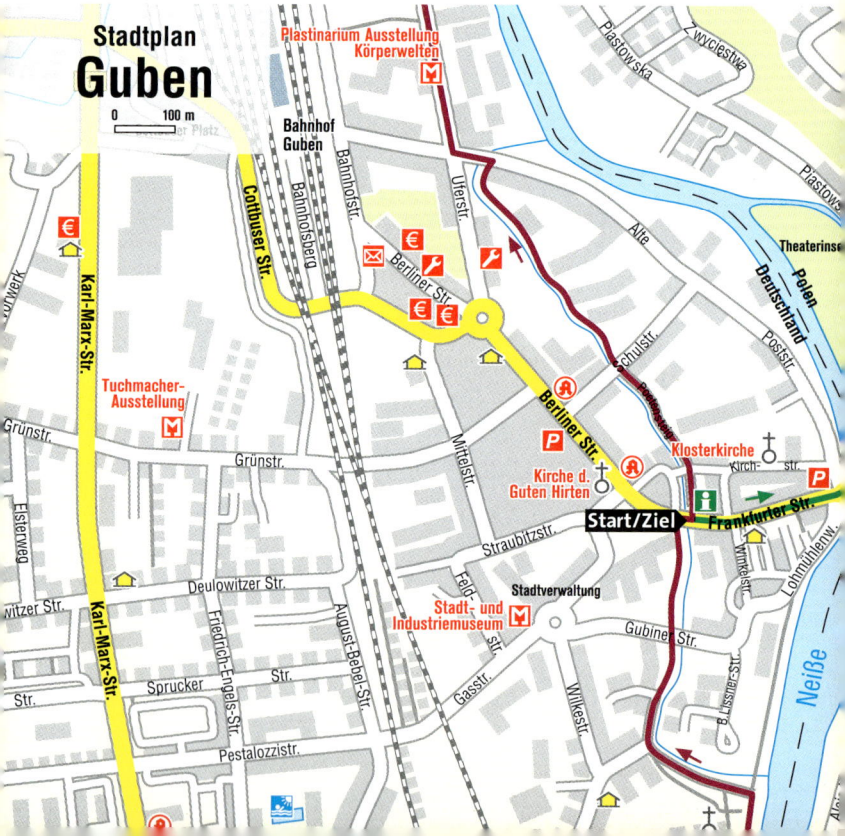

Essen, Trinken & Durchatmen
Ein kulinarischer Abzweig

In Groß Bademeusel stößt man direkt am Dorfanger auf das Ausflugsrestaurant „Zur Blauen Maus", das hier an der Oder seit 1880 seine Gäste verwöhnt. Auf der Karte finden sich regionale Gerichte (Wild, Fisch), die beliebte Currywurst und zur Kaffeezeit hausgemachte Blechkuchen, Waffeln und Eisbecher. Bei gutem Wetter sitzt man im Biergarten oder auf der Sommerterrasse.

Ausflugs- und Speiserestaurant
„Zur blauen Maus"
Groß Bademeuseler Straße 21
D-03149 Groß Bademeusel
Tel. +49 3562 65 35
www.zurblauenmaus.de

1924 eröffnet, war der Ratskeller lange das beste Restaurant in Gubin. Seit 1995 gibt es wieder ein Restaurant im Rathaus. Die Innenräume im Stil der Spätrenaissance verströmen mit ihren Stern- und Maschengewölben eine besondere Atmosphäre. Auf der Karte finden sich polnische und regionale Spezialitäten, darunter auch Wild- und Fischgerichte. Vor dem Rathaus kann man im Sommergarten speisen.

Ratskeller Tercet
Westerplatte 14 - Ratusz
P Gubin 66-620
Tel. +48 6835 95 343
www.ratskeller-gubin.eu

Kapitel 4: **Von Guben nach Frankfurt/Oder**

Von der Neiße

Die Oder in Brandenburg

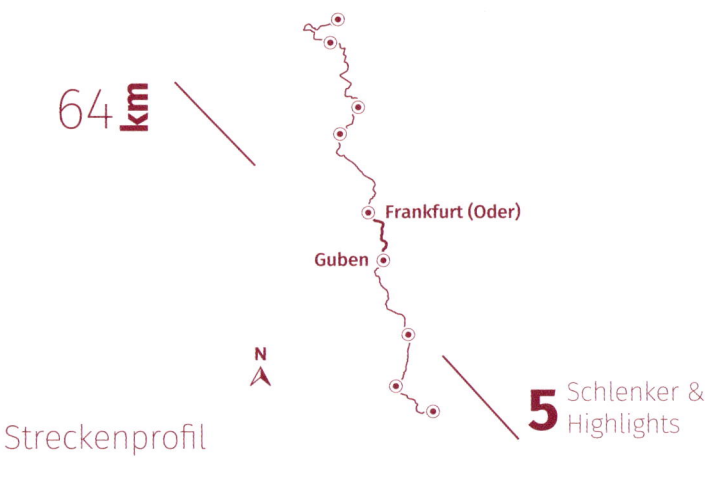

64 km

Frankfurt (Oder)
Guben

N

5 Schlenker & Highlights

Streckenprofil

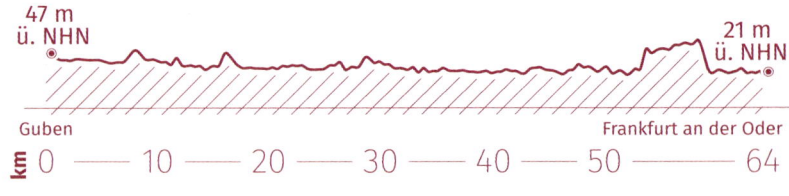

47 m ü. NHN — 21 m ü. NHN

Guben — Frankfurt an der Oder

km 0 — 10 — 20 — 30 — 40 — 50 — 64

an die Oder

Die letzten Kilometer entlang der Lausitzer Neiße
Vom Gubener Zentrum folgt man dem Ostufer der Engelneiße auf dem Poetensteig, westlich der Neiße geht es Richtung Norden, vorbei am Gubener Plastinarium, einer Dauerausstellung der Exponate von Gunther von Hagen. Wenig später erreicht der Radweg die Reste der Alten Nordbrücke (Schlachthofbrücke) und des alten **Gubener Hafens**. Bis Anfang des 20. Jh. legten hier Neißeschiffe an. Durch die Konkurrenz Bahn verlor der Hafen an Bedeutung. Erhalten blieben ein historisches Lagergebäude und die Kaimauer.

Im lang gezogenen Straßendorf **Groß Breesen** lohnt sich ein kurzer Halt bei der Dorfkirche. In **Bresinchen** bietet sich die Kiesgrube zum Baden an, der kleine Badestrand liegt direkt am Radweg. Im Örtchen **Coschem** biegt der Radweg wieder zur Neiße ab und verläuft auf dem Dammweg weiter. Kurvenreich und immer auf der Deichkrone geht es durch die weiten Neißeauen. Kurz vor einem Wäldchen wird der Deich verlassen – ein letzter Blick auf die Lausitzer Neiße… denn wenn der Radweg das nächste Mal einen Fluss erreicht, fährt man schon entlang der Oder.

Willkommen an der Oder!
Ratzdorf heißt der nächste Ort – hier mündet die Neiße in die von Osten herbeiströmende **Oder**. 254 km liegen hinter der Lausitzer Neiße, direkt an der Neißemündung steht auf einer Landzunge das „Kreuz der Begegnung", ein Versöhnungsmahnmal. Vom Pegelhaus sind es nur wenige Meter nach Süden zur Neißeeinmündung in die Oder.

Durch seine Lage an der Oder auf einer Talsandinsel hatte Ratzdorf eine durchaus wichtige Rolle: Bis ins 19. Jh. war es ein wichtiger Umschlagplatz für

Kapitel 4: **Von Guben nach Frankfurt/Oder**

Wissenswertes im Gepäck

Die Oder
Unberechenbarer Steppenfluss

Die Oder, einer der großen Ströme Europas, entspringt im Bergland nordöstlich der tschechischen Stadt Olomouc. Nördlich von Ostrava verlässt das Gewässer nach 131 km Tschechien und fließt durch Polen. Als mächtiger Strom nimmt die Oder bei Ratzdorf die Lausitzer Neiße auf. Nördlich von Frankfurt/Oder weitet sich die Oder zu einem 60 km langen Binnendelta, dem **Oderbruch**. Bald teilt sich der Strom in zwei Arme auf, wobei die Westoder noch ein Stück weit Grenzfluss bleibt. Schließlich strömt der Fluss auf Szczecin (Stettin) und das Stettiner Haff als Teil der Ostsee zu. Bis zur Mündung ins Haff sind es insgesamt 866 Flusskilometer.

Launischer Strom
Die Oder hatte anders als Rhein, Elbe und Donau nie eine große Bedeutung als Wasserweg. Sie ist ein launischer Fluss, was auch am kontinenta-

Hier mündet die Lausitzer Neiße in die Oder

Die „Brieger Gänse" bei einem Eisstau in Schwedt/Oder

len Klima in Polen liegt. Trocken-warmes Hochdruckwetter im Sommer und Herbst führt zu extremen Niedrigständen des Flusses – die Oder wird daher auch als „Steppenfluss" bezeichnet. Andererseits kann es im Mai und September oft zu Extremniederschlägen und in der Folge zu verheerendem Hochwasser kommen. Im Sommer ist der Pegelstand oft so niedrig, dass die wenige Schifffahrt dann völlig zum Erliegen kommt.

Angst vor dem Eisstau
Im Winter fürchtete man dagegen die Packeisbildung und den gefährlichen Eisstau – an 25 bis 40 Tagen (etwa in Schwedt/Oder) im Winter. Die Oder ist einer der wenigen Flüsse Mitteleuropas, die immer wieder komplett zufrieren. Dann kommen die 14 Eisbrecher zum Einsatz, die von den deutschen und polnischen Schifffahrtsämtern gemeinsam koordiniert werden. Aus diesem Grund gibt es auch die Eiswachhäuser, an denen man auf dem Radweg vorbeikommt. Typisch für die Oder sind runde, flache Eisschollen, die sogenannten „Brieger Gänse".

Wie wichtig das ist, zeigte der letzte verheerende Eisstau 1947: Damals stauten sich dicke Packeisschollen und verursachten einen Dammbruch bei Reitwein. In der Folge ergoss sich das Oderwasser in das Oderbruch.

Kapitel 4: **Von Guben nach Frankfurt/Oder**

Wissenswertes im Gepäck

Friedrich-Wilhelm-Kanal und **Oder-Spree-Kanal**

Eine alte Idee wird Wirklichkeit

Schon im 14. Jh. träumte Kaiser Karl IV. vom Bau eines Kanals zwischen Oder und Spree. Aber erst 1558 nahm sich der Habsburg-Kaiser Ferdinand I. dieser Aufgabe ernsthaft an. Allerdings stellte man im Todesjahr des Herrschers die Arbeiten wegen der ausufernden Kosten umgehend wieder ein.

Der brandenburgische Kurfürst Friedrich Wilhelm griff die Idee 100 Jahre später wieder auf. 1668 war dann der große Augenblick: Erstmals war eine Wasserstraße, der 27 km lange **Friedrich-Wilhelm-Kanal** zwischen Neuhaus an der Spree und Brieskow-Finkenheerd an der Oder, befahrbar. Über 200 Jahre war der Kanal mit seinen 14 Schleusen und 8 Brücken die wichtigste Verbindung zwischen Berlin und Breslau. Mitte des 19. Jh. stieß der Kanal jedoch immer stärker an seine Kapazitätsgrenzen.

Daher beschloss man 1886 den Bau des 84 km langen **Oder-Spree-Kanals**, der nach 5 Jahren Bauzeit 1891 eingeweiht wurde.

Der Friedrich-Wilhelm-Kanal gehört zu den ältesten Binnenwasserstraßen Deutschlands und steht inzwischen unter Denkmalschutz.

Im Eisenhüttenstädter Ortsteil Fürstenberg zweigt der östliche, insgesamt 41 km lange Teil des Oder-Spree-Kanals zu den Berliner Gewässern ab.

Ein besonderes Erlebnis ist die Durchfahrt der Eisenhüttenstädter Zwillingsschachtschleuse. Das technische Baudenkmal überwindet einen Höhenunterschied von 14 m und kann nach vorheriger Anmeldung besichtigt werden.

verschiedenste Waren – Wolle, Getreide, Tuche, Salz, Wein, Bier und Heringe wurden mal vom Wasser aufs Land, mal umgekehrt umgeschlagen. Bis ins 20. Jh. wurden zudem in der kleinen Ratzdorfer Werft Schiffe gebaut – heute kann man hier im Radfahrerhotel übernachten. Mit EU-Mitteln wurde ein Europäisches Begegnungszentrum geschaffen.

Pegelstandshäuschen in Ratzdorf

In Ratzdorf findet man etwas abseits des Radwegs an der Neißestraße die Ausstellungs- und Radfahrerkirche – eine der wenigen Gotteshäuser, die man zu DDR-Zeiten gebaut hatte. An die alte Pfarrscheune, die seit 1958 als Kirche genutzt wird, baute man einen Turm an.

Am Ortsausgang steht ein **Pegelstandshäuschen**, das beim Oder-Hochwasser 1997 plötzlich eine ungeahnte mediale Aufmerksamkeit erfuhr: Bei der Markierung 6,88 m blieb die Flut am 24. Juli schließlich stehen.

Wir folgen der Oder nun in Fließrichtung auf oder neben dem Oderdamm. Der Schlenker zum **Zisterzienserkloster Neuzelle** 22 ist vom Oderdamm aus beschildert. Der Radweg folgt bis kurz vor Eisenhüttenstadt dem Oderdeich, der zwischen Feldern und Wiesen errichtet wurde. Der Radweg quert eine Brücke über den **Oder-Spree-Kanal**. Ideen zum Kanal gab es schon im 14. Jh., aber erst 1891 konnte der neue und 84 km lange Oder-Spree-Kanal in Betrieb gehen.

Von der Kanalbrücke hat man einen schönen Blick auf das Zentrum von **Fürstenberg** 23 . Die viele Jahrhunderte selbständige brandenburgische Kleinstadt wurde bereits 1250 gegründet, ihre Hauptsehenswürdigkeit ist die Nikolaikirche. Der spätgotische Hallenbau stammt aus dem 15. Jh. und überragt die Dächer von Fürstenberg. Fast schon ein Muss ist die Besteigung

Kapitel 4: **Von Guben nach Frankfurt/Oder**

Lohnenswerter Schlenker 22

Länge des Schlenkers: 3,5 km

Zisterzienserabtei Neuzelle
Niederlausitzer Barockwunder

Fast schon ein Muss ist der Abstecher, der hinter Ratzdorf nach Westen hin ausgeschildert ist. Die barocke Klosteranlage Neuzelle ist hervorragend erhalten, ein Streifzug über die weitläufige Anlage bietet einige kulturelle Highlights: Das alles überragende Zentrum ist die **Stiftskirche St. Mariä Himmelfahrt**, die auch als das „Barockwunder Brandenburgs" bezeichnet wird. Die Hallenkirche wurde zwischen 1650 und 1750 aufwändig umgebaut und beeindruckt mit reich verzierten Altären, die den Kirchenraum zu einer barocken Theaterkulisse machen. Wand- und Deckengemälde, Stuckaturen sowie unzählige Figuren, Engel und Putten wurden von namhaften böhmischen und italienischen Künstlern geschaffen. Nördlich der Kirche schließen sich der mittelalterliche Kreuzgang (mit Klostermuseum) und die

Zisterzienserabtei Neuzelle

...ick auf die Klosterbrauerei und die Klosterkirche St. Mariä Himmelfahrt

Klausur an – mit Kreuzrippengewölbe und Malereien aus dem Mittel- und Spätmittelalter.

Noch eine zweite barocke Kirche findet sich im Süden: Die evangelische **Pfarrkirche zum Heiligen Kreuz** ist berühmt für ihr 125 m² großes Kuppelfresko.

Himmlisches Theater mit 3D-Effekt

Einzigartig ist das sogenannte „Himmlische Theater", ein Museum für die Neuzeller Passionsdarstellungen vom Heiligen Grab. Für die Szenen wurde extra ein Neubau unter dem alten Weinberg geschaffen. Dabei handelt es sich um bis zu 6 m hohe bemalte Leinwände und Holztafeln mit lebensgroßen Figuren und Figurengruppen, die biblische Ereignisse vom Leiden, Sterben und Auferstehen Jesu Christi darstellen. Von einst 240 Tafeln und Leinwänden haben 220 die Zeit überdauert und werden nun restauriert. Zwei der imposanten Bühnenbilder mit dazugehörigen Szenen werden im Museum in Originalgröße präsentiert.

Der **barocke Klostergarten** ist eine sehr schöne Gartenanlage mit Orangerie, die die umliegenden Gebäude zu einem unvergleichlichen Ensemble verbindet. Die im 18. Jh. umgestalteten Gärten sind weitgehend in ihrer ursprünglichen Form erhalten. In der **Orangerie** befindet sich im Sommer ein stilvolles Café – mit traumhaftem Blick über den Barockgarten und die Oderniederung!

Vor den Toren des Klosters am Brauhausplatz kann die heute private **Klosterbrauerei** besichtigt und die lokalen Produkte natürlich auch getestet werden. Unter den 40 Bierspezialitäten ist auch ein Schwarzbier mit Namen „Schwarzer Abt".

Seit 2018 gibt es in Neuzelle auch wieder ein aktives Zisterzienserkloster – 200 Jahre nachdem die Abtei 1817 nach 550 Jahren Klosterleben zwangsweise aufgelöst und die Gesamtanlage verstaatlicht wurde.
www.klosterneuzelle.de
www.zisterzienser
kloster-neuzelle.de

Kapitel 4: **Von Guben nach Frankfurt/Oder**

Eisenhüttenstadt
Zwischen Tradition und Moderne

Blick auf das historische Fürstenberg

Der Kontrast könnte nicht größer sein! Auf der einen Seite die sozialistische Musterstadt, die schon 40 Jahre nach Baubeginn wegen ihrer Einzigartigkeit unter Denkmalschutz gestellt wurde, und auf der anderen Seite das historische Fürstenberg an der Oder, das mit seinen Gassen, dem romantischen Fischerkiez und der Pfarrkirche die Besucher auf eine Reise in längst vergangene Zeiten mitnimmt.

Fürstenberg 23

Die Skyline des bereits 1250 gegründeten und über viele Jahrhunderte selbständigen brandenburgischen Schifferstädtchens wird von der Nikolaikirche dominiert. Im kleinen Städtchen lebten damals Fischer, Handwerker und Ackerbürger. Der Dreißigjährige Krieg brachte schwere Zerstörungen, danach folgte der Wiederaufbau auf dem ursprünglichen Stadtgrundriss.

Die meisten Fürstenberger lebten vom Ackerbau; Handwerksberufe und das Bierbrauen wurden häufig nebenbei betrieben. Mit

dem Anschluss an die Bahnstrecke Berlin – Breslau und der Eröffnung des Oder-Spree-Kanals Ende des 19. Jh. erlebte das Städtchen eine Blütezeit.

Neben dem historischen Zentrum mit Rathaus und zwei quadratischen Plätzen mit davon abgehenden Straßenzügen entstand rund um den Bahnhof eine eher aufgelockerte villenartige Wohnbebauung.

1919 wurde die Oderbrücke eröffnet, später folgte der Ausbau zum Standort für kriegswichtige Industrien mit Hafenanschluss.

Über die Stadtgeschichte informiert das **Städtische Museum Eisenhüttenstadt**, das auch die bedeutende Kunstsammlung der Stadt zeigt.

Restauriertes Wohngebäude in der Wohnstadt

Sozialistische Wohnstadt 24

Auf dem Parteitag 1950 wurde der Bau des Eisenhüttenkombinats Ost zusammen mit dem Bau einer vollständig neuen „Sozialistischen Wohnstadt" in der Nähe der historischen Stadt Fürs-

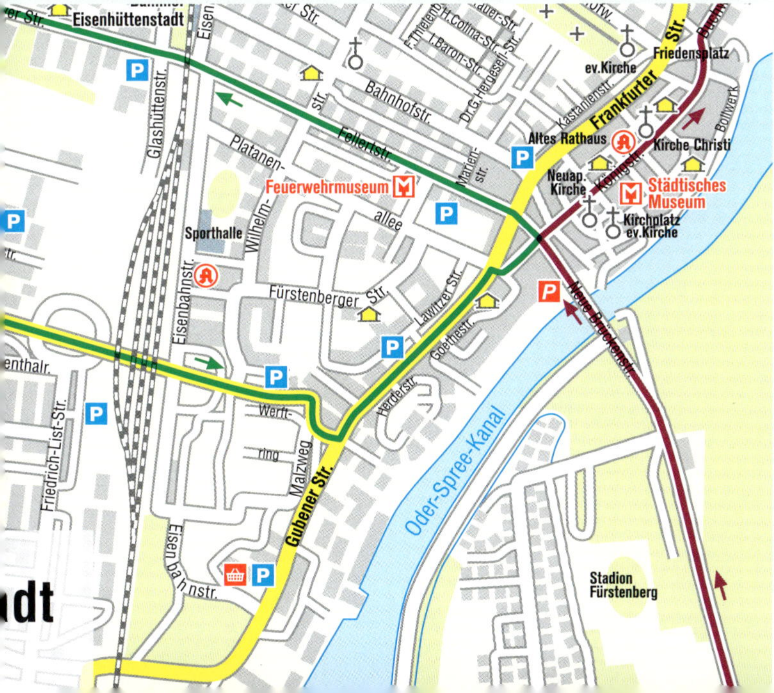

Kapitel 4: **Von Guben nach Frankfurt/Oder**

tenberg beschlossen. 1950 erfolgte der erste Spatenstich. Zwischen 1951 und 1955 wurden 6 Hochöfen gebaut und die Wohnstadt mit ihren Wohnkomplexen auf der grünen Wiese hochgezogen. Die Wohnstadt mit dem Namen Stalinstadt war durchaus attraktiv, boten die neuen Wohnungen doch zumeist deutlich bessere Wohnstandards als anderswo.

Eine Zäsur war das Jahr 1961: Damals wurden die Städte Fürstenberg/Oder mit dem Ortsteil Schönfließ und der Wohnstadt Stalinstadt zu **Eisenhüttenstadt** zusammengeschlossen. Die Wohnstadt ist heute das größte Flächendenkmal in Deutschland; große Teile der Planstadt mit ihren typischen neoklassizistischen Bauten stehen unter Denkmalschutz. Hier findet man prächtige Wohngebäude in nationaler Bautradition, aber auch einfache Arbeiterquartiere, die größtenteils aufwändig saniert wurden. Etwa 100 Plastiken namhafter Künstler schmücken den öffentlichen Raum, zahlreiche Mosaike und die abwechslungsreich gestalteten Fassaden machen einen Gang durch die Stadt zu einem besonderen Erlebnis.
www.eisenhuettenstadt.de

Mit dem Rad durch die Planstadt
Zur Erkundung dieser einzigartigen Stadt kann man einen 8 km langen Rundkurs abfahren. Dazu folgt man vom Roßplatz dem folgenden Straßenverlauf: Fellertstraße, Beeskower Straße – Lindenallee – Straße der Republik – Dieloher Straße – Maxim-Gorki-Straße – Friedrich-Engels-Straße – Karl-Marx-Straße – Straße der Republik – Gubener Straße – Roßplatz.

Museum Utopie und Alltag – Dokumentationszentrum Alltagskultur DDR
In Eisenhüttenstadt befindet sich das einzige Fachmuseum zur Alltagskultur der DDR: Die ständige Ausstellung zeigt Exponate zu den Themenkomplexen Alltag, Politik und Gesellschaft der DDR.
Erich-Weinert-Allee 3
15890 Eisenhüttenstadt
www.utopieundalltag.de

des mächtigen Turms mit schönem Blick über den **Oder-Spree-Kanal** und Fürstenberg. Auch das Alte Rathaus ist sehenswert, einst diente es als Feuerwache, heute befinden sich darin Büros und Geschäfte. Von Fürstenberg sollte man unbedingt einen Abstecher in die **„Planstadt" Eisenhüttenstadt** **(24)** machen: 1950 wurde auf dem III. Parteitag der SED der Beschluss zum Bau eines Eisenhüttenkombinates und einer angegliederten Arbeiter-Wohnstadt gefasst. In den folgenden Jahren wurde dieses Ansinnen dann umgesetzt.

Auf oder neben dem Oderdamm geht es entlang der Oder flussabwärts – entlang der weitgehend unbesiedelten **Ziltendorfer Niederung**.

Wissenswertes im Gepäck

Ziltendorfer Niederung
Angst vor dem Hochwasser

Wertvolle Feuchtbiotope nahe Brieskow-Finkenheerd

Beim Oderhochwasser 1997 stand die Ziltendorfer Niederung im Zentrum der medialen Aufmerksamkeit. Die Niederung erstreckt sich westlich der Oder zwischen Eisenhüttenstadt und Brieskow-Finkenheerd. Trotz der Hochwassergefährdung reicht die Besiedlungsgeschichte weit in die Vergangenheit zurück – bereits im 16. Jh. gründete das Zisterzienserkloster Neuzelle hier mehrere Vorwerke. Heute wie damals schützen nur ausgedehnte Deichanlagen das Gebiet und seine Ortschaften vor Hochwasser. Beim Jahrhunderthochwasser 1997 stieg der Pegel schließlich auf 3,50 m über dem Normalstand, in der Folge kam es zu Dammbrüchen bei Brieskow-Finkenheerd und Aurith und letztlich zur Flutung der gesamten Niederung und ihrer Ortschaften.

Kapitel 4: **Von Guben nach Frankfurt/Oder**

Lohnenswerter Schlenker **25**

Helenensee Frankfurts kleine Ostsee

Pack die Badehose ein… Mit seinen 56 m zählt der See zu den tiefsten in Brandenburg. Er liegt, umgeben von Kiefern- und Mischwäldern, im Landschaftsschutzgebiet des Oder-Spree-Seengebietes und entstand 1959 durch Flutung eines ehemaligen Kohlebergwerks. Fast 2 km lang ist der Sandstrand, zusammen mit dem kristallklaren Wasser ist er gleichermaßen bei Sonnenanbetern, Wasserratten und Tauchern beliebt.

Weiter Blick über Brandenburgs „kleine Ostsee"

Nach 13 km ist **Aurith** erreicht. Sowohl Aurith als auch die westlich gelegene Ernst-Thälmann-Siedlung waren ganz besonders stark vom Oderhochwasser 1997 betroffen. Glücklicherweise wurden bereits am 22. Juli beide Ortschaften evakuiert, bevor einen Tag später bei Brieskow-Finkenheerd der erste Deich brach. Kurze Zeit später musste auch der Oderdamm bei Aurith aufgegeben werden, so dass die Wassermassen ungehindert in die tiefer gelegene **Ziltendorfer Niederung** strömten.

Blick auf Frankfurt und Słubice, vorne die parkartige Insel Ziegenwerder

Immer am Fluss entlang erreichen wir schließlich das kleine, weiße Eiswachhaus Brieskow-Finkenheerd: Hier macht der Radweg einen markanten Linksknick und folgt dem Ostufer des Brieskower Sees nach Süden. Der 3 km lange See ist ein Nebengewässer der Oder und unmittelbar mit dem Strom verbunden. Highlight des Sees ist die Steile Wand, eine der seltenen Steilküsten an der Oder.

In Brieskow-Finkenheerd mündet der **Friedrich-Wilhelm-Kanal** in den Brieskower See. Beim Schöpfwerk ermöglicht eine Brücke die Querung des Kanals. Wir durchfahren **Brieskow-Finkenheerd** auf der Hauptstraße.

Der Radweg verläuft parallel zur Bundesstraße nach **Lossow**. Am Platz der Einheit steht die fotogene Ruine der Dorfkirche. Von Lossow führen mehrere Wege zur Nordspitze des Brieskower See mit Blick auf die Steile Wand und den alten Regattaturm.

Von Lossow aus lohnt sich auch der Schlenker zum westlich gelegenen **Helenensee** 25. Hier wurde bis 1959 Kohle gefördert, dann die Anlage geflutet, sodass der See heute mit einer 250 ha großen Wasserfläche zum Baden und Sonnen lockt.

Wieder zurück in Lossow ist es nicht mehr weit in die **Hansestadt Frankfurt/Oder** 26 mit ihrer Schwesterstadt Słubice. Die Alte Oder und die parkähnlich gestaltete **Insel Ziegenwerder,** ein wichtiger Naherholungsort der Frankfurter, werden gequert.

Nach der Nordbrücke ist schon bald der Holzmarkt erreicht. Dort hängt die 3 Tonnen schwere **Friedensglocke** in einem modernen Edelstahlturm und erinnert seit 1953 an den Oder-Neiße-Friedensvertrag. Von hier aus sind es nur wenige Meter zu den Sehenswürdigkeiten im Zentrum der Universitätsstadt.

Kapitel 4: **Von Guben nach Frankfurt/Oder**

Backstein-Rathaus in Frankfurt/Oder

26 *Highlight* am Wegesrand

Frankfurt/Oder
und **Słubice** Wie Phönix aus der Asche

Nach 1200 entwickelte sich auf einer Talsandinsel an einer schmalen Stelle der Oder eine erste Kaufmannssiedlung, strategisch günstig an der Kreuzung mehrerer Handelsstraßen. Schon 1226 verlieh Herzog Heinrich von Schlesien Frankfurt aufgrund seiner Lage das Marktrecht, bald sprudelte der Geldhahn. An diese Zeit erinnern bedeutende Zeugnisse der norddeutschen Backsteingotik wie etwa die Marienkirche (die älteste Hallenkirche Norddeutschlands) und das repräsentative Rathaus.

Anfang des 14. Jh. fuhren Frankfurter Kaufleute mit eigenen Schiffen die Oder flussaufwärts bis zur Mündung in die Ostsee; 1430 wurde die Stadt Mitglied der Hanse. Dank des gut gefüllten Stadtsäckels konnte die wohlhabende Stadt 1506 die erste brandenburgische Universität eröffnen. Der Dreißigjährige und der Siebenjährige Krieg brachten große Zerstörungen, in den letzten Tagen des

Zweiten Weltkriegs wurden über 90 % der Innenstadt zerstört.

Heute kann man sich über viele wiederaufgebaute historische Gebäude freuen. Dazu zählt das nach 1253 errichtete **Rathaus**, dessen Blickfang der prunkvolle Südgiebel ist. Zunächst wurde es als zweistöckige Kaufhalle mit Ratsstube und Gerichtslaube errichtet. Auf dem Giebel befindet sich ein vergoldeter, schwebender Hering an einer Angel (1454) als Symbol der Bedeutung der Stadt im mittelalterlichen Heringshandel. Im Zweiten Weltkrieg stark zerstört, wurde 1949 eine Lotterie für den Wiederaufbau ins Leben gerufen. In der Rathaushalle zeigt das **Brandenburgische Landesmuseum für moderne Kunst (BLMK)** Teile seiner Sammlung.

Das mächtige Gebäude der **St.-Marien-Kirche** entstand im 13. Jh. als dreischiffige Hallenkirche, insgesamt wurde über 250 Jahre an ihr gebaut. Mit 77 m Länge und 45 m Breite zählte sie zu den größten Gebäuden norddeutscher Backsteingotik. Der Wiederaufbau nach der Zerstörung Ende des Zweiten Weltkriegs begann erst 1980. Highlight im Kircheninneren sind die drei farbigen mittelalterlichen Chorfenster, die auch als Bilderbibel bezeichnet werden. Seit 1945 verschollen, gelangten sie 2002 aus der St.

Frankfurts Universität Alma Mater Viadrina

Petersburger Eremitage wieder zurück an ihren Ursprungsort. In der Backsteinkirche **St. Gertraud** in der Gubener Vorstadt werden mittelalterliche Kunstschätze aus St. Marien aufbewahrt.

Großer Sohn der Stadt
Einem Namen begegnet man in der Stadt auf Schritt und Tritt: Heinrich von Kleist. Die Universitätsstadt trägt auch den Beinamen Kleiststadt, wurde hier doch 1777 der Literat Heinrich von Kleist gegenüber der St.-Marien-Kirche geboren. Das seinem Leben und Werk gewidmete **Kleistmuseum** ist in der ehemaligen Garnisonsschule untergebracht, die früher als Freischule für die Kinder einfacher Soldaten diente. Der spätbarocke Bau wurde 1777 errichtet und gehörte damals zu einer Kaserne. Das Museum zählt zu den schönsten Literatur-Museen Europas.

Wer sich auf Kleist's Spuren begeben will, kann der 20 km langen **Kleist-Route** zu Fuß oder mit dem Rad folgen, die in Frankfurt und Słubice zu den Denkmälern und Orten führt, die einen Bezug zum Dichter haben.

Das **Museum Viadrina** findet man im Junkerhaus, einem barocken, schlossähnlichen Herrenhaus. Hier wohnten die Prinzen aus dem brandenburgischen Herrscherhaus während ihres Studiums. Das Museum beleuchtet in Dauer- und Wechselausstellungen Frankfurts Rolle im Mittelalter, die Geschichte der Alma Mater Viadrina, militärhistorische Aspekte, Frankfurts Musikgeschichte und die Stadtentwicklung.

Die **Kirche des einstigen Franziskanerklosters** wird seit 1967 als Konzerthalle genutzt. Sie zählt zu den wenigen Gebäuden der Innenstadt, die den Zweiten Weltkrieg fast unbeschadet überstanden haben. Heute haben hier das Brandenburgische Staatsorchester und die Singakademie ihren Sitz. Die Konzerthalle

trägt den Namen des aus Frankfurt stammenden Komponisten Carl Philipp Emanuel Bach.

Vom 24. Stock des knapp 89 m hohen **Oderturms** lässt sich am besten überblicken, was die Stadt zu bieten hat: viel Wasser, Grün und Kultur.

Słubice

Słubice ist leicht über die 250 m lange Stadtbrücke zu erreichen. Einer der Vorgängerbauten des 2002 neu errichteten Bauwerkes war die Bogenbrücke, die gegen Kriegsende von der Wehrmacht gesprengt wurde. Bis 1945 war Słubice als Dammvorstadt bzw. Gartenstadt ein Stadtteil von Frankfurt (Oder).

Als markantestes Gebäude fällt das 1998 eingeweihte **Collegium Polonicum** auf, eine Gemeinschaftseinrichtung der Europauniversität Viadrina Frankfurt und der Adam-Mickiewicz-Universität Poznan (Posen).

Der **Jüdische Friedhof** zählt zu den ältesten Friedhöfen Europas *www.frankfurt-oder.de*

Kapitel 5: **Von Frankfurt/Oder nach Stolpe (Oder)**

Durch das Oderbruch

Das Oderbruch

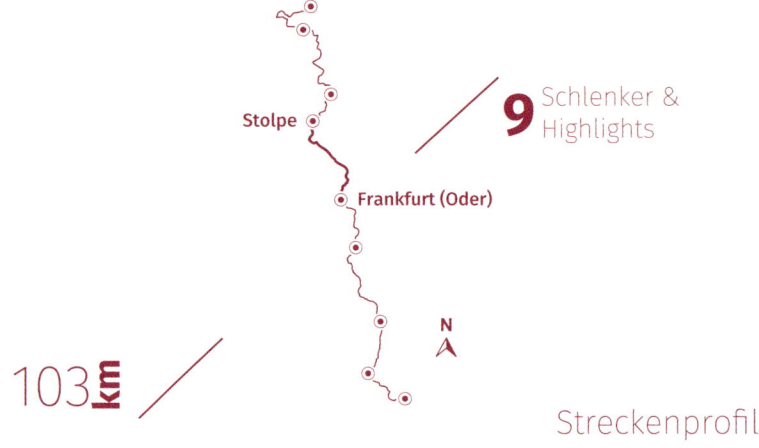

Stolpe

Frankfurt (Oder)

9 Schlenker & Highlights

N

103 **km**

Streckenprofil

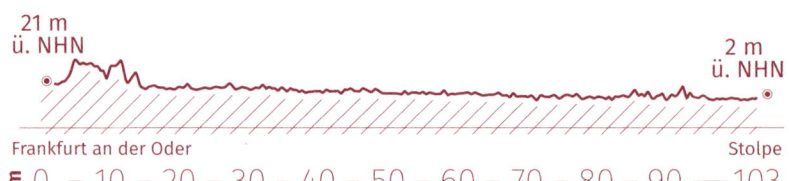

21 m ü. NHN

2 m ü. NHN

Frankfurt an der Oder — Stolpe
km 0 – 10 – 20 – 30 – 40 – 50 – 60 – 70 – 80 – 90 — 103

Beim Verlassen von Frankfurt an der Oder folgt der Oder-Neiße-Radweg der Uferpromenade flussabwärts.

Ins Reich der Adonisröschen
Parallel zur Bundesstraße fahrend erreichen wir die Kunersdorfer Senke und überqueren den Abfluss des Kunersdorfer Sees. Durch diesen fließt das Mühlenfließ, an dem einst drei im Mühlental gelegene Wassermühlen lagen. Nach einem kurzen Gegenanstieg ist der **Lebuser Höhenzug (Pontische Hänge)** mit einem tollen Aussichtspunkt hoch über dem weiten Odertal erreicht. Wer im Frühling unterwegs ist, sollte den Abstecher zum **Adonisröschen-Lehrpfad** einplanen, in den man am Ortseingang beim Wanderparkplatz Unterkrug einsteigen kann.

Bei einem Pferdegestüt erreichen wir den Ortsrand von **Lebus.** Am großen Kreisverkehr halten wir uns rechts hinunter zur Oder. Über die Straße der Freiheit erreichen wir die Oder. Auch beim idyllisch gelegenen Restaurant Oderblick kann man in den **Adonisröschen-Lehrpfad** einsteigen.

Vor dem Restaurant halten wir uns links und folgen der Oderstraße parallel zum Fluss Richtung Norden. Unweit der Kirche befindet sich in der Schulstraße 7 das kleine **Museum Haus Lebuser Land** (Geschichte des Landes, Bistums und der Stadt Lebus). Am Ortsende lädt das Gasthaus Anglerheim zur Rast ein.

Auf dem Damm durchs Oderbruch
Hinter Lebus beginnt die faszinierende Welt des **Oderbruchs**, ein ehemaliges Binnendelta der Oder. Entlang des Flusses radeln wir nun auf oder neben dem Oderdamm und genießen den weiten Blick über die ausgedehnten Polderflächen und

Kapitel 5: Von Frankfurt/Oder nach Stolpe (Oder)

Blick von Lebus über das Odertal

Wissenswertes im Gepäck

Adonisröschen
Wenn die Oderhänge gelb blühen...

…ist die Zeit der Adonisröschen und der blühenden Wiesensteppen an den Trockenhängen (Pontischen Hängen) des Oderbruchs. Die Pontischen Hänge von Lebus liegen am Oderabhang – zum Fluss hin sind die Steilhänge bis zu 45 m hoch. Der lehmig-sandige Untergrund, der schnelle Abfluss des Regens und das kontinentale Klima führen dazu, dass die Hänge sehr trocken sind. Die aus den eurasischen Steppenregionen stammende Pflanze findet man seit der letzten Eiszeit daher auch an den Hängen um Lebus, Mallnow und Podelzig. Von Mitte März bis Anfang Mai blüht das Adonisröschen aus der Familie der Hahnenfußgewächse.

Neben Adonisröschen wachsen an den Oderbergen auch Wiesenküchenschelle, Sandfingerkraut, Salbei, Bergklee, Mädeweiß, Waldanemone, Behaarte Fahnenwicke, Goldaster u.v.a.

Adonisröschen-Rundwanderweg (Lehrpfad)
Nach dem Kunersdorfer See biegt der Radweg rechts in die Straße Unterkrug ein. Statt dann links Richtung Lebus abzubiegen, hält man sich geradeaus zum Wanderparkplatz. Wenig später beginnt der Adonisröschen-Lehrpfad mit interessanten Informationstafeln. Wenn die Oder Hochwasser führt, ist der Weg nicht begehbar!

Die Runde ist 4,7 km lang, die Gezeit liegt bei 1½ Stunden, die Runde kann beliebig verlängert werden.
www.amt-lebus.de

Feuchtwiesen, die hier das Landschaftsbild bestimmen. Rund 9 km hinter Lebus erreichen wir eine Schutzhütte und die **Diplomatentreppe,** ein Relikt der DDR: Hier überquerte im Februar 1945 die Rote Armee den Fluss und erkämpfte sich den Weg westwärts. 1985 besuchten zahlreiche in der DDR akkreditierte Botschafter den Ort. Aus diesem Anlass errichtete man die Treppe.

Links von uns liegt der markante bewaldete Höhenzug des Reitweiner Sporns, an dessen Nordende die Ortschaft **Reitwein** liegt. Wer den Charme verfallener Ruinen liebt, kann einen Abstecher in den Ort zur schönen Ruine der **Stüler Kirche** 27 (siehe Roadbook) unternehmen (4 km). Durch ihre Lage am Hang des Sporns ist sie das Wahrzeichen des Ortes und weithin sichtbar. Zu Kriegsende wurde sie beschädigt und entging danach nur knapp einer Sprengung. Inzwischen wurde die Ruine soweit wiederaufgebaut, dass Veranstaltungen unter freiem Himmel vor einzigartiger Kulisse stattfinden können.

Am Abzweig nach Reitwein erinnert eine **Gedenkeiche** an das Oder-Hochwasser von 1997. Geradeaus passiert die Tour das schön restaurierte Anwesen der Dammmeisterei und verläuft auch weiterhin auf der Deichkrone durch die weite und offene Landschaft der Oderaue. Das aus rotem Backstein errichtete Steuerhaus des Durchleiters Reitwein dirigiert die Zuführung von Oderwasser zur Bewässerung des Hinterlandes. Vorbei am Gedenkstein für

Kapitel 5: **Von Frankfurt/Oder nach Stolpe (Oder)**

Wissenswertes im Gepäck

Das Oderbruch

Weite und Stille im Vogelparadies

Das knapp 60 km lange und 12 bis 20 km breite Niederungsgebiet erstreckt sich von Lebus im Südosten bis nach Oderberg im Nordwesten und liegt deutlich tiefer als seine Umgebung.

Ursprünglich handelte es sich dabei um ein Feucht- und Überflutungsgebiet beiderseits des Flusses. Regelmäßig kam es bei Hochwasser zu Überschwemmungen. So leitet sich der Name Bruch auch von einer alten Bezeichnung für Sumpfland ab.

Schon im 16. Jh. versuchten die Bewohner des Oderbruchs, sich mit dem Bau erster Dämme vor dem Oderhochwasser zu schützen.

Auf Anordnung des preußischen Königs Friedrich II. kam es dann zu einer planmäßigen Trockenlegung und Urbarmachung eines Großteils des Bruchs: Der König ließ ab 1747 nach holländischem Vorbild Entwässerungsgräben, Deiche und Schöpfwerke anlegen, gleichzeitig wurde der Flusslauf massiv begradigt. Die Erfolge waren schon nach wenigen Jahren zu sehen: Rund 60.000 ha Land waren trockengelegt und konnten nun besiedelt werden – ganz im Sinne des auf die Entwicklung seines Landes bedachten Alten Fritz.

Eine Ahnung, wie das Oderbruch vor diesen massiven Eingriffen durch den Menschen einmal ausgesehen hat, bieten die kleinen Restflächen des ursprünglichen, naturbelassenen Feuchtgebietes auf polnischer Seite.

die Opfer des Deichbruches im Frühjahr 1947 gelangen wir schließlich zu den ersten Häusern von **Küstrin-Kietz**. Die Ortschaft war bis zum Kriegsende ein Ortsteil der heute auf polnischer Seite liegenden **Festungsstadt Küstrin/Kostrzyn** 28 . Der Schlenker zu den Ruinen der einst eindrucksvollen Festungsanlage und der Altstadt auf einer Halbinsel zwischen Oder und Wartha lohnt sich unbedingt.

Unmittelbar mit der Festung Küstrin ist auch die Geschichte von **Fort Gorgast**

Polder

Nichts prägen die Landschaft am Radweg zwischen Lebus und Hohensaaten so augenfällig wie die ausgedehnten Polderflächen, die im Zuge der Trockenlegung des Oderbruchs geschaffen wurden. Die eingedeichten Flächen werden damals wie heute landwirtschaftlich genutzt. Zum Großteil liegen die Felder und Weiden unter dem Niveau des Oderpegels. Die flussnahen Polder dienen vor allem dem Hochwasserschutz, denn die Wiesen können bei Hochstand kontrolliert geflutet werden, um so die Wucht der Flutwelle flussabwärts zu mindern. Als Radfahrer erkennt man sie als parkähnliche Flächen, die mit Baumgruppen und Tümpeln durchsetzt sind.

Geografischer Mittelpunkt des Oderbruchs ist Wriezen. Von dort folgt der 142 km lange **Oderbruchbahn-Radweg** der alten Bahntrasse nach Fürstenwalde/Spree, er trifft bei Groß Neuendorf auf den Oder-Radweg. Die Eisenbahn transportierte die Erzeugnisse der Bauern, aber auch Produkte der Zucker- und Stärkefabriken nach Berlin.

29 verbunden, es liegt 6 km westlich von Küstrin-Kietz südlich der Bahnlinie. Nach 1870/1871 beschloss man, im Zuge des Festungsausbaus im Deutschen Reich die Festungsanlage von Küstrin zu verstärken. Heute ist Fort Gorgast das am besten erhaltene Außenfort Küstrins.

In Küstrin-Kietz verlässt der Radweg für kurze Zeit den Oderdamm, um die Bahngleise zu queren. Gleich nach der Bahnlinie liegt links die mit Wassergraben geschützte Lünette D, die zusammen mit der Rechten Flügellüneette die nördliche Flanke der Festung sichern sollte.

Kapitel 5: **Von Frankfurt/Oder nach Stolpe (Oder)**

Highlights am Wegesrand 28

Altstadt und Festung Küstrin (Kostrzyn nad Odra)
Geisterstadt an der Oder

1535 erkor Johann von Brandenburg-Küstrin die Stadt an der Mündung der Warthe in die Oder zu seiner Residenz. Zu ihrem Schutz wurde zwischen 1537 und 1568 die gleichnamige Festung errichtet. Wegen des begrenzten Raums in der Garnisonsstadt entwickelte sich im 19. Jh. außerhalb der alten Mauern die Küstriner Neustadt.

Die Stadt gehörte bis zum Ersten Weltkrieg zu den am stärksten befestigten Städten Deutschlands; die eigentliche Altstadt lag auf der heute zu Polen gehörenden Landzunge zwischen Warthemündung und Oder, und zwar innerhalb der Festungsmauern. Diese wurde im Frühjahr 1945 bei schweren Kämpfen komplett zerstört. Die ohnehin beschädigten Festungsbauwerke wurden nach Kriegsende durch Sprengungen und Abbrucharbeiten weiter zerstört. Festung und Altstadt wurden zum Sperrgebiet erklärt und fielen in einen Dornröschenschlaf.

Erst nach der politischen Wende 1989 konnten sich die Bewohner beiderseits der Oder mit der Geschichte der Altstadt von Küstrin und deren Zerstörung richtig auseinandersetzen. So wurden Straßen und Plätze sowie einige Stadtviertel wieder von der alles überwuchernden Vegetation freigelegt. Auf diese Weise wurde auch der Grundriss der zerstörten Altstadt wieder sichtbar.

Heute erinnern nur noch wenige Grundmauern (u. a. die des Schlosses und der Marienkirche) sowie ganz besonders die neu aufgestellten Gedächtnisstraßenschilder an die einstige Stadt. 1994 hatte man mit dem Wiederaufbau und der teilweisen Rekonstruktion einzelner Gebäude begonnen. Die Bastion Philipp, der Kattewall mit der Bastion Brandenburg, das Berliner und Kietzer Tor mit Festungsgraben sind inzwischen renoviert.

Betreten wird das Gelände durch das **Berliner Tor** nahe der Oderbrücke. Im Torgebäude ist auch ein kleines Museum untergebracht. Als Besucher läuft man über altes Straßenpflaster, gesäumt von Bürgersteigen. Nach oben ins Nichts führende Treppen und Kellerfenster lassen einstige Häuser

Straße in der Festungs-Altstadt

erahnen. Hinter den Mauerresten stößt man teilweise noch auf Reste von Fliesenböden. Es herrscht eine unheimliche Stimmung.
www.festung-kuestrin.eu

Fort Gorgast 29

Nach dem Deutsch-Französischen Krieg von 1870/1871 wurde der Festungsbau im Deutschen Reich forciert. So erhielt auch die Festung Küstrin einen starken Verteidigungsring aus vier Forts.
1883 wurde mit dem Bau des Fort-Gürtels rund um Küstrin begonnen. Gorgast sollte als einziges Fort das westliche Oderufer kontrollieren und Truppen einen Rückzugsraum bieten. Gebaut wurde es aus Sichtziegeln und ist von einem 42 m breiten und 3 m tiefen Wassergraben umgeben. Ausgelegt war es für eine Besatzung von bis zu 310 Mann und bestand aus eingeschossigen Gebäuden. Die Brunnenanlage mit artesischem Brunnen ist noch funktionsfähig.

Die Schleifung der Festung Küstrin nach 1918 überstand das Fort unbeschädigt. Auch am Ende des Zweiten Weltkriegs wurde das zu dieser Zeit u. a. als Hilfslazarett genutzte Fort Gorgast trotz der schweren Kämpfe um die Seelower Höhen im Frühjahr 1945 nicht zerstört. Die Rote Armee besetzt es, Teile wurden nach 1945 durch Sprengung zerstört.
www.fort-gorgast.de/

Torturm von Fort Gorgast

Im idyllisch gelegenen **Bleyen** bietet der Gasthof Wagenrad einen Biergarten und Zeltplatz. Am Ortsausgang bietet sich die Möglichkeit, links in den Schulweg einzubiegen und der kleinen **Heimatstube** in einem Fachwerkhaus einen Besuch abzustatten. Es zeigt eine kleine Ausstellung zum Leben der Fischer im Oderbruch (Schulweg 2). Von dort ist es nicht mehr weit zum **Bruchsee**, der am westlichen Ortsrand zum Baden einlädt.

Passt das Wetter nicht, halten wir uns an der Abzweigung Schulweg geradeaus und radeln zunächst am Dammfuß, dann auf der Dammkrone weiter und genießen leicht erhöht einen weiten Blick über die für das Oderbruch typischen Feucht- und Polderwiesen.

Der Radweg folgt in einem weiten Rechtsbogen einem alten Oderarm, rechts von uns liegt die **Oderaue Genschmar**. Wie überall im Oderbruch trennt hier der Damm die unmittelbar an die Oder grenzenden Polder von den links des Damms liegenden Siedlungs- und Landwirtschaftsflächen. Den Straßenabzweig nach Genschmar ignorieren wir und radeln geradeaus auf dem Damm weiter. Nach einiger Zeit lädt linker Hand die **Badestelle Sophienthaler Polder** (Alte Oder) zur Erfrischung ein. Hier endet ein weiterer Altarm der Oder.

300 m weiter biegt unsere Route beim Gedenkstein scharf nach links, um dann nur wenig später wieder rechts auf den Damm einzuschwenken. Kurz darauf verlassen wir zwar die Deichkrone, behalten aber die Richtung („Kienitz") bei. Kurvenreich und mit Blick auf die Häuser von Sophienthal und Sydowswiese leitet uns das Asphaltband durch das Oderbruch. Ein weithin sichtbares Denkmal erinnert daran, dass die Rote Armee hier am 30. Januar 1945 das westliche Oderufer über den zugefrorenen Fluss erreichte.

Wir erreichen **Kienitz**, das sich entlang des alten Oderarms „Kienitzer Hafen" erstreckt. Der kleine gemütliche Hafenort gehört mit seiner ersten urkundlichen Erwähnung 1234 zu den ältesten Dörfern des Oderbruchs; an die slawische Besiedlung erinnert der slawische Burgwall. Im Ort lädt die **Radwegkirche** zur Besinnung ein. 1945 gerieten das Dorf und seine Kirche zwischen die Fronten von Wehrmacht und Roter Armee und wurden stark zerstört. Anfang der 1960er-Jahre machte man einen Teil der Kirche wieder nutzbar. Das offene Kirchenschiff ist ein zentrales Element im Konzept der Radwegkirche. Es wurde baulich gesichert, aber nicht rekonstruiert, und ist so ein Mahnmal für den Frieden und Gedenken an alle Opfer des Zweiten Weltkrieges. Ausstellungstafeln geben einen Überblick über die Geschichte der Kirche und die heutige Gebäudenutzung.

Nach der Kirche führt der Radweg am Gasthof Zum Hafen vorbei; hinter dem Gasthof liegt ein Campingplatz. Die Erinnerungen an weniger friedliche Zeiten sind hier allgegenwärtig: Im

Der Kulturhafen mit Verladeturm, Schiffsanleger und Bahnwaggons

Highlight am Wegesrand

Kulturhafen Groß Neuendorf 30

Ein Beispiel für eine gelungene Umwidmung ist das Denkmalensemble Kulturhafen Groß Neuendorf. Hier hat man die vor rund 120 Jahren gebaute Hafenanlage einer hervorragenden neuen Nutzung zugeführt – ohne den Charakter der historischen Anlage zu zerstören.

Der markante **Verladeturm** beherbergt heute eine Ferienwohnung und ein Turmcafé mit einer Ausstellung über die Geschichte der Hafenanlage.

Die ehemalige 70 m lange **Förderbrücke** ist heute eine öffentlich zugängliche Aussichtsplattform, die den Verladeturm mit dem **Maschinenhaus** verbindet. Das wurde zum Hotel Maschinenhaus mit Restaurant umgebaut, eine empfehlenswerte Unterkunft am Radweg.

Alte **Bahnwaggons** bieten zusätzlich Unterkunft und ein kleines Theater.
www.verladeturm.de

Ortszentrum erinnert ein sowjetischer Panzer an den Zweiten Weltkrieg.

Wie wäre es mit einer Radpause? Hinter Kienitz verleiht der **Naturerlebnishof Uferloos** Kanus. Gestartet wird direkt am Oderdeich, der Hof bietet auch Übernachtungsmöglichkeiten an. Wir verlassen Kienitz und erreichen auf dem Dammweg, der hier unmittelbar am Fluss verläuft, den schönen und idyllisch gelegenen Ort **Groß Neuendorf**. Das alte wendische Fischerdorf wurde schon im 14. Jh. erstmals erwähnt. Geprägt wird es durch die historischen Hafenanlagen an der Oder, von der aus die landwirtschaftlichen Produkte des Oderbruchs nach Stettin und Breslau sowie über das bestehende Kanalsystem bis nach

Kapitel 5: **Von Frankfurt/Oder nach Stolpe (Oder)**

Wissenswertes im Gepäck

Kolonistendörfer
im Oderbruch

Für die Bewirtschaftung des durch Trockenlegung urbar gemachten Oderbruchs holte sich Preußenkönig Friedrich II. (besser bekannt als „der Alte Fritz") Menschen aus ganz Europa ins Oderbruch. Einige kamen aus der französischsprachigen Schweiz (der Kanton Neuenburg wurde damals in Personalunion mit Preußen regiert), woran Ortsnamen wie Beauregard (westlich von Neulewin) erinnern.

Die ab 1753 neu angelegten Kolonistendörfer waren in der Regel Straßendörfer. Als erster Ort im Zuge dieser Besiedlung gilt **Neulietzegöricke**, das seit 2001 ein Ortsteil von Neulewin ist und als gesamte Dorfanlage unter Denkmalschutz steht. Viele Kolonistendörfer erkennt man an dem Präfix Neu- im Namen.
www.bad-freienwalde.de/neulietzegoericke-oderbruch/

Berlin exportiert wurden. Eine weitere Zäsur war 1912 der Anschluss an die inzwischen längst wieder stillgelegte Oderbruch-Bahn. 2005 wurde das historische Denkmalensemble des Hafens saniert und als **Kulturhafen** `30` mit neuen Funktionen wiederbelebt. Der Ort bietet aufgrund seiner einmaligen landschaftlichen Lage und dem großen touristisch-kulturellen Angebot (Landwirtschaftsmuseum, Kunstgalerie) mehrere Einkehrmöglichkeiten.

Eindrucksvoll ist in jedem Fall der Besuch des Jüdischen Friedhofes am Ortsrand nahe der Kirche. Hier finden sich 27 eindrucksvolle Grabsteine aus den Jahren 1842 bis 1911.

Hinter Groß Neuendorf folgt der Radweg wie bisher der Hochwasserschutzanlage am Ufer. Vorbei an Einzelgehöften, Weiden, Wiesen und Felder führt ein kurvenreicher Weg zum Abzweig ins Hinterland des Oderbruchs ins **Kolonistendorf Neulietzegöricke** `31`.

Kurz danach zweigt links die Straße in den Ort **Güstebieser Loose** ab. Hier mündet die Güstebieser Alte Oder in den Strom. Güstebiese, ein „schmaler Streifen trockenen Landes", so die Bedeutung in der Sprache der alten Slawen, hat eine bewegte Geschichte hinter sich. Lange war die hiesige Fischerbevölkerung dem deutschen Uradelsgeschlecht der Askanier, danach

Lohnenswerter Schlenker

Neulietzegöricke 31

Der Abstecher in eines der ältesten und schönsten Kolonistendörfer im Oderbruch gleicht einer Zeitreise. Viele Häuser sind schmucke Fachwerkhäuser, entstanden ist der Ort kurz nach der Oderregulierung 1753. Noch gut zu erkennen ist der bei der Dorfgründung angelegte breite Wassergraben: Sein Aushub wurde dazu verwendet, die Fundamente der Häuser links und rechts des Grabens höher zu legen. Leider zerstörte ein verheerendes Feuer 1832 zahlreiche Gebäude, die danach neu errichtet wurden. Fotogen ist die komplette Fachwerkhausreihe aus 13 Häusern, darunter auch das Gasthaus Zum Feuchten Willi. Auf dem Dorfanger fällt ein kleines Fachwerkhäuschen auf, das ursprünglich als Bienenhaus genutzt wurde. 1753 erbaut, gilt es als das älteste Gebäude des Dorfes, das den Ortsbrand 1832 unversehrt überstanden hat. Aufgrund seines hohen Alters baute man es am Originalstandort ab und zentrumsnah wieder auf.

Typisch für die Region ist die Hofanlage Nr. 81. Ihr Wahrzeichen ist der Fachwerkturm des Taubenhauses, errichtet 1837. Besichtigt werden kann der Hof nicht, er ist in Privatbesitz.

Schuberts Oderbruch Landpension

dem Johanniterorden untertan. Erst durch die Trockenlegung des Oderbruchs setzt sich die Landwirtschaft mehr und mehr durch.

Ende des 19. Jh. begannen Berliner Sommerfrischler den Ort für sich zu entdecken, ein Prozess, der durch die Fähre zwischen der Güstebieser Loose und Güstebiese (heute Gozdowize) noch beschleunigt wurde. Nach einer Unterbrechung von sechs Jahrzehnten verbindet die Fähre nun seit 2007 wieder das polnische und das deutsche Oderufer (Fähre verkehrt zwischen April und Oktober).

Entlang des Hauptwegs kommen wir nach 5 km nach **Zollbrücke**, wo im Zuge der Trockenlegung des Oderbruchs an der nun eingedeichten Oder 1755 eine Holzbrücke errichtet wurde, um so die Möglichkeit zu haben, von allen Reisenden ein Zoll einzufordern. Westlich der Brücke entstand danach der kleine Ort. 1806 zerstörte ein Eishochwasser die Brücke. Später ersetzte man die Brücke durch eine Fähre, deren Betrieb allerdings nach dem Zweiten Weltkrieg eingestellt wurde.

Die **Dammmeisterei,** zwei hübsche Fachwerkhäuser, in dem einst der Deichverantwortliche wohnte, stammt aus dem 18. Jh. Es steht wie das Gebäude Zollbrücke 5 unter Denkmalschutz. Hier wurde nach dem Hochwasser 1997 der Deich um 6 m Richtung Fluss verlegt. Eine Infotafel informiert über die Deichscharte Zollbrücke.

Am Ortsrand von Zollbrücke befindet sich die weit über die Grenzen des Oderbruchs hinaus bekannte Spielstätte des **Theaters am Rand**. Es lohnt sich, im Spielplan nachzuschauen, ob es sich von der Planung her ausgeht, einer Vorstellung beizuwohnen. Aber auch so lohnt sich ein Blick auf das ungewöhnliche Theatergebäude, eine Holzkonstruktion mit Stahleinlagen, Gründach und Solarkuppel. Sie lässt sich nach drei Seiten öffnen und bietet einen weiten Blick in die Landschaft (www.theateramrand.de).

In Zollbrücke erreicht man nach dem Abstecher in die Kolonistendörfer wieder den Hauptradweg. Rechts des Radwegs erstrecken sich die Oderwiesen Neurüdnitz, wenig später quert der Radweg die Europabrücke Neurüdnitz-Siekierki, eine stillgelegte Bahnbrücke in Fachwerkkonstruktion. Geplant ist die Wiedereröffnung als Fußgänger- und Radwegbrücke, von polnischer Seite sind die Bauarbeiten schon weit fortgeschritten.

Der Radweg folgt der Biegung des Flusses und erreicht dem Deichverlauf folgend den Ortsrand von Hohenwutzen. Der Ortsteil von Bad Freienwalde liegt auf der **Insel Neuenhagen**. Die Binneninsel ist rund 25 km^2 groß und zwischen der Oder im Osten und der ausgedehnten Flussschleife der Alten Oder gelegen. Diese markierte einst den natürlichen Verlauf des Gewässers bis zur Regulierung im 18. Jh. Die Insel erhebt sich bis zu 90 m über dem Oderbruch (nördlich von Schiffmühle) – die Oder fließt hier fast auf Meeresniveau. Auf Karten erkennt man, dass die Insel ursprünglich ein vom polnischen Steilufer ausgehender 6 km langer Sporn Richtung Südwesten gewesen ist, umflossen von Alter Oder und Stiller Oder. Erst der heutige Verlauf der Oder machte den Sporn zu einer Insel.

Der Radweg folgt dem Ostufer der Insel bis zur Brücke über die Wriezener Alte Oder. Bevor wir die Brücke überqueren, haben wir die Möglichkeit, einen Abstecher nach **Oderberg** **32** zu unternehmen. Dort empfiehlt sich der Besuch des **Binnenschifffahrtsmuseums** und vielleicht auch die Bootsfahrt oder der zusätzliche Abstecher zum **Schiffshebewerk Niederfinow** **33**. Ab dem Abzweig nach Oderberg sind es 16 km bis zum Schiffshebewerk. Das 1934 in Betrieb gegangene Schiffshe-

Lohnenswerte Schlenker

32 Oderberg

Vom Radweg wechseln wir auf den **Oder-Havel-Radweg**, der uns entlang des Oder-Havel-Kanals nach Oderberg bringt. Oderberg begeistert mit seiner schönen Lage am Kanal und am Fuß von über 100 m hohen Oderhängen. Bis zur Trockenlegung des Oderbruchs lag die Stadt direkt an der Oder, was reiche Zolleinnahmen für die Landesfürsten möglich machte. Von großer wirtschaftlicher Bedeutung war seit jeher Holz – Anfang des 20. Jh. galt der Oderberger See als größter Holzlagerplatz Norddeutschlands. Die Nikolaikirche wurde ab 1853 errichtet. Das Fachwerkhaus Marowski-Haus ist das älteste Gebäude der Stadt (1680) und war schon immer ein beliebtes Motiv von Malern.

Die Hauptsehenswürdigkeit des **Binnenschifffahrtsmuseums** ist der über 100 Jahre alte Raddampfer *Riesa*. Weitere Themen behandeln die Regionalgeschichte und natürlich die Wasserwirtschaft in all ihren Facetten.
www.bs-museum-oderberg.de

Schiffshebewerk Niederfinow 33

Das 60 m hohe, 94 m lange und 27 m breite Schiffshebewerk ist ein technisches Meisterwerk: Hier werden die Schiffe quasi in einen Aufzugtrog angehoben (zum Kanal hin) oder abgesenkt (Richtung Oderberg). Für die Überwindung des 36 m großen Höhenunterschieds braucht ein Schiff etwa 5 Minuten. 2020 ging das neue Schiffshebewerk in den Probebetrieb.

Von Oderberg aus fahren täglich Fahrgastschiffe zum Schiffshebewerk. Beeindruckend ist der Blick von der Besuchergalerie auf die Schiffe und deren Fahrt im Aufzugtrog.

Schifffahrt ab Oderberg:
www.oder-schiff.de
www.schiffshebewerk-niederfinow.info

Schiffshebewerk – links die alte, rechts die neue Anlage

bewerk liegt am östlichen Ende des Oder-Havel-Kanals in Niederfinow/Brandenburg.

Auf der anderen Seite der Oderbrücke liegt **Hohensaaten**, am Knotenpunkt mehrerer Wasserstraßen: Hier mündet der Oder-Havel-Kanal, der auf seinem letzten Abschnitt im Bett der Alten Oder verläuft, in die Oder. Vom Kanal zweigt noch vor der Einmündung die **Hohensaatener-Friedrichsthaler-Wasserstraße** (siehe S. 118–119) Richtung Norden ab. Der Kanal wurde am Westrand des hier bis zu 3 km breiten unteren Odertals gebaut und mündet schließlich nach 42 km bei Friedrichsthal in die Westoder ein. Das 1926 fertiggestellte Bauwerk dient der Entwässerung des Oderbruchs und durch gleichbleibenden Wasserstand der Sicherheit der Schifffahrt. Sowohl auf Höhe von Lunow als auch auf Höhe von Stolzenhagen gibt es Brücken über die Wasserstraße in die jeweiligen Ortschaften.Die Oder und die beiden Kanäle sind in Hohensaaten durch Schleusen verbunden.

Der Radweg führt jedoch nicht nach Hohensaaten hinein, sondern quert bei der Ostschleuse den Oder-Havel-Kanal, passiert die Westschleuse und verläuft auf einer Landspitze zwischen der hier beginnenden **Hohensaaten-Friedrichsthaler-Wasserstraße** und der Oder. Und bald fahren wir auch entlang der Südgrenze des Nationalparks Unteres Odertal. Beim kleinen Eiswachhaus am Kilometerstein 80,1 verlässt der Radweg den Oderdamm links in Richtung Lunow. Unweit des Ortes geht es hinauf auf den ostseitigen Damm der Wasserstraße. Wer baden will, fährt von hier aus zum **Parsteiner See** **34** .

In **Stolzenhagen** befindet sich ein **Geologischer Garten** **35** , der über die Entstehung der eiszeitlich geprägten Landschaft um Stolzenhagen informiert.

Weiter geht es auf der Ostseite der Wasserstraße. Bei der Stolper Brücke verlassen wir für den Ortsbesuch den Radweg und queren den Kanal für einen Besuch in **Stolpe**. Trutzig thront seit 1180 der Bergfried auf einem Hügel über dem kleinen Ort. Etwa 18 m dick ist sein Umfang, die Mauern 6 m mächtig. Der Legende nach soll hier einst ein Raubritter gewohnt und mit seinen Spießgesellen die Bevölkerung drangsaliert haben. Irgendwann wurde es den Leuten zu viel und sie taten sich zusammen, um den Räubern das Handwerk zu legen. Die Raubritter zogen sich in den Turm zurück, von dessen Zinnen sie die Angreifer mit allem bewarfen, was ihnen gerade in die Hände fiel. Dazu zählte auch der heiße Grützbrei, der eigentlich fürs Mittagessen vorgesehen war. Aber es half nichts – das Raubritternest wurde schließlich gestürmt. Überdauert hat bis heute nur die Ruine und ihr Name: der Grützpott. Von der Ruine hat man einen tollen Blick ins Odertal.

Von Stolpe empfiehlt sich außerdem der Abstecher nach **Angermünde** **36** . Die Stadt am Mündesee begeistert mit ihrem schönen Zentrum.

Lohnenswerte Schlenker

34 Parsteiner See

Wie wäre es mit einem Abstecher zum drittgrößten natürlichen See Brandenburgs? Auch er ist ein Produkt der Eiszeit, der sowohl die Form eines Zungenbeckens als auch glaziale Rinnen und eine Toteislandschaft aufweist. Der See hat ein Haupt- und Nebenbecken und mehrere Buchten. Am Ostufer liegt das Strandbad Parsteinsee, auch zwei Campingplätze finden sich am See.

Länge des Schlenkers zum Parsteiner See: 8,5 km

35 Geologischer Garten

Die Landschaften Brandenburgs sind ganz wesentlich durch Eiszeiten geprägt. Einen informativen Überblick für Laien gibt der Geologische Garten mit seinem Sandgrubenaufschluss, dem Findlingspfad und der Eiszeitausstellung, ergänzt um eine Fossilien- und Edelsteinausstellung. Anschließend wird man die Landschaft mit ihren Seen, Binnenwüsten und Endmoränenwällen mit einem wissenderen Auge sehen. Auch das Geheimnis um die Herkunft der Findlinge wird geklärt.
www.geologischergarten.de

36 Angermünde

Die Uckermärkische Kleinstadt liegt am Ufer des Mündesees. Kaum beschädigt, begeistert sie heute mit einem sehenswerten historischen Stadtkern mit den typischen Gebäuden einer Handwerker- und Ackerbürgerstadt. Der Stadtgrundriss ist fast quadratisch, das Straßennetz gitterförmig. Beim Bummel entlang der engen Gassen stößt man auf liebevoll restaurierte Fachwerkhäuser und romantische Höfe. Zu den Hauptsehenswürdigkeiten zählen die Franziskaner-Klosterkirche, die St.-Marien-Kirche mit der wertvollen Wagnerorgel und das barocke Rathaus. Eines der ältesten Fachwerkhäuser ist das Haus Uckermark, in dem sich das Museum Angermünde befindet. Durchaus lohnend sind die Stadtführungen.
www.angermuende.de

Länge des Schlenkers nach Angermünde: 10 km

Angermünde

Kapitel 6: Von Stolpe (Oder) nach Gartz/Oder

Der Nationalpark – ein Paradies für Vögel

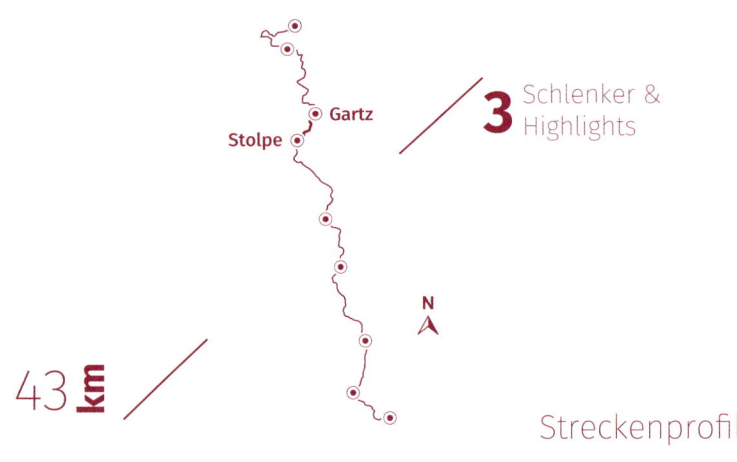

3 Schlenker & Highlights

43 km

Streckenprofil

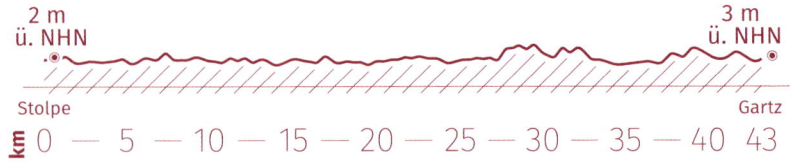

Nationalpark Unteres Odertal

Einzigartige Flussauenlandschaft von herber Schönheit

Von **Stolpe**, der südlichsten Nationalparkgemeinde, bis Mescherin im Norden führt der Radweg durch den **Nationalpark Unteres Odertal**, zunächst auf der Ostseite der Hohensaaten-Friedrichsthaler Wasserstraße, die entlang der Westseite des Odertals verläuft.

Auf Höhe von **Stützkow** lohnt es sich, den Kanal zu überqueren und dem idyllisch gelegenen Dorf einen kurzen Besuch abzustatten. Der winzige Ort slawischen Ursprungs liegt in der Uckermark und blickt auf eine lange Geschichte zurück. Durch seine Lage am Rand des Nationalparks ist er ein idealer Ausgangspunkt für Touren in die reizvolle und vogelreiche Polderlandschaft des Nationalparks.

Vor dem Dreißigjährigen Krieg besaß der Ort eine Feldsteinkirche, ab 1748 eine Fachwerkkirche, die jedoch 1986 wegen Baufälligkeit abgerissen wurde. Die Bürger Stützkows bauten sich aus eigener Kraft eine neue Fachwerkkirche und tauften sie „Haus am Strom".

Vom **Richterberg** in Stützkow hat man einen tollen Panoramablick – weit reicht der Blick über die Polder und die abwechslungsreiche, eiszeitlich geprägte Landschaft des Oderbruchs bis hinüber nach Polen. Hier fällt die Grundmoräne steil zur Auenlandschaft ab – die Hänge erreichen überraschende Höhen. Auch der **Aussichtsturm Stützkow** 37 am Fluss lohnt einen Stopp.

Zurück am Oder-Neiße-Radweg ist schon bald die Criewener Brücke erreicht. Eine Brücke führt in den Ort Criewen mit dem **Besucherzentrum/Nationalparkhaus** des **Nationalparks Unteres Odertal** 38, das man im Schafstall des Gutshofes findet.

Wissenswertes im Gepäck

Nationalpark Unteres Odertal

Der 50 km lange und maximal 5 km breite Nationalpark ist der einzige Nationalpark in Deutschland, der explizit eine Flussauenlandschaft schützt. Er erstreckt sich von Hohensaaten bis Staffelde und schützt das Flusstal und die angrenzenden Hänge. Prägend sind die Polder, die Anfang des 20. Jh. für den Hochwasserschutz nach holländischem Vorbild angelegt wurden. Westlich des Damms liegen die Trockenpolder, die ganzjährig vom Oderwasser geschützt sind und landwirtschaftlich genutzt werden.

Östlich des Oderdamms liegen die **Nass- oder Überflutungspolder**, die im Sommer nur durch Sommerdeiche geschützt sind. Im Herbst werden die Einlassbauwerke geöffnet und die Oder kann bei hohen Pegelständen die Nasspolder fluten. Mitte April schließen dann auf Erlass der Nationalparkverwaltung zunächst die Einlassbauwerke, nach dem Abströmen des Wassers auch die Auslassbauwerke. Steht dann immer noch Wasser in den Poldern, wird dieses aufwändig abgepumpt. Naturschützer drängen allerdings darauf, dass einige der Polder ganzjährig offenbleiben und sich der Wasserstand dem natürlichen Pegel der Oder anpassen kann.

Landschaftliche Vielfalt
Die Vielfalt ist überraschend: Überschwemmungsflächen, Altarme, Sandbänke und Auwälder verbinden sich zu einem artenreichen Lebensraum, der dem Wechsel von Überflutung und Trockenfallen und der daraus resultierenden Dynamik ausgesetzt ist. An den zum Teil durchaus steilen Oderhängen finden sich nur noch Reste der einstigen Wälder, dazu zählt u. a. der Gellmersdorfer Forst im Süden und der Gartzer Schrey im Norden des Nationalparks.
www.nationalpark-unteres-odertal.eu

Die Oderauen im Jahreslauf
Das Untere Odertal ist ein Paradies für Wasservögel! Am eindrucksvollsten sind die Oderauen im Frühjahr und Herbst. Stolz ist der Nationalpark auf den Wachtelkönig, eine weltweit vom Aussterben bedrohte Vogelart, die im Unteren Odertal ihr größtes Vorkommen hat.

Frühjahrshochwasser im Unteren Odertal

Im **Frühjahr** lärmen Vogelschwärme in den noch überfluteten Oderauen. Kiebitz, Brachvögel und Kampfläufer rasten in den feuchten Wiesen.

Wenn im **Sommer** das Wasser aus den Nasspoldern abgelaufen ist und diese geschlossen werden, kann man auf ausgeschilderten Rundwegen durch die Auen streifen und die Blütenpracht der Sumpf- und Wasserpflanzen in den Altarmen bewundern.

Zum **Herbst** hin lässt die Nationalparkverwaltung die Nasspolder öffnen. Die ausgedehnten Auen sind nicht nur ökologisch wichtig, sondern verhindern auch unkontrollierte Überschwemmungen, weil sie große Wassermengen aufnehmen, aber auch langsam wieder abgeben können. Oft legt sich im kühlen Herbst dichter Nebel über die Niederung. Es ist die Zeit des großen Vogelzuges. So rasten hier 100.000 Enten, Gänse und Schwäne und bis zu 15.000 Kraniche für einige Wochen auf ihrem Weg nach Süden. Ihre Schlafplätze liegen zwar im polnischen Zwischenoderland, ihre Nahrung suchen sie aber tagsüber auf den Feldern westlich von Gartz.

Still, aber nicht weniger faszinierend ist der Nationalpark im **Winter**, wenn sich der Reif über Wiesen und Bäume legt. Zu den Vögeln, die sich über den Winter im Nationalpark aufhalten, zählen die Singschwäne. Und ein ganz besonderes Erlebnis ist der Eisgang der Oder.

Highlights am Wegesrand

Aussichtsreich im Nationalpark

Beobachtungstürme und eine Beobachtungshütte bieten auf der Fahrt durch den Nationalpark die Möglichkeit zu ungestörter Vogelbeobachtung.

Der **Beobachtungsturm Stützkow** bietet aus 11 m Höhe einen grandiosen Panoramablick über das Odertal. Er steht am südlichen Rand des Polders A, des sogenannten Criewener Polders. Dieser ist der südlichste Nasspolder des Unteren Odertals, der bei hohen Flutständen auf einer Fläche von 1664 ha das Hochwasser der Oder aufnimmt.

Ein weiterer **Turm** wurde am Oderdeich am **Wrechsee** in der Nähe der Schwedter Querfahrt errichtet. Vom Turm und einer nahen Anhöhe aus können Besucher Trauerseeschwalben beobachten, die hier die größte Kolonie in Brandenburg bilden. Trauerseeschwalben sind äußerst selten und gelten in Westeuropa als eine vom Aussterben bedrohte Vogelart.

Die **Beobachtungshütte „Seeschwalbe"** befindet sich ca. 1,5 km südlich der Gatower Brücke auf dem Winterdeich an der Hohensaaten-Friedrichsthaler Wasserstraße und ermöglicht Natur- und Vogelbeobachtungen im Polder 10.

Ein **Beobachtungsturm** steht am südlichen Ortsrand von **Gartz** direkt am Oder-Neiße Radweg und dient vor allem der Kranichbeobachtung.

Der **Beobachtungsturm Mescherin** ermöglicht den Nationalparkbesuchern einen Überblick auf den Staffelder Polder aus 11 m Höhe.

Beobachtungsturm Stützkow

Lohnenswerter Schlenker

38 Nationalparkzentrum Criewen

Schloss Criewen und die Gebäude des Gutshofes beherbergen das Nationalparkzentrum; das Besucherzentrum befindet sich im ehemaligen Schafstall. In einem 15.000 l fassenden Oder-Aquarium leben über 20 heimische Fischarten. Interaktives Entdecken steht im Mittelpunkt, spannend ist beispielsweise ein Flug mit einem Schwan über das Untere Odertal oder die Hochwassersimulation. Auch die Bedeutung der ausgedehnten Polderflächen der Oderauen – bedeutend sowohl für die Artenvielfalt als auch für den Hochwasserschutz – ist ein wichtiges Thema.
www.nationalpark-unteres-odertal.de

Weg der Auenblicke

Der 10 km lange Rundwanderweg startet am Nationalparkhaus und führt ins Herzstück des Nationalparks Unteres Odertal. Zu allen Jahreszeiten ist der Nasspolder ein Erlebnis, hier lässt sich die Dynamik der Flussaue im Lauf des Jahres eindrucksvoll beobachten.
www.tourismus-uckermark.de/angebote/wandern/weg-der-augenblicke.html

Auenpfad

In Criewen beginnt der 3,7 km lange Auenpfad. Er führt an Altwasserarmen der Oder vorbei und macht den alten Verlauf der Oder erlebbar, die im Jahr 1862 letztmalig in einem breiten Mäander direkt an Criewen vorbeiführte. Danach wurde sie begradigt und fließt nun weit von Criewen entfernt am Ostrand des Odertals. Teile der Altarme am Westrand gingen in der Hohensaaten-Friedrichsthaler-Wasserstraße auf. So macht der Auenpfad nicht nur die Flora und Fauna des Nationalparks erlebbar, sondern gibt auch Aufschluss über die Veränderungen, die der Mensch hier in der natürlichen Landschaft vorgenommen hat.

Der Pfad beginnt an der Criewener Brücke und verläuft durch den Polder A zum Saathener Wehr.
www.nationalpark-unteres-odertal.eu/besucher/wandern/auenpfad/

Criewen: Nationalparkhaus, Herrenhaus und Fachwerkkirche im Lenné-Park

Kapitel 6: Von Stolpe (Oder) nach Gartz/Oder

Im einstigen Herrenhaus der Familie von Arnim hat die Brandenburgische Akademie ihre Räumlichkeiten (www.brandenburgische-akademie.de). Ihr Ziel ist der Schutz von Feuchtgebieten und Flussauen, die grenzüberschreitende deutsch-polnische Zusammenarbeit im Bereich von Umwelt- und Naturschutz sowie die ökologische Erziehung und Umweltbildung in den neuen Ländern, vor allem in Brandenburg.

Rund um die Hauptsehenswürdigkeiten Criewens erstreckt sich der gepflegte **Lenné-Landschaftspark**. Um zum Park zu gelangen, hält man sich nach Überschreitung der Brücke zunächst links, dann gleich rechts und folgt dem ansteigenden Weg. Der 10 ha große Park wurde 1820 im Auftrag von Rittmeister Otto von Arnim von Peter Joseph Lenné angelegt. Er ließ auch das Schloss bauen und das eigentliche Dorf ein Stück weit Richtung Osten umsiedeln. Beim Spaziergang durch die Anlage begeistern die Blickachsen auf Schloss und Kirche. Die ehemalige Gutsgärtnerei dient noch heute als Lehr- und Schaugärtnerei, sie kann besichtigt werden.

An die alte Ortslage von **Criewen** erinnert heute nur noch die sehenswerte Dorfkirche im Park. Die mittelalterliche Kirche hat einen markanten Fach-

Schwedt/Oder mit der Kirche St. Mariä Himmelfahrt

werkturm, der aus dem 19. Jh. stammt. Ergänzt wurde eine Grablege für die Familie von Arnim, die das Gut Criewen gekauft hatte.

Wieder am rechten Kanalufer passiert der Radweg den Abzweig nach Zützen, erst bei den ersten Häusern von **Schwedt/Oder** queren wir die Brücke über den Kanal. Zunächst durch Wohnstraßen und vorbei am Seesportclub Schwedt erreichen wir auf dem Uferweg das Westufer des Kanals und können auf Höhe der Bundesstraßenbrücke auf der Vierradener Straße zu den Sehenswürdigkeiten der Innenstadt fahren.

Schwedt sollte zu einer sozialistischen Modellstadt entwickelt werden, dazu kam es nicht. Heute flanieren Besucher durch einladende Fußgängerzonen; restaurierte, alte Bauwerke und natürlich die Uferpromenade am Kanal ziehen Besucher an. Zu den jahrhundertealten Gebäuden zählt die Kirche St. Katharinen aus dem 13. Jh. Der Kirchturm war einmal 72 m hoch, heute ist er 40 m niedriger. Aber auch aus dieser Höhe ist der Blick von der Turmplattform eindrucksvoll. Der **Berlischky-Pavillon** wurde 1777 als Kirche für die französisch-reformierte Gemeinde gebaut, deren hugenottische Mitglieder im 18. Jh. als Flüchtlinge vor den Verfolgungen in Frankreich hierher gelangt waren. Eng mit den Hugenotten ist auch der **Ermelerspeicher** verbunden: Er wurde 1836 als Tabakspeicher eines Berliner Großhändlers gebaut – den Tabakanbau hatten französische Flüchtlinge in die Uckermark gebracht. Ende des 18. Jh. war die Region das größte zusammenhängende deutsche Anbaugebiet. Die **Seifenfabrik** wurde 1893 im fränkischen Heimatstil errichtet; gegenüber liegt die neugotische **Kirche Mariä Himmelfahrt**.

Wissenswertes im Gepäck

Hohensaaten-Friedrichsthaler Wasserstraße

Für die 24 km lange Wasserstraße belief sich die Bauzeit auf 20 Jahre. Ihren Namen verdankt sie den beiden Endpunkten des Kanals, der 1926 eingeweiht wurde. Beim Blick auf die Karte wird sich manch einer fragen, für was dieser Kanal eigentlich gut sein soll, verläuft er doch auf seiner ganzen Länge parallel und unweit des Oderstroms. Doch die Anlage machte damals durchaus Sinn, denn der Kanal sicherte der Schifffahrt einen ganzjährig konstanten Wasserstand, was man von der Oder nicht gerade behaupten konnte.

Die Wasserstraße, oft auch nur HoFriWa genannt, führt durch den Nationalpark. Auf den letzten Kilometern verläuft der Kanal im Mündungsarm des Flusses Welse in die Westoder. Gerade dieser Bereich zählt zu den ökologisch sensibelsten des ganzen Gebietes.

Die Wasserstraße liegt fast überall etwas tiefer als die Oder, in Hohensaaten 0,38 m ü. NN – dort liegt der mittlere Oderwasserstand bei 3,24 m ü. NN. Daher müssen alle Schiffe, die aus der Oder in den Kanal einfahren, fast 3 m in zwei Schleusen „absteigen": 2 m in der Ostschleuse und knapp 1 m in der Westschleuse. Am

Blick auf die Hohensaaten-Friedrichsthaler-Wasserstraße und die Schwedter Querfahrt b

nördlichen Ende ist der Kanal direkt mit der Westoder verbunden.

Um einen schnelleren Schiffsverkehr zwischen den auf halber Strecke des Kanals gelegenen Ortschaften und der „Stromoder" zu ermöglichen, wurde 1925 zwischen Schwedt/Oder und Nipperwiese ein Verbindungskanal, die **Schwedter Querfahrt**, mit einer Schleuse angelegt, der Radweg führt daran vorbei.

Zur Oder hin ist der Kanal vollständig, nach Westen zu großen Teilen eingedeicht. Zwischen Kanal und Oder befinden sich Polder nach niederländischem Vorbild: Sie werden im Spätherbst und Winter geflutet und liegen zu 90 % im Nationalpark Unteres Odertal.

Markant ist der **Juliusturm** direkt am Radweg. In einem alten Bürgerhaus befindet sich das **Stadtmuseum**. Am Radweg steht das **Fischereimuseum** mit Exponaten rund um das traditionsreiche Handwerk an der Oder.

Im Stadtgebiet von **Schwedt/Oder** bleiben wir am Westufer der Wasserstraße, nach rund 1,5 km wechseln wir dann auf die andere Kanalseite, denn auf der linken Kanalseite erstreckt sich das Firmengelände des Papier- und Kartonherstellers LEIPA und danach des Schwedter Hafens. Mit vier Papiererzeugungs- und -verarbeitungswerken zählt Schwedt zu den größten Papierstandorten Deutschlands.

Rechts zweigt die **Schwedter Querfahrt** Richtung Strom ab, ein Seitenarm der Stromoder. Wir folgen nun wieder der östlichen Dammkrone. Auf den folgenden Kilometern verläuft der Radweg entlang von Feuchtwiesen, die sich bald rechter Hand auf den Polderflächen zwischen Kanal und Oder erstrecken. Hier lohnt es sich, langsam zu fahren und die Wasservögel zu beobachten. Zu diesem Zweck wurde vom **Nationalpark Unteres Odertal** eine **Beobachtungshütte** 37 aufgestellt.

Wenige Meter weiter erreichen wir den Brückenabzweig nach **Gatow**. Jahrhundertelang lebten die Gatower vom Fischfang und der Landwirtschaft. Eine besondere Rolle spielte der Tabakanbau – an ihn erinnern noch die mehrstöckigen Tabakscheunen. Im Nachbarort Vierraden befindet sich das **Tabakmuseum Vierraden** in einer denkmalge-

Kapitel 6: **Von Stolpe (Oder) nach Gartz/Oder**

 Highlight am Wegesrand

Rundwanderung durch die
Oderauen

Eine schöne Rundwanderung führt von der Teerofenbrücke zum Ufer der Westoder. Auf dem Rückweg werden mehrere Nebenarme der Oder gequert.

Die Route: Von der Teerofenbrücke Richtung Norden zum Welsensee und entlang der Welse zu ihrer Einmündung in die Westoder. An deren Ufer entlang nach Südosten zum Gudmundsee und **Gudmundsiel**. Von dort geht es weiter zu der Stelle, an der sich die Oder in West- und Stromoder teilt. Über den **Schleusengraben** und weiter am Westufer entlang bis kurz vor den Schustergraben. Dann wieder landeinwärts: Zunächst entlang des **Schustergrabens** nach Norden, dann nach Westen über Adams Kolk und die untere Welse durch den Schwienitzbruch und weiter entlang der Fernkenwiesen und des Mittelbruchs zurück zum Ausgangspunkt an der Teerofenbrücke.

Gehzeit für den Rundweg: ca. 3 Std., Länge: 16,5 km

schützten Tabaktrockenscheune (www.tabakmuseum-vierraden.de). Themen der Ausstellung sind u. a. die Kulturgeschichte des Tabakanbaus, die regionalen Bedingungen und Traditionen in der Oder-Randow-Region, der Tabakhandel.

Tabakmuseum Vierraden

Faszinierendes Ökosystem – die Oderauen im Nationalpark

Etwa 3 km hinter dem Abzweig nach Gatow ermöglicht uns die **Teerofenbrücke** die Querung der Welse. Gleich rechts geht es zur **Nationalpark-Wildnisschule**, eine Umweltbildungs- und Erlebnisstätte in der Zone I (Wildnisgebiet). Sie bietet Radfahrern auch Übernachtungsmöglichkeiten in Holzhäuschen und auf dem Campingplatz. Auch das Ausleihen von Kanus ist möglich sowie die **Rundwanderung durch die Oderauen** 39 .

Bei den ersten Häusern von **Friedrichsthal** biegt der Radweg nach rechts ab und führt bis Gartz auf dem Deichweg weiter entlang des Wassers. Kurz darauf mündet die **Hohensaaten-Friedrichsthaler-Wasserstraße** nach 42 km in die Oder. Hier lädt auch eine schlichte Badestelle zur Erfrischung ein. Für den Oder-Neiße-Radfahrer nicht einsehbar hat sich der mächtige Strom der Oder etwa auf Höhe der Wildnisschule in einen östlichen und westlichen Strom (Westoder) geteilt. Entlang des letztgenannten Flussarms verläuft nun die deutsch-polnische Grenze.

Nach der Einmündung der Welse in die Westoder folgt der offizielle Radweg dem Westufer in Richtung **Gartz/Oder**. Bis voraussichtlich Ende 2024 ist ab Friedrichsthal eine Umleitung nach Gartz ausgeschildert – der offizielle Radweg ist wegen Deichbaumaßnahmen gesperrt. Der Radweg mündet beim Mühlenteich wieder in den offiziellen Radweg ein, umrundet die Einmündung des Salveybachs in die Oder und führt zurück zum Oderufer. Um zu den Befestigungsanlagen, Kirchen und das Ackerbürgermuseum zu kommen, biegt man links von der Uferstraße ab.

Kapitel 7: **Von Gartz/Oder nach Ueckermünde**

Von der Oder zum Stettiner Haff

Einsamer Strand am Haff in Ueckermünde

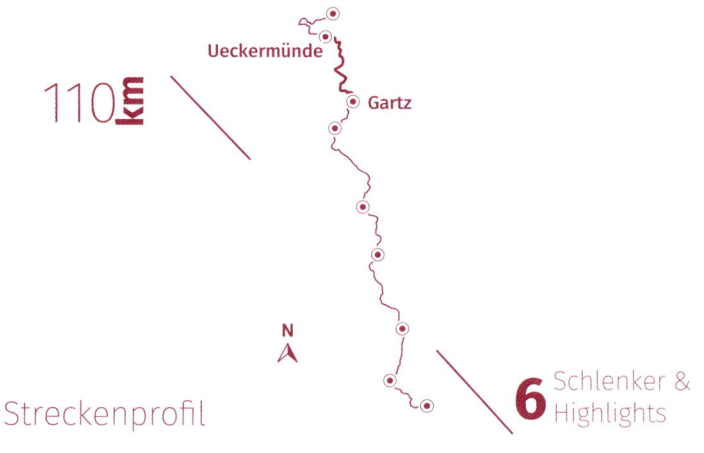

110 km

Streckenprofil

6 Schlenker & Highlights

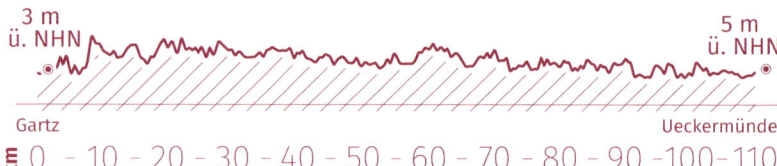

Durch die Uckermark
Nach Verlassen von Gartz/Oder ist schon bald wieder das Oderufer erreicht. Auf dem Weg nach Mescherin führt die Route durch den **Gartzer Schrey**, ein Hangmischwald, der typisch für die Odertalhänge ist und zu den letzten Resten des ursprünglichen Walds im Odertal zählt.

Der Ort **Mescherin** ist terrassiert angelegt. Die Dorfkirche an der Oberen Dorfstraße ist ein hübscher Feldsteinbau aus der Gründungszeit des Dorfes um 1500 mit einem auffallenden Turmaufbau. Wir folgen der Oberen Dorfstraße und sollten gleich nach der Bushaltestelle die Räder parken und links zum (ausgeschilderten) **Aussichtspunkt Stettiner Berg** hochsteigen und noch ein letzte Mal den Panoramablick über die Oder genießen.

2 km nördlich von Mescherin ist die Westoder nicht länger Grenzfluss, sondern fließt nun vollständig auf polnischem Gebiet, weshalb der Radweg zum allgemeinen Bedauern weg vom Fluss schwenkt. Zuvor aber halten wir aber noch am Parkplatz neben der Bundesstraße und wandern zu Fuß zu einem weiteren **Beobachtungsturm des Nationalparks** 40 direkt nördlich an der Oderbrücke.

Wieder am Parkplatz gilt es, gleich kräftig in die Pedale zu treten, denn es geht nun kurzfristig steil bergauf nach **Staffelde**, einem Ortsteil von Mescherin. Staffelde gehörte nach 1945 zunächst zu Polen und fiel erst nach dem Görlitzer Abkommen (Görlitzer Grenzvertrag) 1951 an die DDR. Zwischen Feldern hindurch leitet uns die Beschilderung ins winzige **Neurochlitz**. Der Präfix Neu- verweist darauf, dass der Ort eine Neugründung ist, in diesem Fall 1948. Im Rahmen der Initiative „Industriearbeiter aufs Land" siedelte man hier im Spätsommer 1948

Kapitel 7: **Von Gartz/Oder nach Ueckermünde**

Highlight am Wegesrand

Beobachtungsturm Mescherin
am Staffelder Polder

Vom 11 m hohen Turm genießt man einen fantastischen Rundumblick über den Staffelder Polder. Der von der Nationalparkverwaltung aufgestellte Beobachtungsturm aus Lärchenholz steht unmittelbar an der Oder nördlich der Mescheriner Grenzbrücke. Schon die Architektur ist beeindruckend: Seine schlanke Form und das geschwungene Dach sollen an die Schwingen von Kranichen erinnern, die hier während des herbstlichen Vogelzugs eine Rast einlegen und im Polder ihre Schlafplätze haben.

Staffelder Polder
Wer sich für den Nationalpark interessiert, kann am Staffelder Polder einen Blick in die Zukunft des Odertals werfen. Seit nunmehr 20 Jahren wird hier nicht mehr in die Ökologie des Polders eingegriffen; großflächige Schilflandschaften, unterbrochen von Wasserläufen, dominieren heute die amphibische Landschaft. Durch diese Entscheidung zählt der Polder zu den ältesten Wildnisbereichen des jungen Nationalparks. Um dies zu erreichen, wurde 1999 der Oderdeich an drei Stellen aufgeschlitzt und auf 200 m Länge sogar komplett abgetragen, sodass sich das Oderhochwasser frei ausbreiten kann. Damit wurden die natürlichen Bedingungen für die Entstehung eines Auenüberflutungsmoors geschaffen. Diese übernehmen bei Hochwasserereignissen eine wichtige Funktion als Wasserspeicher. Bei abfließendem Wasser geben sie dieses sukzessive wieder ab.

Zum Beobachtungsturm fährt man zur Oderbrücke und stellt sein Auto am Nationalpark-Parkplatz ab und geht die letzten 150 m zu Fuß.

Flüchtlingen aus Schlesien und Ostpreußen sowie aus Rochlitz/Sachsen auf dem Gebiet der ehemaligen Güter Pargow (Pargowa, Polen) und Staffelde an, im Oktober 1949 erfolgte die offizielle Gründung von Neurochlitz.

Deutlich älter ist der folgende Ort **Tantow**. Das im Zuge der deutschen Kolonisation im 13. Jh. entstandene Dorf war von 1572 an fast 400 Jahre im Besitz einer Familie von Eickstedt. An das einstige Schloss des Ritterguts erin-

Beobachtungsturm Mescherin

ert nur noch die Schlosskapelle – viele Gebäude gingen 1945 in Flammen auf. Auch die Schlosskapelle wurde nach dem Brand der ersten Kapelle 1805 neu aufgebaut – neugotisch nach einem Entwurf des preußischen Hofarchitekten Friedrich August Stüler, dessen Entwürfe wir öfters unterwegs begegnet sind.

Der Radweg passiert den folgenden Ort **Damitzow** im Westen – wenn das Wetter und die Temperaturen stimmen, kann man nach rechts einen Abstecher zum **Schlosssee** machen, der malerisch in einer Senke liegt. Der kleine See erinnert mit seinem Namen an das einstige Rittergut mit **Gutshaus** und Park auf einer Insel im See. Von der Freitreppe des alten Herrenhauses hat man einen schönen Blick über den See. Das Landhaus Damitzow ist Teil der alten Gutsanlage und bietet u. a. schöne Unterkünfte. Vom Landhaus erstreckt sich der denkmalgeschützte englische Park bis zur Schlossinsel. Schlicht, aber schön ist auch die alte Feldsteinkirche.

Auf dem Weg nach Schönfeld passieren wir einige Windräder und fahren am nördlichen Ortsrand durch **Schönfeld**. Nur wenige Meter südlich des Radwegs liegt die Dorfkirche an der Hauptstraße nach Süden. Die mittelalterliche Kirche wurde nach einem Brand 1877 neu aufgebaut.

In einem weiten Rechtsbogen geht es nun durch die wellige Endmoränenlandschaft mit vielen kleinen An- und Abstiegen zwischen den Feldern hindurch nach **Penkun** 41 , das inmitten einer Kette von insgesamt sieben Seen liegt. Angesichts der vielen Sehenswürdigkeiten – ein Schloss, ein Freilichtmuseum und die Seen – bietet sich die Stadt als attraktiver Übernachtungsort an.

Vor dem Ortseingang zweigt links die Straße nach Büssow und Storkow ab, dort erwartet uns eine schöne **Bockwindmühle** 42 .

Von Gutshaus zu Gutshaus

Nach Querung der Autobahn passieren wir das winzige **Wollin** mit schöner Lage am Dorfsee und erreichen schon bald den Weiler **Battinsthal**. Viele Gebäude stehen hier unter

Das eindrucksvolle Portal von Schlo

Lohnenswerter Schlenker 42

Bockwindmühle Storkow

Windmühlenfans sollten vom Ortseingang in Penkun den Abstecher zur Bockwindmühle Strokow unternehmen. Der Ausflug führt am Südufer des Bürgersees vorbei und über die Felder nach Storkow. Die Mühle ist eine der größten ihrer Art in Europa und nach einer aufwändigen Restaurierung durch die engagierten Mitglieder des Mühlenvereins seit 2007 wieder voll funktionstüchtig.

Wer die Mühle besichtigen möchte, kann sich beim Mühlenverein anmelden. Reicht der Wind, klappern die Mühlen im Wind und man kann zusehen, wie Getreide gemahlen wird.

Highlight am Wegesrand 41

Penkun

Was für eine Lage! Malerisch liegt die kleinste Stadt Mecklenburg-Vorpommerns zwischen den glitzernden Seen der Penkuner Seenlandschaft. Die Stadtgeschichte ist turbulent, oft wechselten die Besitzer, die Stadt gehörte mal zu Pommern, dann zu Schweden und Preußen. Mehrmals gab es verheerende Stadtbrände, zuletzt 1854. Zwei Drittel der heutigen Bausubstanz stammen daher aus dieser und späterer Zeit.

Das **Schloss**, eine Dreiflügelanlage, wurde auf dem alten Burghügel erbaut. Es ist eines der wenigen erhalten gebliebenen pommerschen Schlösser und wurde um 1600 im Stil der Spätrenaissance umgebaut. Einige der heute 44 Räume können besichtigt werden, darunter auch der Keller mit einer kleinen Ausstellung zum Scharfrichterwesen in Pommern. Im nahen Verwalterhaus befindet sich ein Museum mit Exponaten zur Stadt- und Zollgeschichte.

Wie so oft, ging auch in Penkun die alte Kirche beim großen Stadtbrand 1854 in Flammen auf. Der heutige Bau wurde im neogotischen Stil zwischen 1858 und 1862 errichtet. In der Kirche erklingt eine Orgel des Stettiner Orgelbaumeisters Barnim Grüneberg.

Ein beliebtes Fotomotiv sind die Häuserzeilen links und rechts der mit Kopfstein gepflasterten Schlossstraße.

Floßfahrt
Penkun ist bekannt für sein sonniges und trockenes Mikroklima – wie gut, dass es hier so viele Seen gibt! Neben einem Sprung ins kühle Nass ist auch eine Floßfahrt auf den Seen möglich, sie dauert rund 2½ Stunden und startet auf dem Gelände des ehemaligen Freilichtmuseums.
www.penkun.de

Länge des Abstechers nach Storkow: 5 km

Mühlenverein Storkow
Mühlenweg 6
D-17328 Storkow
Anmeldung: info@bockwindmuehle-storkow.de
www.bockwindmuehle-storkow.de/

Traumlandschaft in Gelb – zwischen Lebehn und Sonnenberg

Denkmalschutz und sind für sich allein schon eine Reise wert: das Gutshaus mit der Gutsanlage einschließlich Brennerei und Stallspeicher, das sogenannte Schlösschen (ein Umbau von 1899), und nicht zuletzt die herrliche Parkanlage mit Friedhof und der Schuckmann'schen Grabkapelle.

Auch das folgende, auf einem Moränenhöhenzug gelegene **Krackow** lohnt einen kurzen Halt. Gleich zwei restaurierte **Gutshöfe** laden hier zur Übernachtung ein. Ein etwas ungewöhnliches Angebot ist der Erwerb eines Kutschenführerscheins. Warum gerade hier wird klar, wenn man die alten Pferdeschlitten und Kutschen sieht, die das **Oldtimermuseum** zusammen mit Fahrzeugen, Motorrädern, Mopeds und Mofas zeigt (nach Voranmeldung, www.oldtimer-krackow.de). Ebenfalls lohnt die wuchtige **Feldsteinkirche** des Ortes aus dem 13.Jh. einen Blick.

Von Krackow ist es nicht weit zum nächsten **Gutshaus** in **Lebehn** am Lebehner See. Der zweigeschossige Bau am Ortsausgang entstand 1910 in einem kleinen Park. Die Besitzer vermieten zwei Zimmer und Zeltstellplätze an Radfahrer. Es gibt eine Badestelle und einen Rastplatz am See. Durch eine herrliche Feldlandschaft mit sanft gewellten Moränenhügeln – besonders schön ist es hier zur Rapsblüte – führt die Weiterfahrt nach **Sonnenberg**, in der einmal mehr eine schöne Feldsteinkirche (um 1280) steht.

Auf diese Feldsteinkirche folgen die nächste Feldsteinkirche und das nächste **Gutshaus**, diesmal in **Ramin**. Schmuckstück des Ortes ist das repräsentative und hervorragend restaurierte Herrenhaus, das sich die Familie von Ramin 1750 bauen ließ und später um einen barocken Park ergänzte. Heute ist Ramin das kulturelle Zentrum der Region. Die sehenswerte Dorfkirche steht inmitten eines von einer Feldsteinmauer umfassten Friedhofes. Nach Vereinbarung kann die **Heimatstube** mit Exponaten zu alten Handwerksberufen besichtigt werden.

Von einer Anhöhe genießen wir einen ersten Blick auf **Löcknitz** am Löcknitzer See. Der Radweg führt am Nordufer entlang und passiert eine 1000-jährigen Eiche, die 1128 gepflanzt worden sein soll. Durch ihre strategisch bedeutende Lage an der Furt des Flusses Randow und im Grenzgebiet

Wissenswertes im Gepäck

Gutshäuser
Relikte aus glanzvolleren Tagen

Rund 2000 Gutshäuser gibt es in Mecklenburg-Vorpommern, einige liegen am Radweg. Wenn sie nicht ausgeschildert sind, gibt es unterwegs immer wieder versteckte Hinweise auf sie: eine von der Hauptstraße abknickende Allee, gesäumt von mächtigen Eichen, von wucherndem Efeu überrankte Mauern, aufwändig gearbeitete schmiedeeiserne Tore…

Die adeligen Familien wussten bereits vor 300 Jahren, wo es sich gut leben lässt. Die meisten Guts- und Herrenhäuser entstanden nach dem Dreißigjährigen Krieg – große, prunkvolle Gutshöfe, die zu Keimzellen für die Entwicklung von Dörfern wurden. Der Einfluss der Adligen prägt bis heute die typischen Strukturen der Gutsdörfer, bis in die Gegenwart fühlen sich ihre Bewohner eng mit den Gütern verbunden.

Groß war das Repräsentationsbedürfnis der Gutsherren – nicht umsonst werden viele dieser prachtvollen Gebäude auch als Landschlösser bezeichnet. Viele wurden oder werden denkmalgerecht saniert und mit neuem Leben erfüllt.

Ein typisches vorpommersches Gutsdorf ist **Stolpe an der Peene**. Das dortige Gutshaus ist heute ein ausgezeichnetes Hotel im Naturpark Flusslandschaft Peenetal.
www.gutshaus-stolpe.de

Eindrucksvolles Gebäude – die Scheune in Stolpe

Kapitel 7: **Von Gartz/Oder nach Ueckermünde**

Wissenswertes im Gepäck

Feldsteinkirchen
Steinerne Zeugnisse aus dem Mittelalter

Schon in der ersten Hälfte des 12. Jh. kam es zu Kloster- und Kirchengründungen infolge der Einwanderung deutscher Siedler in die slawischen Gebiete. Parallel dazu erfolgte eine schrittweise Christianisierung der ansässigen Bevölkerung. Viele der heutigen Dorfkirchen in Vorpommern haben ihre historischen Wurzeln in dieser Zeit. Die deutschen Siedler kamen u. a. aus Niedersachsen und Holstein und brachten ihre baulichen Traditionen mit. Typisch sind beispielsweise die massigen quadratischen Westtürme und der Aufbau des Kirchenschiffes.

Die frühesten Dorfkirchen wurden von den Bewohnern mit dem gebaut, was vor Ort vorhanden und üblich war: Feldstein-Findlingen. Frühe Holzbauten blieben naturgemäß nicht erhalten. Wer es sich jedoch leisten konnte, errichtete Kirchen aus Backstein, die bis heute das Erscheinungsbild Vorpommerns prägen. Häufig findet sich auch eine Materialmischung aus Feld- und Backsteinen. So ist des Öfteren der Chor einer Kirche in Feldstein und das anschließende Schiff in Backstein ausgeführt.

Der furchtbare Dreißigjährige Krieg stoppte viele Bautätigkeiten und machte mit seinen weiträumigen Zerstörungen auch vor den Kirchen nicht halt, davon zeugen Kirchenruinen wie etwa in Steinfurth bei Anklam (Anfang 14. Jh.). Die meisten Kirchen blieben aber grundsätzlich erhalten oder wurden wiederaufgebaut.

Rund 1000 Dorfkirchen und Kapellen gibt es heute noch in Mecklenburg-Vorpommern.

Eine kurze Einführung in die Geschichte der Dorfkirchen am Oder-Neiße-Radweg findet man auf der folgenden Homepage:
www.dorfkirchen-in-mv.de

Kirche in Krackow

Burg Löcknitz mit Bergfried

zwischen Pommern und Brandenburg kam es immer wieder zu Kämpfen um die sich allmählich entwickelnde Stadt. Ihre strategische Lage wurde Löcknitz in den letzten Tagen des Zweiten Weltkriegs zum Verhängnis: Die Wehrmacht hatte an der Randow eine Verteidigungslinie aufgebaut – in wenigen Stunden verwandelte sich Löcknitz in ein Trümmerfeld. So erinnert heute nur noch wenig historische Bausubstanz an alte Zeiten. Die Burgruine zeugt von einer alten Grenzfeste, die ab 1720 aufgegeben wurde und immer mehr verfiel. Heute ist der Turm wieder begehbar. Wahrzeichen der Stadt ist der 45 m hohe Kirchturm. Löcknitz bietet sich als Übernachtungsort an, im Nordwesten liegt neben dem Hotel „Haus am See" ein Badestrand.

Von Löcknitz sind es nur 2 km nach **Plöwen**, das landschaftlich schön in einer waldreichen Umgebung liegt, die zum Naturpark „Am Stettiner Haff" gehört. Im Westen und Norden liegt das Seebruch. Eine gepflasterte Dorfstraße führt durch die Gemeinde, vorbei an der Feldsteinkirche und schönen Backsteinhäusern und später am **Großen Kutzowsee** (Campingplatz).

Kurz vor dem Abzweig nach Hohenfelde biegt der Radweg nach links ab und führt geradewegs Richtung Norden in den Grenzort Blankensee. Auf dem Weg dorthin liegt ein idyllisch gelegener Waldsee, der **Obersee**. Die Zufahrt zum Gewässer mit einer schönen Badestelle ist ein etwas leicht zu übersehender Sandweg.

In **Blankensee** sollte man sich die eindrucksvolle Kirche anschauen, ein Findlingsbau aus dem späten 15. Jh., der vom Westturm dominiert wird.

Das Pfarrhaus von 1732 steht unter Denkmalschutz. Nördlich von Blankensee führt der Radweg durch die **Ueckermünder Heide**, ein ausgedehntes Wald- und Heidegebiet.

Wir fahren nun durch den waldreichen **Randowbruch**, ein ausgedehntes Feuchtgebiet des Flusses Randow, in das idyllische Straßendorf **Glashütte** – der Name ist ein Hinweis auf die Glasproduktionstradition des Ortes. Von 1665 bis 1929 wurde hier Grünes Waldglas hergestellt. Voraussetzung dafür waren die ausgedehnten Buchenbestände, die zur Herstellung von Pottasche benötigt wurden. Auch die anderen Glaszutaten – Quarzsand und Mergel – fanden sich in unmittelbarer Nähe. Zuletzt stellten etwa 100 Arbeiter an sechs Öfen vor allem Flaschen und Weinballons her. Heute ist der Betrieb abgerissen. Die Heimatstube zeichnet die Geschichte von Glashütte nach (telefonische Anmeldung).

Durch den Riether Winkel zum Stettiner Haff

Auf der Weiterfahrt geht es entlang der Landstraße durch die dichten Wälder der Ueckermünder Heide. **Hintersee** liegt am Südostzipfel des ehemaligen Ahlbecker Sees, der allerdings schon seit mehr als 200 Jahren Geschichte ist. Im 18. Jh. wurde das Gewässer von Kolonisten abgelassen mit dem Ziel, den Seeboden in eine landwirtschaftliche Nutzfläche umzuwandeln. Statt der erhofften fruchtbaren Weiden entstand jedoch ein ausgedehntes Sumpfgebiet,

Lohnenswerter Schlenker

Ahlbeck

Länge der Runde um den Ahlbecker Seegrund: 13 km

In **Ahlbeck** begeistert neben dem einheitlichen Dorfbild mit Fachwerkhäusern die Dorfkirche: Die barocke, rechteckige Fachwerkkirche wurde 1759 mit einem Kirchturm mit offener Haube errichtet. Sie zählt zu den schönsten Fachwerkkirchen in Norddeutschland.

die Sand und Torfböden eigneten sich nicht für die Landwirtschaft. Heute ist das ehemalige Seegebiet durch das Naturschutzgebiet „Seegrund" geschützt.

Die neugotische St.-Johannes-Kirche in Hintersee wurde 1899 gebaut, nachdem zuvor eine am Ort befindliche Fachwerkscheune mittels Rollen auf die andere Straßenseite versetzt wurde. Von Hintersee empfiehlt sich der Abstecher entlang des alten Westufers, der ins Straßendorf **Gegensee** und weiter nach **Ahlbeck** 43 führt. Ganze 6 km ist der Ort Gegensee lang, gesäumt von reetgedeckten Fachwerkhäusern und Scheunen. Hier lässt sich erahnen, wie die Siedlungen in der Gründerzeit während der Kolonisierung um 1745 ausgesehen haben.

Der offizielle Radweg folgt dem ehemaligen Ostufer, das schon im **Naturpark „Am Stettiner Haff"** liegt. Ludwigshof ist durch die Melioration des Seegrundes entstanden und gehört heute zur Gemeinde Ahlbeck. In Ludwigshof fallen gleich mehrere Pferdegestüte, wie etwa der Fennhof, ins Auge. Südwestlich des Örtchens lädt der Ludwigshofer See, ein kleiner Moorsee, zum Baden ein. Der See liegt im Fenn, einem Kalkschwingmoor, das heute unter Naturschutz steht. Einen guten Überblick über das Naturschutzgebiet „Seegrund" hat man vom ausgeschilderten Aussichtsturm aus.

Der Radweg folgt dem dunklen, immerhin schon 200 Jahre alten **Teufelsgraben** in den Wald. Durch den 4 km langen Teufelsgraben wurde vor 200 Jahren das Wasser des Ahlbecker Sees in den Neuwarper See abgelassen. Auch der Teufelsgraben liegt im Naturschutzgebiet „Seegrund". Der Radweg folgt dem alten Bahndamm der Randower Kleinbahn, die nach dem Zweiten Weltkrieg stillgelegt wurde.

Am Ende der Bahnstrecke liegt das hübsche Fischerdörfchen **Rieth** mit liebevoll renovierten Häusern. Die Kirche etwas außerhalb des Ortskerns im Westen ist ein Backsteinbau mit markantem Fachwerkturm. Sie liegt an der von Linden gesäumten Schlossallee, die von der Dorfstraße direkt auf das Herrenhaus des Rittergutes zuführt. Hinter dem Haus erstreckt sich der Gutspark bis an das Südufer des Neuwarper Sees. Im Schloss befinden sich heute Ferienwohnungen.

Vom Ort führt ein beschilderter Weg zum Strand der **Bucht Neuwarper See/Jezioro Nowowarpieńskie** an der Südküste des Haffs. Die Bucht reicht rund 6 km ins Landesinnere und hat im Norden zwei schmale Zugänge zum Haff, jeweils nur 150 m breit und durch eine kleine Schilfinsel geteilt. Während das Westufer in Mecklenburg-Vorpommern liegt, gehört das Ostufer zur polnischen Woiwodschaft Westpommern.

Im See liegt die Insel Riether Werder, die mit dem Westufer das Naturschutzgebiet „Altwarper Binnendünen, Neuwarper See und Riether Werder" bildet. Eine zweite kleine Insel liegt im polnischen Teil. Zwischen Altwarp und dem polnischen Nowe

Kapitel 7: **Von Gartz/Oder nach Ueckermünde**

Lohnenswerter Schlenker **44**

Halbinsel Altwarp

Spaziergang durch Altwarp

Altwarp liegt auf der ins Stettiner Haff hineinragenden Halbinsel Altwarp. Von Altwarp aus fuhren Kapitäne hinaus auf den Weltmeeren, brachten es zu einem gewissen Reichtum und bauten sich hübsche Kapitänshäuser im Stil der Gründerzeit. Neben diesen finden sich aber auch Villen im italienischen Landhausstil, Häuser mit Holzlaube und Fensterläden sowie schlichte Fachwerk- und Backsteinbauten der einfacheren Bevölkerung. Sie alle bilden für Architekturinteressierte ein hübsches Dorfbild.

Wacholdertal

Die Fahrt an die Nordspitze ist vor allem landschaftlich interessant, gibt es doch auf der Halbinsel eine ungewöhnliche Anhäufung an Wacholdersträuchern in einem Kiefernwald, dem Wacholderwäldchen im Wacholdertal. Der Weg dorthin ist von Altwarp aus ausgeschildert und führt über einen schönen Pflasterweg ins Schutzgebiet.

Wanderung durch das Naturschutzgebiet Altwarper Binnendünen

Unterwegs in den Binnendünen

Binnendünen

Das Naturschutzgebiet schützt die Binnendünen, von denen man einen guten Blick auf den Neuwarper See und die Insel Riether Werder hat. Die Binnendünen sind glazialen Ursprungs: Die aus dem Uecker- und Randowtal fließenden Schmelzwasser stauten sich auf einer Länge von rund 35 km zu einem Haffstausee. Über die Zeit lagerten sich am Seegrund feinkörnige Beckensande in einer Mächtigkeit von mehreren Metern ab. Durch spätere Windverwehungen wurden die bis zu 16 m hohen Dünen bei Altwarp aufgeschichtet.

An die Dünen schließt sich ein vermoortes Niederungsgebiet an, das heute als Überflutungsmoor mit Bruchwäldern und Feuchtwiesen und bis zu 2 m mächtigen Torfschichten einen Großteil der Schutzgebietsfläche einnimmt. Es erstreckt sich bis südlich des Neuwarper Sees. Dieser ist mit der rund 82 ha großen Insel Riether Werder ein bedeutendes Wasservogelbrut- und -rastgebiet.

Vom Ort aus führen zwei beschilderte Wanderwege durch das Dünengelände; von Rehhagen aus folgt ein Rad- und Wanderweg bis Rieth der Grenze des Schutzgebietes.

Ausgangspunkt für den schönen **Dünenwanderweg** zu den Binnendünen und ins Wacholdertal ist der Parkplatz an der Touristeninformation im Hafen von Altwarp.

www.riether-winkel.de/ doerfer/fischerdoerfer/ altwarp/

Badestelle Haffhus Bellin

Warpno (Neuwarp) verkehren ganzjährig Personenfähren.

Entlang des Haffufers
Die Region um das Stettiner Haff hat viel zu bieten: attraktive Museen in historischen Städten, verträumte Dörfer mit alten Feldsteinkirchen, Klappbrücken und Industriedenkmäler, kleine gemütliche Yachthäfen und das Peenetalmoor.

Von **Rieth** leitet der Stieger Weg aus dem Ort heraus zum See. Auf der Weiterfahrt kommen wir an einem Aussichtsturm vorbei, dann geht es durch den Wald nach **Warsin**, ein Ortsteil der Doppelgemeinde Vogelsang-Warsin. Von hier aus kann man nach etwa 5 km nach Norden auf der Landzunge nach **Altwarp** und zu den **Binnendünen** 44 fahren.

Auch in **Vogelsang** gibt es ein Schloss, das 1850 u. a. nach Plänen von Karl Friedrich Schinkel im neogotischen Stil umgebaut wurde; auch die Anlage eines ausgedehnten Landschaftsparks stammt aus dieser Zeit. Heute ist das Schloss in Privatbesitz. Unweit des Schlosses liegt der Friedhof, den man wegen seines markanten Torturms nicht verfehlen kann. Östlich vom Schloss führt der Kanalweg zum Strand am Haff.

Über **Bellin**, ein Stadtteil von Ueckermünde mit einem schönen Badestrand, führt der Radweg zum Ueckermünder Strand. Am Nordwestende

Wissenswertes im Gepäck

Fahrradfähre nach Kamminke
Abkürzung übers Haff

Für Eilige bietet sich das **Usedom-Kamminke-Shuttle** vom Stadthafen Ueckermünde über das Stettiner Haff nach Kamminke auf Usedom an, die Fahrt dauert rund 1½ Stunden. Damit verkürzt sich die Strecke des Radweges um etwa 80 km. Vom Fährhafen in Kamminke sind es dann weitere 3 km bis zum Anschluss an den offiziellen Oder-Neiße-Radweg.

Oderhaff Reederei Peters Altes Bollwerk 2, D-17373 Seebad Ueckermünde Tel. +49 039771 22426, www.reederei-peters.de/ Fahrradfaehre

des Strandbads liegt die Einmündung der Uecker ins Stettiner Haff. Am anderen Ufer markiert der kleine Leuchtturm die Ein- und Ausfahrt.

Weit reicht der Blick über das Stettiner Haff (auch Oderhaff) – rund 18 km sind es vom Stadthafen mit der **Fahrradfähre nach Kamminke**, einem kleinen Küstenort im Südosten von Usedom unweit der polnischen Grenze. Um vom Strandbad ins Stadtzentrum von **Ueckermünde** 45 zu gelangen, folgen wir der Straße „Zum Strand" Richtung Südwesten. Vorbei an der Lagunenstadt, einer attraktiven Ferienanlage mit eigener Marina, quert der Radweg den Könschen Kanal, die Bahnlinie und schließlich die Uecker.

Highlight am Wegesrand 45

Ueckermünde
Historische Hafenstadt am Haff

Ein 800 m langer Sandstrand, hübsche Bürgerhäuser, altehrwürdige Handelsspeicher, das Haffmuseum… die kleine Hafenstadt mit langer Geschichte bietet viel!

Die Stadt erhielt 1260 das Stadtrecht und wurde ein wichtiger Handelsplatz am Haff. Durch Stadtbrände und große Kriegsschäden ist vom mittelalterlichen Stadtbild heute leider nichts mehr erhalten.

Schöne Architektur
Die Altstadt zwischen Hafen und Marktplatz bietet dennoch alles für einen abwechslungsreichen Bummel: Kleine Gassen mit fotogenen Fassaden, ein paar Fachwerkhäuser, Höfe und Plätze, schöne Fachwerk-Speichergebäude sowie Gründerzeithäuser (Uckerstraße). Bis Ende des 18. Jh. blieb die Fischerei der bestimmende Wirtschaftszweig; Anfang des 20. Jh. entdeckte man Ueckermünde als attraktives Strandbad. Flach ist es rund um die Stadt, und so ist die **Marienkirche** kilometerweit zu sehen. Sie wurde 1766 errichtet und zeigt innen eine farbenfroh bemalte Holzdecke. Die ehemalige **Residenz der pommerschen Herzöge** von 1546 wurde auf einer Anhöhe im Osten der Altstadt errichtet, darin befindet sich heute das **Haffmuseum**, das über die Geschichte der Stadt und ihre Handwerksberufe informiert. Lohnend ist der Aufstieg auf den Turm mit Rundblick über Stadt und Land.

Zwei Häfen
Ueckermünde hat zwei Häfen, den Stadthafen und den **Fischereihafen** in **Neuendorf**. Dort landen die Hafffischer wie eh und je täglich ihren frischen Fang an. Unter alten Kastanien trocknen die Netze der Fischer, die geteerten Schuppen erinnern an frühere Zeiten, der Fisch wird heute in einem modernen Anlande- und Kühlgebäude umgehend weiterverarbeitet. Im Hafen kann man auch frischen Fisch kaufen.

Der **Stadthafen** liegt im Herzen der Altstadt an beiden Ufern der Uecker. Von hier aus starten die Ausflugsfahrten aufs Haff, nach Usedom und Polen. Mehrmals am Tag wird die Brücke über die Uecker geöffnet, vom Hafen kann man den Brückenzug schön beobachten.
www.ueckermuende.m-vp.de

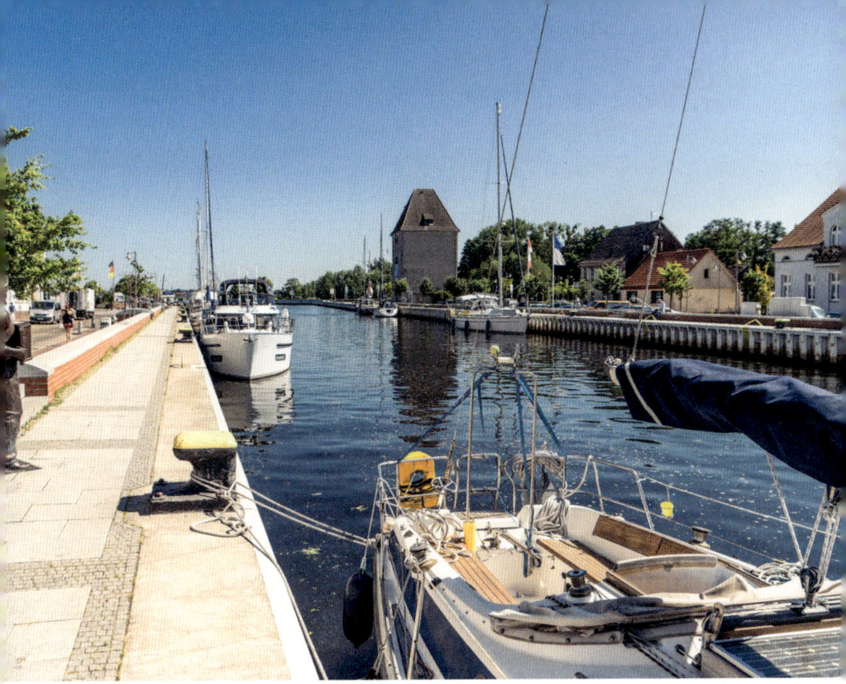

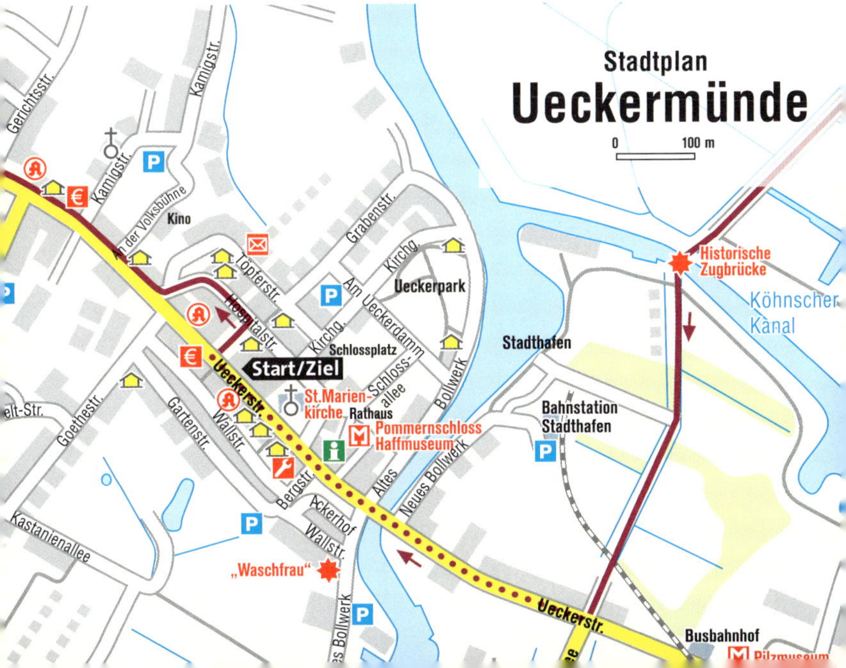

Stadtplan
Ueckermünde
0 100 m
Gerichtsstr.
Kamigstr.
Kamigstr.
An der Volksbühne
Kino
Grabenstr.
Töpferstr.
Kirchg.
Ueckerpark
Hospitalstr.
Am Ueckerdamm
Kirchg.
Schlossplatz
Start/Ziel
Ueckerstr.
Schloss-allee
St.Marien-kirche
Rathaus
Pommernschloss Haffmuseum
Bollwerk
Stadthafen
Historische Zugbrücke
Köhnscher Kanal
Bahnstation Stadthafen
Goethestr.
Gartenstr.
Wallstr.
Bergstr.
Altes
Neues Bollwerk
Ackerhof
Wallstr.
Kastanienallee
„Waschfrau“
Bollwerk
Ueckerstr.
Busbahnhof

Kapitel 8: Von Ueckermünde nach Ahlbeck

Die Ostseeküste ist erreicht!

Ahlbeck
Ueckermünde

5 Schlenker & Highlights

94 **km**

Streckenprofil

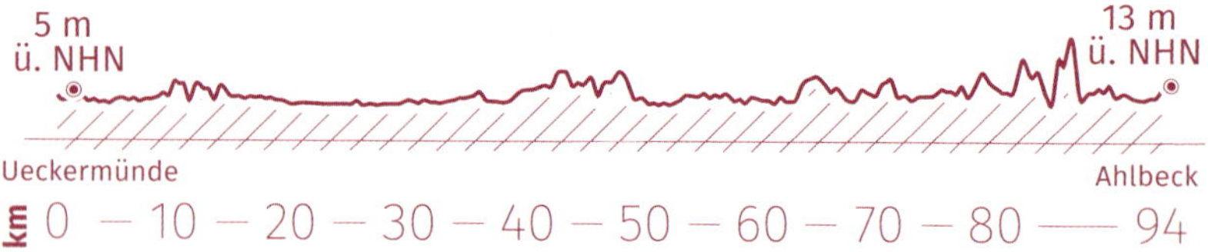

5 m ü. NHN
13 m ü. NHN

Ueckermünde
Ahlbeck

km 0 — 10 — 20 — 30 — 40 — 50 — 60 — 70 — 80 — 94

Ums Haff auf die Insel Usedom

Vom Stettiner Haff zur Peene
Ueckermünde an der Mündung der Uecker in das Stettiner Haff ist der Ausgangspunkt für die Schlussetappe zur Ostsee. Seit wenigen Jahren trägt Ueckermünde den offiziellen Beinamen „Seebad". Und so führt der Weg rund um das Stettiner Haff von einem noch ganz jungen Seebad (seit 2013) in ein ganz altes Seebad: nach Ahlbeck, das diesen Titel schon seit 1908 führt. Der 800 m lange Sandstrand am Haff mit weitem Blick über die Wasserflächen weckt Vorfreude auf die langen Sandstrände auf Usedom.

Unterwegs erwarten uns Wiesen, sattgrüne Wälder, eindrucksvolle Alleen, viele Flüsse und Badestrände mit feinem Sand.

Südöstlich von Ueckermünde erstreckt sich die **Ueckermünder Heide**, das größte Waldgebiet Vorpommerns. Der Radweg verläuft am nördlichen Rand dieser Heidelandschaft, die Teil des erst 2004 gegründeten Naturparks „Am Stettiner Haff" ist.

Die Hafenstadt verlassen wir im Nordwesten und queren als erstes die Zarow, die wenig später ins Stettiner Haff mündet. Über die Zarow wurde lange Zeit Holz geflößt und in Grambin auf Lastkähne verladen, außerdem diente sie ab dem 17. Jh. zur Entwässerung des Sumpfgebietes **Friedländer Große Wiese**. Auf den Wiesen rund um Grambin wurde Flachs für die Segelherstellung angebaut. Heute ist das Niederungsmoor als Rast- und Überwinterungsgebiet, aber auch als Brutgebiet für viele Wat- und Wasservogelarten von hoher Bedeutung.

In der kleinen vorpommerschen Haffgemeinde **Grambin** begeistern die vielen reetgedeckten Fachwerkhäuser, die zum Teil über 200 Jahre alt sind. Auf dem einen oder anderen lassen

Highlight am Wegesrand **46**

Unter Segeln übers Haff
Auf einem Zeesenboot nach Usedom

Eine spektakuläre Abkürzungsvariante bietet im Sommer der Segeltörn auf einem 100 Jahre alten traditionellen Zeesenboot. Zeesenboote sind alte Fischerboote mit dunkelbraunen, derben Segeln. Kapitän Alwin Harder segelt mit Radfahrern von Mönkebude nach Usedom. Radler sparen sich dadurch beachtliche 56 Radkilometer. Unterwegs zur historischen Eisenbahnbrücke Karnin erzählt der Kapitän maritime Geschichten aus der großen Zeit der Zeesenboote und der Region. Die Fahrt über das Stettiner Haff nach Usedom Hafen, Ost-Klüne/Wilhelmshof oder Karnin ist ein unvergessliches Erlebnis.

Ein Zeesenboot oder Zeesboot, wie es im Niederdeutschen heißt, war jahrzehntelang das Arbeitsboot der Hafffischer. Heute sind die Fischer mit anderen Bootstypen unterwegs, als Touristenattraktion sind sie aber noch vielfach im Einsatz.

Das Zeesenboot „Ghost" in Mönkebude ist von Mai bis September auf dem Stettiner Haff unterwegs.

Nach Vereinbarung:
Alwin Harder
Tel. +49 172 312 53 88
www.segeln-am-stettiner-haff.de

sich Störche beobachten. Landschaftlich hat der Ort viel zu bieten: das Zarowufer, die Haffküste mit altem und neuem Strand, im Frühjahr herrlich bunt blühende Wiesen und Felder, den Grambiner See und die alten Torflöcher als Biotope.

Weit ist es nicht in das vielleicht schönste Dorf am Haff, das mit seinen reetgedeckten Fischerhäusern und Bauerngütern begeistert. Der Name des Erholungsortes – **Mönkebude** – verweist auf die historische Verbindung zum Kloster Grobe in der Stadt Usedom. Dessen Mönche durften am Haff Jagd, Fischfang und Holzeinschlag betreiben und errichteten sich zu diesem Zweck wohl auch eine Unterkunft. Aus diesem „Haus der Mönche" entstand später Mönkebude. Während die Haffbewohner früher ihr Geld mit der Fischerei verdienten, ist heute der

Spaß und Unterhaltung im Hansa-Park in Sierksdorf

Tourismus die wichtigste Einkommensquelle – wen wundert es angesichts des idyllischen, 500 m langen und flach abfallenden Strandes und dem schmucken Yachthafen?

Überraschend ist das Aussehen der weißen **Dorfkirche St. Petri**: Der Kirchturm hat eine Aussichtsplattform und erinnert mit seinem achteckigen Aufsatz eher an einen Leuchtturm denn an einen klassischen Kirchturm.

Wer sich für die Geschichte des Dorfes interessiert, sollte die **Heimatstube** besuchen, hier dokumentieren die Ausstellungsstücke das arbeitsreiche entbehrliche Leben der Fischer und Kahnschiffer.

Ein Highlight ist der **Segeltörn** 46 über das Haff mit einem traditionellen **Zeesenboot**, sei es im Rahmen eines Tagesausflugs oder des Transfers hinüber zur Insel Usedom.

Kapitel 8: Von Ueckermünde nach Ahlbeck

Entlang eines ausgedehnten Waldgebietes zur Linken erreichen wir den Ortsrand von **Leopoldshagen**.

Es ist ein typisches Straßenreihendorf, das als Kolonistendorf Mitte des 18. Jh. gegründet wurde. 18 der ursprünglich 30 ersten Häuser sind bis heute erhalten geblieben. Ein Blickfang ist die hübsche Fachwerkkirche, die der preußische König auf Bitten der Bevölkerung 1755 bauen ließ. Er erlaubte die Sammlung einer Gottesdienstkollekte in ganz Preußen – mit dem Endergebnis von über 2500 Talern konnten die Leopoldshagener eine stattliche Kirche errichten. Wer mehr über die Dorfgeschichte erfahren will, kann nach Vereinbarung die **Heimatstube** in der Dorfstraße besichtigen.

Wenig später folgt eine markante Richtungsänderung: Nun geht es nach Norden Richtung **Bugewitz**. Nach der schönen Feldsteinkirche führt der Radweg entlang der vogelreichen Moorlandschaft des **Anklamer Stadtbruchs** **47**. Auf halber Strecke zur Straße steht eine Beobachtungshütte.

Eine **Personen- und Fahrrad-Fährverbindung zwischen Kamp und Karnin** auf der Insel Usedom bietet die Oderhaff Reederei Peters. Ab der Abzweigung nach Anklam sind es bis Kamp 2 km. Wer sich dafür entscheidet, spart sich 35 Radkilometer.

Dafür entgeht ihm eine alte **Hansestadt**, die wir beim Steintor – eines der Wahrzeichen von **Anklam** **48** –

Anklamer Stadtbruch – alte Bahntrasse zur Hubbrücke im Peenestrom

Highlight am Wegesrand

Anklamer Stadtbruch
Zwischen Land und Meer

Das Naturschutzgebiet im Mündungsbereich der Peene ins Stettiner Haff ist fast 1500 ha groß und zählt durch seine Größe und Unwegsamkeit zu den letzten großen Wildnisgebieten in Deutschland. Seeadler, Kranich, Wendehals, Zwergschnäpper, Karmingimpel und Tüpfelsumpfhuhn, Biber, Fischotter und Moorfrösche können hier vom Menschen fast ungestört leben. Das erklärt auch die höchste Dichte an Seeadlern in Deutschland.

Wohl eher selten wird man einer Sturmflut etwas Positives abgewinnen können, im Fall der Sturmflut im November 1995 war es aber tatsächlich so: Das im Zentrum des Anklamer Stadtbruchs gelegene Hochmoor ist ein seltenes, durch Niederschläge gespeistes Hochmoor inmitten von Feuchtwäldern. Früher wurde hier Torf für die Öfen der Anklamer gestochen, der Stadtbruch dafür mit Entwässerungsgräben durchzogen. Mit Hilfe von zwei Schöpfwerken und Deichen wurde das ehemals baumfreie Gelände trockengelegt und forstwirtschaftlich intensiv genutzt.

Dann kam die Sturmflut, die Deiche hielten den Wassermassen nicht stand und brachen. Ein Wildnisgebiet aus Flachgewässern, baumfreiem Hochmoor, Bruchwäldern und einem sich wandelndem Hochwald entstand. Auf ausgewiesenen Wegen kann der Stadtbruch erkundet werden, der NABU bietet naturkundliche Führungen an.

Kurz nach dem Aussichtsturm (dort hängt eine Karte mit den Wanderwegen) besteht die Möglichkeit, rechts abzubiegen und quer durch den Bruch in den Fischerort **Kamp** (Blick zur Ruine der Hubbrücke) zu radeln, dort hält man sich dann links Richtung Anklam.

Ein 10 km langer Rundwanderweg beginnt an der Gastwirtschaft Zum Mühlengraben in Bugewitz.

Anklamer Stadtbruch

Kapitel 8: **Von Ueckermünde nach Ahlbeck**

Highlight am Wegesrand 48

Anklam
Hansestadt an der Peene

Ihren Wohlstand verdankte die Stadt ihrer Mitgliedschaft im Bund der Hanse und ihren weitreichenden Fischrechten. Politisch setzten die Stadtväter stark auf die dänische Karte und riskierten damit zeitweise sogar ihre Zugehörigkeit zum Bund der Hanse.

Weder der Dreißigjährige Krieg noch der immer wiederkehrende Ausbruch von Seuchen brachten so viel Leid über die Stadt wie der Zweite Weltkrieg – zu Kriegsende lagen etwa 80% der Innenstadt in Schutt und Asche. So lässt sich an Hand des kleinen Teils verbliebener bzw. rekonstruierter historischer Bauwerke die einstige Schönheit der Stadt nur noch erahnen.

Steintor in Anklam

Das **Steintor**, durch das wir die Hansestadt betreten, erhebt sich 32 m über der Anklamer Innenstadt. Es zählt zu den schönsten Wehrtürmen norddeutscher Backsteingotik. Das imposante, zwischen 1250 und 1450 errichtete Bauwerk mit fünf Etagen ist das letzte von einst sechs Stadttoren der mittelalterlichen Befestigungsanlage. Ab Mitte des 18. Jh. wurde es fast 150 Jahre lang als Stadtgefängnis genutzt. Heute beherbergt das Tor im Stil der Backsteingotik das **Stadtmuseum Anklam**. Die Dauerausstellung befasst sich mit der Geschichte der Hansestadt und dem Leben am Peenefluss. Wer nach 111 Stufen ganz oben angelangt ist, wird mit einem fantastischen Blick über die Dächer der Stadt und das Peenetal belohnt.

Der mächtige Rundbau des **Pulverturms** stammt aus dem 15. Jh. und ist ebenfalls Teil der mittelalterlichen Stadtbefestigung. Später wurde er als Gefängnis und Magazin genutzt. Im 19. Jh. richtete sich der Astronom Gustav Spörer im Turm eine Sternwarte ein, zu seinen Schülern zählte Otto Lilienthal.

Die Stadt hat zwei Stadtkirchen, die ältere ist **St. Marien**, eine gotische Hallenkirche aus Backstein, die Mitte des 13. Jh. errichtet und in der Folgezeit mehrfach umgebaut wurde. Während der Napoleonischen Kriege wurde die Kirche zeitweise sogar als Heulager missbraucht. Durch Kriegszerstörungen ist der Turm heute nur noch 64 statt ursprünglich 100 m hoch.

Am **Marktplatz** erhebt sich eindrucksvoll die zweite Stadtkirche, **St. Nikolai**. Sie wurde zu Ehren des heiligen Nikolaus – Schutzpatron der Seefahrer, Fischer und Handelsleute – errichtet. Jahrhundertelang war der Backsteinbau das Wahrzeichen der Stadt, ein Symbol für die Freiheit und den Wohlstand ihrer Bürger. Die dreischiffige und siebenjochige gotische Hallenkirche war für ihre Bemalungen, den 103 m hohen Turm mit gedrehter Spitze und den Chorbereich in der Region einzigartig. Und dann wurde sie in den letzten Kriegstagen des Zweiten Weltkriegs bis auf die Umfassungsmauern komplett zerstört, der Wiederaufbau begann 1994. Der beeindruckende Innenraum der Taufkirche Otto Lilienthals wird für Ausstellungen und Konzerte genutzt.

Lohnend ist die Besteigung des 45 m hohen Turmes mit fantastischem Blick über die Stadt und ihre herrliche Lage im Peenetal.

betreten. Bald stehen wir auf dem Marktplatz der Peenestadt, die auf eine fast 800 Jahre alte Stadtgeschichte zurückblickt.

Anklam trägt auch den Beinamen Lilienthalstadt und erinnert damit an den bekanntesten Sohn der Stadt.

Kapitel 8: Von Ueckermünde nach Ahlbeck

Marktplatz in der Hansestadt Anklam mit dem Greifenbrunnen

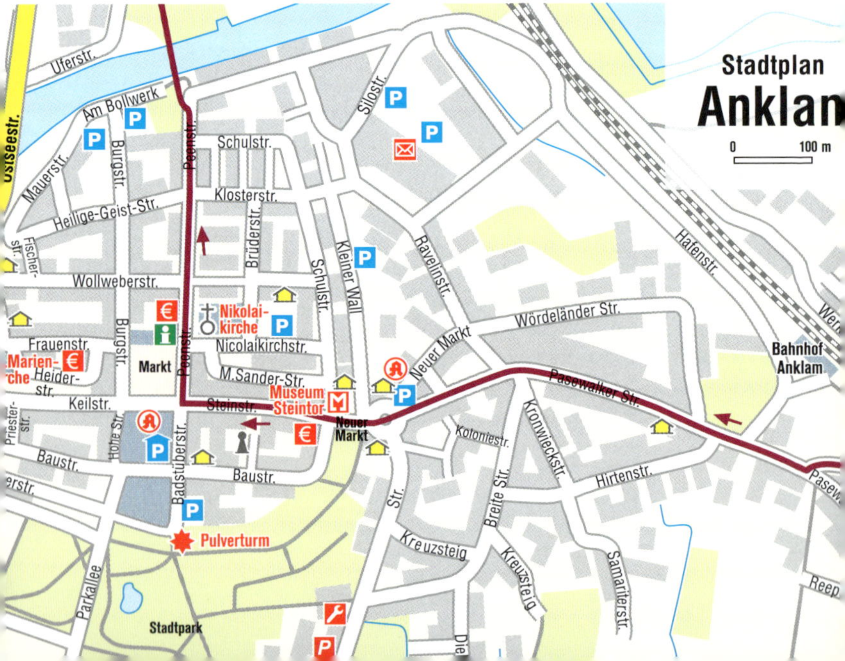

Stadtplan Anklam

Wissenswertes im Gepäck

Die Hanse
Internationaler Städtebund

Die Hanse entwickelte sich ab Mitte des 12. Jh. zunächst aus einer Vereinigung norddeutscher Kaufleute, bald wurde daraus ein Städtebund niederdeutscher Städte, zur Blütezeit zählte die Hanse 300 Mitglieder.

Ziel des Bundes war die Bündelung gemeinsamer Handelsinteressen, die Sicherung der Handelswege, die gemeinsame Interessenvertretung im Ausland sowie der Erwerb und die Sicherung von Handelsprivilegien. Zu ihrer Blütezeit reichte die Macht der Hanse von Portugal bis Nordwestrussland – Mitte des 13. bis Ende des 17. Jh. war sie ein wichtiger europäischer Machtfaktor neben den Niederlanden, England, Skandinavien und Russland.

Schon 1283 wird Anklam mit Lübischem Recht Hansestadt. Das in Rostock abgeschlossene Landfriedensbündnis vereint erstmals die Städte Lübeck, Wismar, Stralsund, Rostock, Greifswald, Anklam, Stettin und Demmin.

Ganz entscheidend zum Aufstieg der Hanse trugen die Hansekoggen bei, sie wurden vergleichsweise günstig gebaut und konnten mit kleiner Mannschaft viele Güter transportieren. Von den rund 200 Hansestädten waren etwa 70 aktiv und nahmen an den zumeist in Lübeck abgehaltenen Hansetagen teil.

In den folgenden Jahrhunderten sank der Einfluss der Hanse: Sie konnte mit der Wirtschaftspolitik der frühneuzeitlichen Staaten nicht mehr konkurrieren, durch die Entdeckung Amerikas verlor die Ostsee immer mehr an Bedeutung. Der letzte Hansetag wurde 1669 abgehalten – mit nur noch 9 Teilnehmern.

Im Anklamer Hafen wurden Getreide, Fisch, Tuch, Leder, Bier und Vieh umgeschlagen. Vor allem der Heringshandel auf den stadteigenen Vitten (Handelsniederlassungen) auf Falsterbo und Skanör brachte den Anklamer Kaufleuten großen Reichtum.
www.hanse.org

Highlight am Wegesrand

Otto-Lilienthal-Museum
Natur- und Erlebnispark Aeronauticon

Otto Lilienthal war ein international anerkannter Luftfahrtpionier – ihm und seinem Bruder Gustav ist das sehenswerte Museum in der Stadt gewidmet.

1891 gelangen dem Maschinenbauingenieur Otto Lilienthal die ersten sicheren Gleitflüge der Geschichte – der Beginn des Zeitalters des Menschenflugs.

Das Museum lädt zu einem Streifzug durch die Geschichte des Fliegens ein – ein Höhepunkt ist dabei die Abteilung „Menschenflug", in der die Flugapparate von Otto Lilienthal vorgestellt werden. Sehenswert sind auch die vielen „Flugträume" – Modelle, Beschreibungen, Ideen und Versuche, den Menschheitstraum vom Fliegen Realität werden zu lassen. Bei den Experimentier-Stationen können große und kleine Besucher hautnah erfahren, warum das Fliegen so schwierig ist.

Auf dem Außengelände am Flugplatz Anklam liegt das **Aeronauticon** mit vielen Exponaten zum Anfassen und Ausprobieren (Eintritt frei).

Otto-Lilienthal-Museum
Ellbogenstraße 1
Tel. +49 3971 245 500
www.lilienthal-museum.de

Ihm ist das **Otto-Lilienthal-Museum** 49 mit einer Depandance am Flughafen Anklam gewidmet.

Vom Marktplatz bringt uns die Peenestraße zur schönen **Holzbrücke über die Peene**. Diese von zwei Pylonen getragene Holzkonstruktion wurde 1994 eingeweiht. Wir verlassen die Stadt im Norden und durchfahren **Relzow**. In einem weiten Bogen durch Wald geht es ins kleine Örtchen **Libnow**. Ein architektonisches Prunkstück aus rotem Backstein ist das **Herrenhaus Libnow**, 1862 im Tudorstil erbaut. Heute fungiert es als Kulturort – mit Galerie, Radierwerkstatt, Rahmenmanufaktur sowie als Kulisse

Naturpark Flusslandschaft Peenetal

Wissenswertes im Gepäck

Amazonas des Nordens

Von der Mecklenburger Seenplatte kommend sucht sich die Peene als einer der letzten weitgehend unverbauten Flüsse in Deutschland ihren Weg durch ein breites Urstromtal. Östlich von Anklam fließt sie in einem weit geöffneten Mündungstrichter in den Peenestrom, der über das Achterwasser das Oderhaff mit der Ostsee verbindet.

Die **Peeneniederung** ist nicht nur ein wichtiger Lebensraum für Seeadler und Eisvögel, sondern weist auch flächendeckende Biber- und Fischottervorkommen auf. Wer in der Dämmerung unterwegs ist, wird den einen oder anderen Biber sehen.

Das **Besucherzentrum** befindet sich in **Stolpe** (9,5 km ab Anklam). Hier erfährt man viel zu den von der Peene geprägten Lebensräumen sowie der Flora und Fauna des Naturparks.

Bootsfahrten auf der Peene

Von Anklam aus werden Paddel- und Boottouren angeboten. Auf einem Elektroschiff fährt man zusammen mit einem Natur- und Landschaftsführer durch das Flusstal stromaufwärts zur Klosterstadt Stolpe. Ein unvergessliches Erlebnis sind die abendlichen Peenesafaris mit Elektrobooten.
www.abenteuer-flusslandschaft.de

Anklam an der Peene

für Kurse. Zudem werden hier einige Gästezimmer vermietet (www.herrenhauslibnow.de).

Bevor wir das Festland verlassen, sollte man sich im Örtchen **Pinnow** noch die auf einer Moränenkuppe in der Nähe des Dorfsees erbaute kleine mittelalterliche Dorfkirche anschauen. Dafür folgt man der Beschilderung zum See.

Kurze Anstiege und längere Abfahrten bringen uns zur Zecheriner Brücke und in den Mündungsbereich der Peene in den Peenestrom, dem östlichen Ende des **Naturparks Flusslandschaft Peenetal.**

Die **Zecheriner Klappbrücke** ist das südliche Einfallstor zur Insel Usedom und eine von zwei Straßenverbindungen auf die Insel. Die Brücke wurde 1931 als Usedomer Bäderbrücke errichtet, aus der Not heraus: Die Fährverbindungen konnten den immer stärker werdenden Autoverkehr zur Insel nicht mehr bewältigen. 1945 wurde die Brücke infolge der Kriegswirren gesprengt und 10 Jahre später wiederaufgebaut. Die Brücke ist 325 m lang, der Klappbereich 20 m lang. Mehrmals täglich wird die Brücke für Schiffe geöffnet und bleibt dann rund 15 Minuten für den Straßenverkehr gesperrt. Fahrradfahrer dürfen auf den beidseitigen Fahrradwegen bis zur geöffneten Brücke vorfahren.

Durch den Usedomer Winkel

Am jenseitigen Ufer radeln wir nicht auf direktem Weg in die namengebende Stadt Usedom, sondern fahren in den Usedomer Winkel, den südwestlichen Teil von Usedom. Über Zecherin geht es nach **Karnin**. Wer die Radfähre in Kamp bestiegen hat, stößt hier wieder auf die Hauptroute.

Der kleine Hafenort wird dominiert von einem gewaltigen Eisenkonstrukt – den Resten der stillgelegten **Eisenbahnhubbrücke** mitten im Peenestrom. Heute erinnert nur noch ein imposanter Metallkoloss an die 1933 fertig gestellte Brücke. Damals musste man dem erhöhten Zugaufkommen Richtung der Kaiserbäder Rechnung tragen und die hoffnungslos überforderte, von Hand betriebene Drehbrücke von 1875 ersetzen. Das Zugaufkommen war damals beträchtlich: So ratterten 1935 täglich 36 Züge mit einer Geschwindigkeit von bis zu 100 km/h über die neue Hubbrücke. Vor jeder Bahnpassage musste die Brücke abgesenkt und danach wieder gehoben werden, um den Schiffsverkehr nicht zu behindern. Ende April 1945 wurde der Bau von der abziehenden deutschen Wehrmacht teilweise gesprengt. Die wenigen Häuser Karnins gruppieren sich um den Hafen.

Das beschauliche **Mönchow**, wie Karnin gehört es zur Gemeinde Stadt Usedom, lohnt einen kleinen Abstecher. Hier erwartet uns ein hübscher Lotsenturm, ein schönes Kirchhof-Ensemble und ein Mausoleum. Die Dorfkirche aus dem 15. Jh. steht im ummauerten Kirchhof, von dort geht es über die Straße zum gegenüberliegenden Dorffriedhof, der es zu einer gewissen Berühmtheit geschafft hat.

Hier erhebt sich ein neobarockes Mausoleum, das sich 1891 ein Landwirt aus Gneventhin als Familien-Mausoleum errichten ließ – für damals viel Geld: 25.000 Mark.

In Mönchow verlassen wir die Küste und folgen der Beschilderung Richtung Stadt Usedom durch das landwirtschaftlich geprägte Hinterland der Insel. Schon von weitem beherrscht der Turm der mächtigen Usedomer Marienkirche den Horizont. Die Karniner Straße endet schließlich am Wahrzeichen der **Stadt Usedom**, dem **Anklamer Tor** gegenüber der Marienkirche. Das Tor stammt aus der Zeit um 1450 und war Teil der mittelalterlichen Wehranlage. Von den einstmals vier Türmen blieb nur dieser westliche erhalten. Zeitweise diente das Wahrzeichen Usedoms auch als Gefängnis, heute ist hier die Heimatstube untergebracht. Sie zeigt in einer Dauerausstellung den früheren Alltag auf der Insel. Die heutige Kirche ist der zweite Bau an dieser Stelle und stammt aus dem 15. Jh.

Naturpark Insel Usedom

Im restaurierten Bahnhofsgebäude, dem heutigen Klaus-Bahlsen-Haus, ist eine Ausstellung über den 1999 gegründeten Naturpark Usedom zu sehen. Der etwa 600 km² große Naturpark umfasst den deutschen Teil der Insel Usedom, die angrenzenden Festlandgebiete sowie den Peenestrom, das Achterwasser und das Kleine Haff.

Trotz seiner geringen Ausdehnung prägt ihn eine außerordentliche landschaftliche Vielfalt. Im beschaulichen Binnenland mit seinen Dörfern und dem ruhigen Achterwasser wechseln sich Buchen- und Kiefernwälder, Wiesen, Moore und viele Seen ab. Von Schilf gesäumte Boddengewässer, Binnendünen, Feuchtwiesen, Moore und Wälder mit altem Baumbestand begeistern genauso wie die Küste. Die Küstenlinie prägen lange Sandstrände (insgesamt sind es 42 km), weite Dünenbereiche und imposante Steilufer, Salzwiesen folgen auf Strandwall- und Dünenlandschaften. Die Dauerausstellung im Naturparkhaus informiert über die abwechslungsreiche Natur, das Schwerpunktthema ist das Wasser.

Durch das Hinterland der Insel

Die Stadt Usedom verlassen wir im Nordosten, durch ein ausgedehntes Waldgebiet geht es nach **Stolpe**. Der Radweg tangiert den Ort nur im Norden, es lohnt sich aber, zum hervorragend restaurierten Schloss zu fahren. Und auch die Haffküste liegt nur 2 km entfernt. Das Schloss im Stil des Historismus wirkt inmitten des ländlich geprägten Umlands etwas aus der Zeit

Hafen von Kamminke

Schloss Stolpe spiegelt sich im Wasser

gefallen. Ab 2022 kann es nach Sanierungsarbeiten besichtigt werden.

Über die Felder geht es Richtung Dargen. Noch vor dem Ort liegt nördlich der Straße der **Wisentpark Insel Usedom**. Einige der Zuchttiere stammen aus dem Nationalpark auf der Nachbarinsel Wollin. Das Wisent (oder Europäisches Bison) ist das größte und schwerste europäische Landsäugetier. Noch im Mittelalter lebten Wisente auf der Insel Usedom und in der Ueckermünder Heide – 640 Jahre nach ihrer Ausrottung sind sie nun in die Mellenthiner Heide zurückgekehrt.

Vom Wisentgehege ist es nicht mehr weit zum **DDR-Museum Dargen**. Hier werden die DDR-Zeiten nochmals lebendig, denn auf dem Gelände der ehemaligen bäuerlichen Handelsgenossenschaft entstand 1997 durch Eigeninitiative ein Zweiradmuseum. Ehemalige in der DDR produzierte und gehandelte Zweiradfahrzeuge wurden mit großem Engagement restauriert. Nebenbei bietet das Museum mit einer Ausstellung von Konsumgütern und Haushaltsgegenständen einen Einblick in den DDR-Alltag.

Von Dargen geht es durch das winzige Bossin mit kleinem Badestrand am Haff nach **Neverow**. Hier verlässt der Radweg vor dem Gelände des Flughafens Heringsdorf die Küste und führt zum Ortsrand von Zirchow.
Nach einer kleinen Anhöhe rollen wir nach **Garz**, den ältesten und kleinsten Ort der Insel. Auch seine Dorfkirche zählt zu den ganz alten auf der Insel. Die Besonderheit dieser Kirche ist

Kapitel 8: Von Ueckermünde nach Ahlbeck

Gewitter über Ahlbeck

Wissenswertes im Gepäck

Wie alles begann...
Die Kaiserbäder

Der Bäderboom, der zur Gründung der berühmten Seebäder entlang der Ostseeküste führte, hatte seine Geburtsstunde 1817 in Warnemünde bei Rostock. Schon bald entdeckten der pommersche Adel, die Aristokratie und die Berliner Prominenz aus Hochfinanz, Wirtschaft und Kultur die Vorzüge eines Sommeraufenthaltes am Meer. Zunächst wohnte man in den beschaulichen Fischerdörfern, doch schon bald war es „in", sich an der Ostsee seine eigene Villa zu bauen. Während man auf Hiddensee und Fischland-Darß-Zingst allerdings Wert auf die traditionelle Bauweise legte und sich dem landestypischen Baustil anpasste (d. h. ebenfalls ein Häuschen mit Schilfdach baute), wurden auf Usedom in nur wenigen Jahren komplett neue Villenstädte aus dem Boden gestampft.

Mitte des 19. Jh. hatte Swinemünde den Ruf, der internationalste Badeort der Ostseeküste zu sein, Heringsdorf galt als das exklusive Seebad („Nizza der Ostsee"), Ahlbeck etablierte sich als Volks- bzw. Familienbad. Bansin war lange nur Ausflugsziel der Kurgäste, erst Ende des 19. Jh. wurde es als reines Seebad gegründet. Das erklärt auch die einheitliche Bebauung und den freien Ostseeblick auch aus der zweiten Reihe.

Obligatorisch waren die Seepromenade und die **Seebrücke**, dazu gesellten sich Kurhäuser, Theater, Bibliotheken und Villen in prunkvollen Gärten und Parks. In jeder Sommersaison öffneten neue Hotels und Restaurants. Hotels, Pensionen und Badeanstalten entstanden im Stile eben jener Bäderarchitektur, die den Orten noch heute ihr ganz besonderes Gepräge verleiht.

das frei stehende Holzgestell, das die Glocke trägt. In Garz treffen all jene wieder auf den offiziellen Radweg, die über das Haff nach **Kamminke** gefahren sind. Wer noch einmal zur Haffküste will, kann von hier aus in den 3 km entfernten Grenzort fahren, wo ein schmaler Sandstrand zum Baden einlädt.

In Garz ändert der Radweg seine Richtung – nun geht es geradeaus nach Norden, durch Wald, vorbei am kleinen Krebssee (Bademöglichkeit) nach Korswandt. Der Ort hat eine schöne Lage am Ufer des **Wolgastsees.**

Die Ostsee ruft!
Durch dichten Buchenwald folgt ein letzter Anstieg, bevor es hinunter zum Ortseingang von **Ahlbeck** geht. Wenig später erreichen wir die Strandpromenade und halten uns links. Mit der verlockend blauen Ostsee und ihrem Strand zur Rechten und der weiß leuchtenden klassizistischen Bäderarchitektur zur Linken erreichen wir kurz darauf die **historische Seebrücke** und damit das Ziel des Oder-Neiße-Radweges. Ein Sonnenbad am weißen Sandstrand und zur richtigen Jahreszeit ein Bad in der Ostsee sind nach vielen, vielen Kilometern in den Waden mehr als verdient!

Ahlbeck
Beim ersten Blick auf die Seebrücke ist man beeindruckt: 280 m weit ragt der Steg ins Meer hinein – heute wie vor mehr als 120 Jahren. Wahrzeichen der 1898 errichteten Brücke sind die vier markanten Türmchen im Stil der Gründerzeit. Bis heute hat man die ursprüngliche Bausubstanz kaum verändert, lediglich aus Sicherheitsaspekten mussten die Holzpfähle durch Metallträger ersetzt werden. Das Gebäude beherbergt ein Restaurant und die Bar Kogge. Die schöne Jugendstiluhr auf dem Platz vor der Brücke wurde 1911 von einem begeisterten Badegast der Gemeinde vermacht. Ahlbecks Ortsbild wird vor allem im Einzugsbereich der Strandpromenade von der (meist) klassizistischen Bäderarchitektur bestimmt. Die Villen mit ihren luftigen Veranden und Balkonen, Säulen und Giebeln entstammen der Zeit der Jahrhundertwende und sind zumeist in der Farbe Weiß gehalten.

Leuchtend weiße Bäderarchitektur

Kapitel 8: **Von Ueckermünde nach Ahlbeck**

Lohnenswerter Schlenker **50**

Swinemünde/Świnoujście
... das vierte Kaiserbad

In Swinemünde entstand 1825 das erste der vier Kaiserbäder, nach dem Fall der Mauer entwickelte sich Usedom in touristischer Hinsicht schneller als die polnische Schwesterinsel Wolin. Heute schätzen viele die Ruhe und die Ursprünglichkeit der polnischen Nachbarinsel und natürlich die Schönheit des Nationalparks.

Mit den drei deutschen Seebädern Ahlbeck, Heringsdorf und Bansin ist Swinemünde durch die 12 km lange Europapromenade verbunden – sie ist die längste in Europa. Ein schmaler Küstenwaldstreifen trennt die Promenade vom Strand, der sich von hier bis Peenemünde als ununterbrochener weißer Sandstrand über 42 km erstreckt.

Zu den Wahrzeichen von Swinemünde zählt die Mühlenbake auf der Westmole, als Seezeichen wurde sie 1874 erbaut. Über den Kurpark gelangt man ins Stadtzentrum. Gut erhalten sind die preußischen Festungsanlagen, darunter das Westfort, die Engelsburg

und das Ostfort beim Leuchtturm. In allen finden sich Ausstellungen.

Swinemünde wurde Ende des Zweiten Weltkriegs schwer beschädigt. Das historische Stadtzentrum liegt westlich der Swine auf der Usedomer Insel – hier finden sich noch einige wenige Gebäude aus der Zeit vor der Zerstörung. Dazu zählen das **Historische Rathaus** (Museum für Hochseefischerei), die weiß leuchtende **Christus-König-Kirch**e mit einem 3 m langen Votivschiff, die **Maria-Meeresstern-Kirche** und der 67 m hohe **Lutherkirchenturm** (Rest der Lutherkirche, heute Aussichtsturm mit Café).

Auf Wolliner Seite steht östlich der Swine der 64,8 m hohe Leuchtturm, der der höchste an der Ostseeküste ist. Er kann bestiegen werden – nach 308 Stufen bietet sich ein grandioser Blick über Hafen und Stadt und die Ostseeküste. Eindrucksvoll ist die 200 Jahre alte und 1500 m lange Zentralmole mit einer Promenade.

Der Hafen in Swinemünde ist der Vorhafen von Stettin und ein wichtiger polnischer Umschlagplatz und wird außerdem von Kreuzfahrtschiffen und skandinavischen Fähren angefahren.

Länge des Abstechers von Ahlbeck zum Historischen Rathaus von Swinemünde: 6,5 km

Fahrt in die Nachbar-Seebäder
Auf der Strandpromenade weiter nach Nordwesten radelnd, gelangt man in wenigen Minuten in die beiden an Ahlbeck angrenzenden Seebäder.

In **Heringsdorf** lädt das private Muschelmuseum, das Theaterzelt, die Volkssternwarte oder der Kunstpavillon zum Besuch ein.

Im Seeheilbad **Bansin** bietet sich u. a. ein Abstecher zum Tropenhaus (Kleinzoo) und zur Villa Irmgard mit dem Heimatmuseum und der Gedenkstätte für den Schriftsteller Maxim Gorki an. Das H.-W.-Richter-Haus erinnert an den Usedomer Schriftsteller. Das älteste Café auf Usedom ist das Café Asgard, das 1898 aufmachte. Nördlich von Bansin lohnt die Steilküste Langenberg einen Besuch.

In der Gegenrichtung lockt jenseits der Grenze die Hafenstadt **Swinemünde/Świnoujście** 50 mit einem 12 km langen Sandstrand. Die Swine trennt die Stadt, die sich über die Insel Usedom und die Insel Wolin erstreckt. Beide Stadtteile sind durch Fähren verbunden.

Der Oder-Neiße-Radweg

Von der Neiße-Quelle zur Mündung in die Oder und weiter zur Ostsee

Teil 2
Roadbook

Kapitel 1: **Von Nová Ves nach Zittau**

Anreise zur Neißequelle

Mit dem Gebäude des Bahnhofs Lučany nad Nisou im Rücken → links der Straße 29037 etwa 300 m bis zum Abzweig zur Quelle folgen → links zur Quelle **Pramen Nisy.**

Start

❶ **Start** an der **Neißequelle** → zurück zur Landstraße 29037 → links auf der 29037 bergauf nach Süden zur Kreuzung (links Penzion Pohoda) in **Nová Ves** →

❷ schräg links über die Kreuzung und der gelb markierten Radroute 3038 geradeaus nach Osten folgen, am Skilift vorbei, über einen Bach zur nächsten Kreuzung

❶ → links auf die Straße 28730 und in Kurven zur T-Kreuzung → links weiter auf der 28730 bis Horní Černá Studnice

❷ → rechts dem Wegweiser zum **Aussichtsturm auf der Černá Studnice** folgen

weiter auf der Straße bis zur größeren Kreuzung unterhalb der Bergkirche

❸ → links in die Straße 28741 und dem Verlauf der Straße erst ab-, dann aufwärts zum Ortsrand von **Dolní Černá Studnice** folgen

④ vor dem Ortsschild → rechts auf die abwärts führende 2879 und durch Wald bergab zum Ortseingang von **Kokonín** → geradeaus auf die *Krkonošská* → weiter am Ortsrand entlang, über die Kreuzung, weiter auf der *Turistická* nach **Vrkoslavice** → die Vorfahrtsstraße leicht nach links versetzt queren → rechts in die *Kolmá* → links in die *Janáčkova* → in der Linkskurve (Spielplatz) → links der *Sokolovská* (2878) zum Ortsende.

③ Von der *Sokolovská* (2878) → rechts in die *Vrkoslavická* und *Revoluční* → links in die *Na Hranici* → rechts und gleich links in die *Křižová* →

④ → links in die *Na Hranici* → rechts auf *Pražská* → links auf *Revoluční* bis kurz vor die Gleise → rechts auf *Souběžn*

⑤ → links auf *Dlouhá*, die Bahnunterführung nehmen und vor bis zur Hauptstraße *5. května* → links bis zum Kreisverkehr, die zweite Ausfahrt (*U Zeleného stromu*/Route 14) nehmen

⑥ → rechts in die *Kostelní* zur **Kostel svaté Anny** in **Jablonec nad Nisou**.

⑤ Weiter auf der 2878 bergab nach **Dobrá Voda**, durch den Ort in einem Linksbogen und auf der 2878 mit der Markierung 3038 durch den Wald steil bergab nach **Dolní Dobrá Voda**

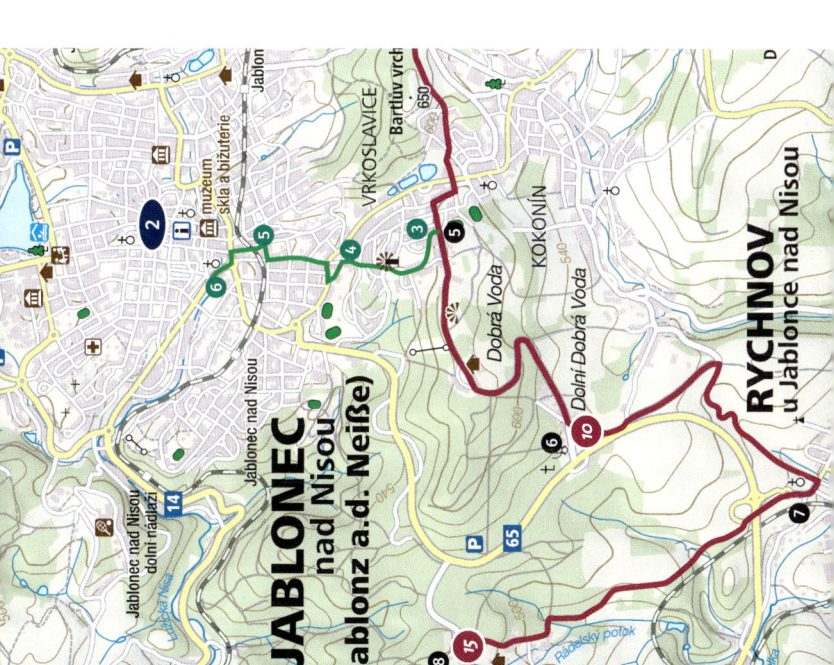

6 nach dem Haus 604 auf der linken Seite den Radwegweisern 3038 folgen → in einen Asphaltweg, nach 150 m → links auf Schotterweg → links und gleich rechts auf Asphalt zu einer T-Kreuzung → rechts auf der *Kostelní bergab* nach **Rychnov u Jablonece nad Nisou**

7 im Ort nach der Kirche → rechts *(Ještědská)* Richtung Liberec, am Kreisverkehr geradeaus (Richtung Turnov), unter der Straßenbrücke (A65) hindurch → danach links auf einen Teerweg (gelbe Markierung) und im Auf und Ab den Wegweisern nach **Rádlo** folgen, zuletzt sehr steil

⑧ an der 1. Kreuzung im Ort *(2876)* → links und gleich → rechts Richtung **Milíře** → geradeaus durch den Ort und der Landstraße *2874* in Kurven bergab folgen
⑨ an der T-Kreuzung → rechts bis zur nächsten Kreuzung
⑩ → links auf der Brücke die Schnellstraße E442 queren und den Radwegschildern 3036 folgen, die Bahnunterführung nehmen, danach → rechts parallel zu den Gleisen vor zur T-Kreuzung am nördlichen Ortseingang von **Jeřmanice** → rechts in die *Rádelská* und ihrem Verlauf nach **Dlouhý Most** folgen → nach dem Linksbogen rechts in die 27814 → den (beschrankten) Bahnübergang nehmen und dem Radweg 14 und 3036 auf der Vorfahrtsstraße *(27814)* durch den Ort folgen, an der Kirche vorbei und leicht bergab aus dem Ort, weiter auf der Straße am Ortsrand von **Šimonovice** entlang.
⑪ Am Ortsausgang von **Šimonovice** beim Elektroladen die Vorfahrtsstraße verlassen → links in die *Preciose* (Radweg 3036) → an der folgenden Kreuzung rechts in die *Minkovická* (Radweg 14), vor zu einer Y-Kreuzung
⑫ → links in die *Puškinova*, nun bergauf → die Bahngleise beim **Bahnhof Pilínko** queren, links am Tennisplatz vorbei und immer dem Verlauf der *Puškinova* und Radwegschildern bis zu einer T-Kreuzung bergauf folgen (auf der anderen Seite eine Kirche), Stadtrand von **Liberec**→

⑦ → links in die Ještědská, an allen Parkplätzen vorbei →
⑧ vor der Talstation rechts der Bergstraße 2784 folgen →
⑨ vor dem großen Parkplatz links abbiegen und der Straße zum **Berghotel Ještěd** folgen

⑬ die Hauptstraße *Dubice* queren → rechts der Straßenbahnschienen auf die *Ještědská*, um die Gaststätte und Kirche herum, nach ca. 100 m → in der Rechtskurve der Straßenbahn markiert nach → links in die *Irkutská*

Kapitel 1: Von Nová Ves nach Zittau

(Sackgasse) und dem Verlauf der Straße bis zum Ortsrand folgen (rechts unten im Tal die Altstadt von Liberec)

10 → rechts in die *Karlinská*, dieser bis zur T-Kreuzung folgen

11 → rechts in die *Švermova*, dieser knapp 2 km folgen, unter der Bahn und unter der Straßenbrücke Richtung Zentrum

12 auf der *Jungmannova* bis zum Kreisverkehr, geradeaus weiter, nach der Kirche dem Linksknick folgen → an der Verzweigung links in die *Truhlářská*

13 nach dem Gefängnis (rechte Seite) → rechts in die *Vraldštejnská* zur

14 Kreuzkirche (Kostel Nalezení svatého Kříže) – Start Altstadtrundgang in Liberec

14 an der Kreuzung geradeaus weiter auf der *Žakovská*, vorbei am Umspannwerk, weiter zu einer Kreuzung, geradeaus weiter in die Sackgasse (Radweg 14), auf dieser vor zu einer T-Kreuzung in **Horní Suchá**

15 → rechts in die *Križanská* und nun immer bergab → unter der Bahnbrücke hindurch, nach der Kirche an der T-Kreuzung links → der *Ostrašovská* folgen, diese geht in die *Svárovská* über, dem Verlauf der Straße folgen, die Straße quert bei einem Werksgelände den Bach, macht eine Linkskurve (der Bach verläuft nun links des Weges) und führt links von einem ausgedehnten Gewerbegebiet zu einem unbeschrankten **Bahnübergang**

16 an der folgenden T-Kreuzung → links steil bergab und gleich nochmals links in die *Heřmánková*, durch die Golfanlage, der *Heřmánková* – rechts ist kurz die Neiße zu sehen – weiter bergab nach **Machnín** folgen →

17 an der Hauptstraße rechts, über die **Neißebrücke** (nach links Radweg 20 und „Hamrštejn" ausgeschildert) → links und auf dem Radweg 20 entlang der Neiße folgen, nach dem letzten Haus auf unbefestigtem Weg weiter durch den Wald (links die Bahnlinie), bergauf und an einem Bahnviadukt vorbei, am Talhang entlang und dann wieder bergab bis zum Abzweig zur Burg Hamrštejn

18 nach der Rechtskurve → den linken Weg Richtung Anděelská Hora, an der Brücke über die Neiße weiter geradeaus Richtung Anděelská Hora

19 über die **Neißebrücke** und vor zur Hauptstraße, dieser vor den Schienen nach rechts folgen und zwischen Bahnlinie und Neiße auf Radweg 21 an **Anděelská Hora vorbei** bis zur nächsten Neißebrücke, den Fluss queren und geradeaus weiter auf der *Andelohorská* durch **Dolní Chastrava**

Kapitel 1: Von **Nová Ves** nach **Zittau**

20 an der T-Kreuzung nach → links Richtung Bahnhof (zum Stadtzentrum rechts in die *Nádražní*) → vor dem Bahnhof rechts, dann links → unter der Bahn hindurch → gleich rechts, nach einer Linkskurve über die Lužicka Nisa (Lausitzer Neiße) → auf der *Barandov* bis zur Bahnunterführung

21 → links und zwischen der Bahnstrecke und der Neiße am südlichen Neißeufer entlang → unter der Autobahnbrücke hindurch nach **Bílý Kostel nad Nisou** → 300 m nach der Autobahnbrücke an einer T-Kreuzung → links (rechts zur Kirche von Bílý Kostel nad Nisou) →

22 vor den Bahngleisen rechts → entlang der Bahntrasse bis zu einer Vorfahrtsstraße (*2711*) → links der Vorfahrtsstraße folgen, am Ortsende links ein Bahnviadukt → geradeaus und unter der Bahnbrücke hindurch, zurück zur Neiße, entlang des linken Neißeufers zum Ortseingang von **Dolní Suchá**

23 der Radweg verlässt die Neiße und folgt der Hauptstraße durch den Ort, weiter auf der 2711 entlang der Neiße zur Neißebrücke nach **Chotyné**.

15 → rechts über die Neißebrücke Richtung Grabštejn → links auf Route 2715

16 → rechts auf 2713 und für 1,4 km der Straße folgen

17 → links vor dem Teich abbiegen und vor zur **Burg Grabštejn**

Burg Grabštejn

Kapitel 1: Von Nová Ves nach Zittau

14 Vor der Neißebrücke ins Ortszentrum von **Chotyně** → links weiter auf der 2711 Richtung Hrádek (Radweg 14), die Straße entfernt sich von der Neiße und führt als *Doninská* zur Neißebrücke in die Altstadt von **Hrádek.**

15 Hier geradeaus an der Neißebrücke vorbei auf der 2717 (*Hartavská*) durch **Hrádek,**

16 bei der Weggabelung → rechts

17 vor dem Gasthaus Nostalgie → rechts in die *Lidická*, die

18 → links zum

19 **Tagebausee Kristýna**

20 kurz vor dem Restaurant Nostalgie → links auf den *Wanderweg* (für Radfahrer freigegeben), der zum kleinen **Grenzübergang nach Deutschland** führt → weiter geradeaus, nun dem Symbol des Oder-Neiße-Radwegs folgen

21 Vom **Grenzübergang Hartau** → links am Parkplatz vorbei der Straße nach Westen folgen → am Dorfplatz rechts in die *Zufahrtsstraße zur Deponie*, die *Obere Dorfstraße* queren, geradeaus in die Straße *An den Brüchen* → gleich links auf einen Wirtschaftsweg und diesem für 1,1 km folgen und auf der Straße *An der Roten Höhe* vor zur Vorfahrtsstraße in **Eichgraben** →

22 → links in die *Lückendorfer Straße* → nach 300 m rechts in den *Forstweg*, diesem folgen: Spitzkehre nach links, an der T-Kreuzung rechts, dann links → *der Forstweg* geht in den *Olbersdorfer Flügelweg* über → durch Wald immer dem Verlauf des *Flügelwegs* folgen, nach 600 m an einer Weggabelung rechts halten →

23 nach 1,1 km nach dem Wasserweg links auf den *Biersteig* diesem für 1,3 km folgen → am **Parkplatz Teufelsmühle** über den Goldbach →

24 → links in die *Friedrich-Engels-Straße* und auf dieser nach **Oybin**

25 nach der Rechtskurve die Vorfahrtsstraße queren und auf der *Hauptstraße* zur **Touristeninformation Oybin**. Ab hier zu Fuß zur

26 **Bergkirche** und zur **Klosterruine.**

28 Ab dem **Grenzübergang** auf der *Unteren Dorfstraße* ins Zentrum von **Hartau**. Kurz vor der Alten Schule Hartau (Umgebindehaus) → rechts in die gepflasterte *Hohle Gasse*, leicht bergab in die Neißeniederung zum **Dreiländereck (Obelisk).**

29 An der Weggabelung → rechts auf dem Radweg zur Neiße und entlang des Flusses bis zur Kleingartenanlage in **Zittau.**

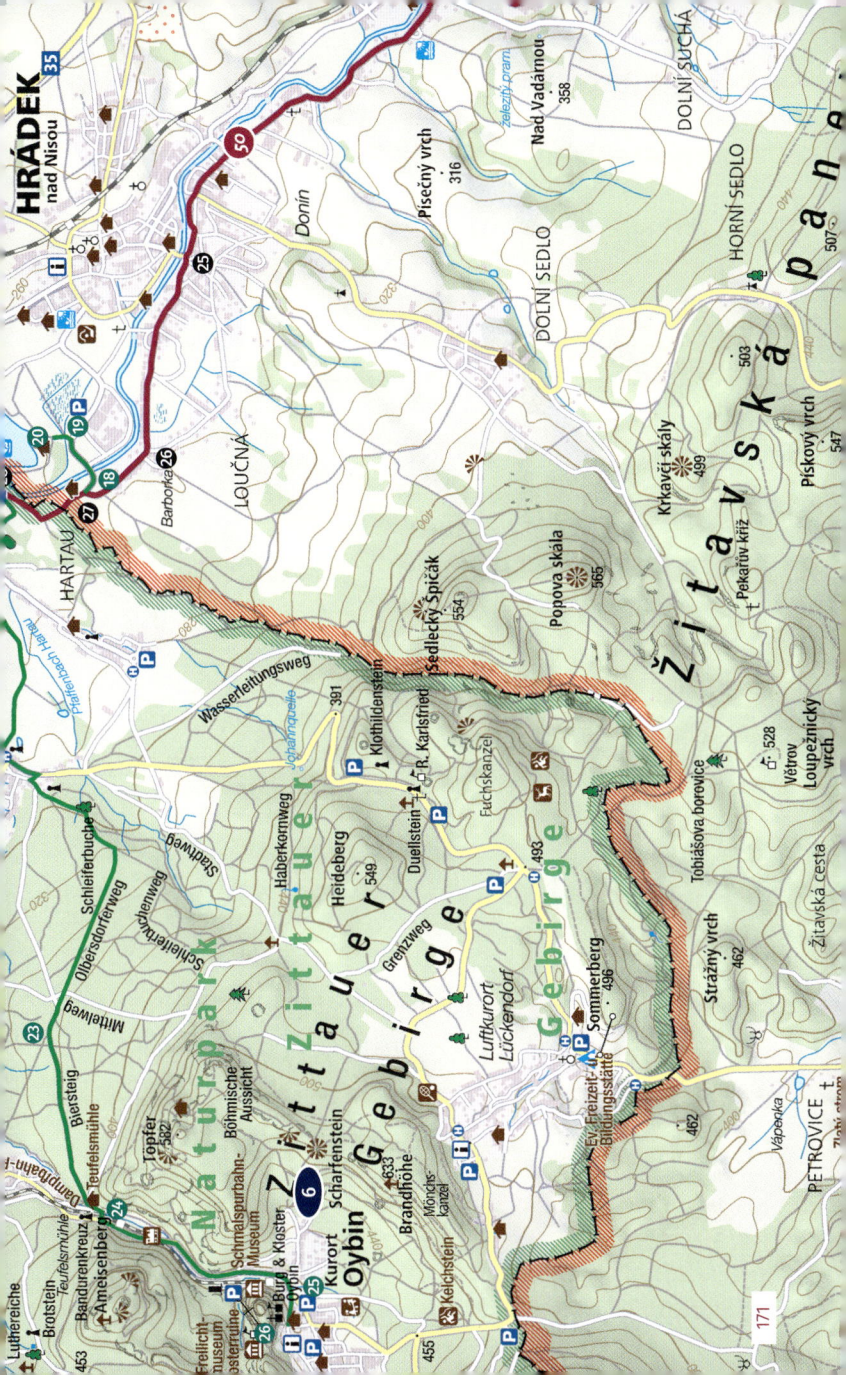

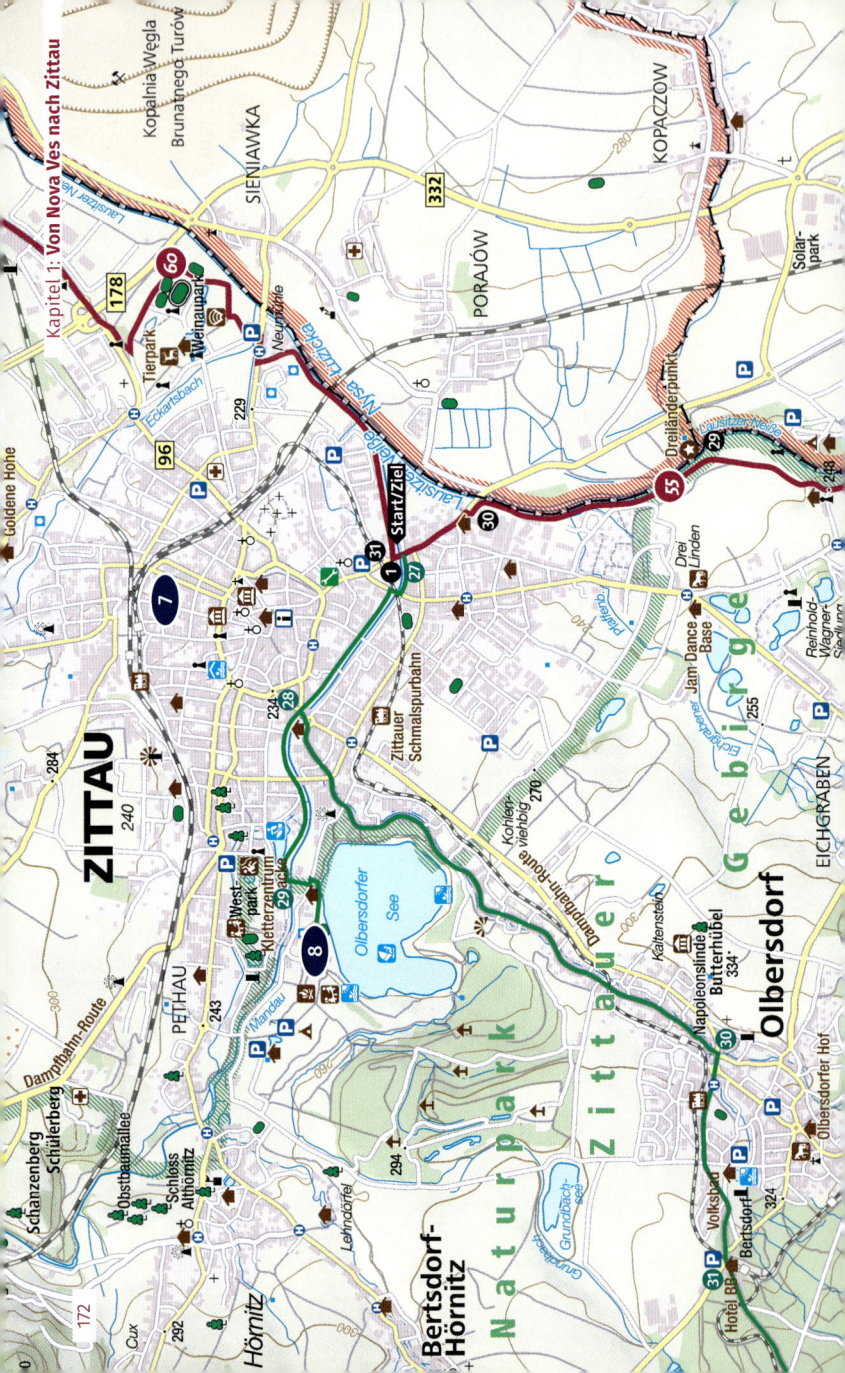

㉖ Vor der **Grenzbrücke** → links entlang der Kleingartenanlage → die *Friedensstraße* queren, weiter entlang des Neißeufers auf gepflastertem Weg, nach 300 m → links in den Lusatiaweg und wieder links auf der Schliebenstraße und entlang des Mandauufers zur **Brücke über die Mandau** → rechts über die Brücke ans **Nordufer der Mandau/ZIEL.**

Geradeaus auf der Friedensstraße erreicht man nach 2,5 km die **Altstadt von Zittau.**

㉗ vor der **Mandaubrücke** → links in die *Schliebenstraße* → rechts in die *Südstraße* und gleich → links auf die *Straße Külzufer*

㉘ die *Äußere Oybiner Straße* queren und geradeaus weiter am **Mandauufer** entlang → die *Goldbachstraße* queren und weiter geradeaus auf der *Pescheckstraße*

㉙ nach Passieren des Hydraulikwerks → links zum Hotel Haus am See, links um das Hotel herum zum Seeuferweg → rechts und gleich links zum Ufer des **Olbersdorfer See**

㉚ → links über die **Mandaubrücke** → im Kreisel rechts in die *Äußere Oybiner Straße*, im weiteren Verlauf *August-Bebel-Straße*, dem Straßenverlauf bis zur Einmündung in die *Julius-Ringhe-Straße* in **Olbersdorf** folgen

㉛ → rechts vor zum **Kreisverkehr**, geradeaus weiter auf der *Jonsdorfer Straße* bis **Bertsdorf** →

㉜ die Bahngleise queren und geradeaus weiter auf der Straße *Am Bahnhof Bertsdorf*, dann *Jonsdorfer Straße*, durch Wald bis zu den ersten Häusern von **Jonsdorf**

㉝ dort → leicht rechts auf die *Zittauer Straße* durch den Ort bis zur Kreuzung bei der **Pension Zum Bahnel** (links) → rechts in die Straße *Auf der Heide*, dem Straßenverlauf bis zum **Hotel Dammschenke** folgen

㉞ geradeaus weiter auf der *Großschönauer Straße* bis zum

㉟ **Wanderparkplatz Jonsdorfer Felsenstadt** bei der Ausflugsgaststätte Gondelfahrt.

Kapitel 2: **Von Zittau nach Rothenburg/Oberlausitz**

Start

❶ Start in **Zittau** auf der Nordseite der **Mandaubrücke** → am linken Mandauufer zur Einmündung in die Neiße, unter Neißeviadukt hindurch → nach Klärwerk links in *An der Neumühle* → rechts in *Chopinstraße* → gleich links den Abzweig nehmen, nach der Bach-Brücke → rechts der Beschilderung durch den Weinaupark folgen, am Weinaustadion vorbei → vor der B99 (*Görlitzerstraße*) rechts → Radweg verläuft 7 km parallel zur B 99 nach Hirschfelde.

❷ In **Hirschfelde** am Gewerbegebiet vorbei in den Ort → links in die *Komturgasse* → links in die *Straße der Jugend* (an der Kirche vorbei) → rechts in die Dr.-Külz-Straße, nach 30 m → links auf den Radweg neben B 99 → an der Fußgängerampel rechts in *Flachspinnereistraße* Richtung Marienthal/Ostritz nach **Hirschfelde-Rosenthal** → links am Parkplatz vorbei auf dem Neißetalweg (Sackgasse) zum Fluss, durch schattigen Wald und befestigtem Weg am linken Neißeufer entlang rund 7 km die Flussschleifen ausfahrend zum **Kloster Marienthal,** durch das Klostergelände zum Klosterhoftor.

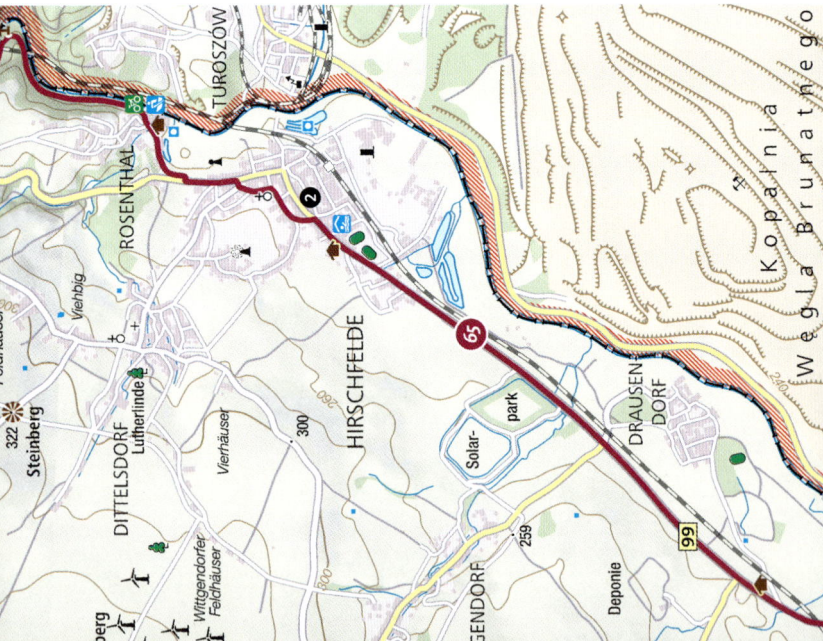

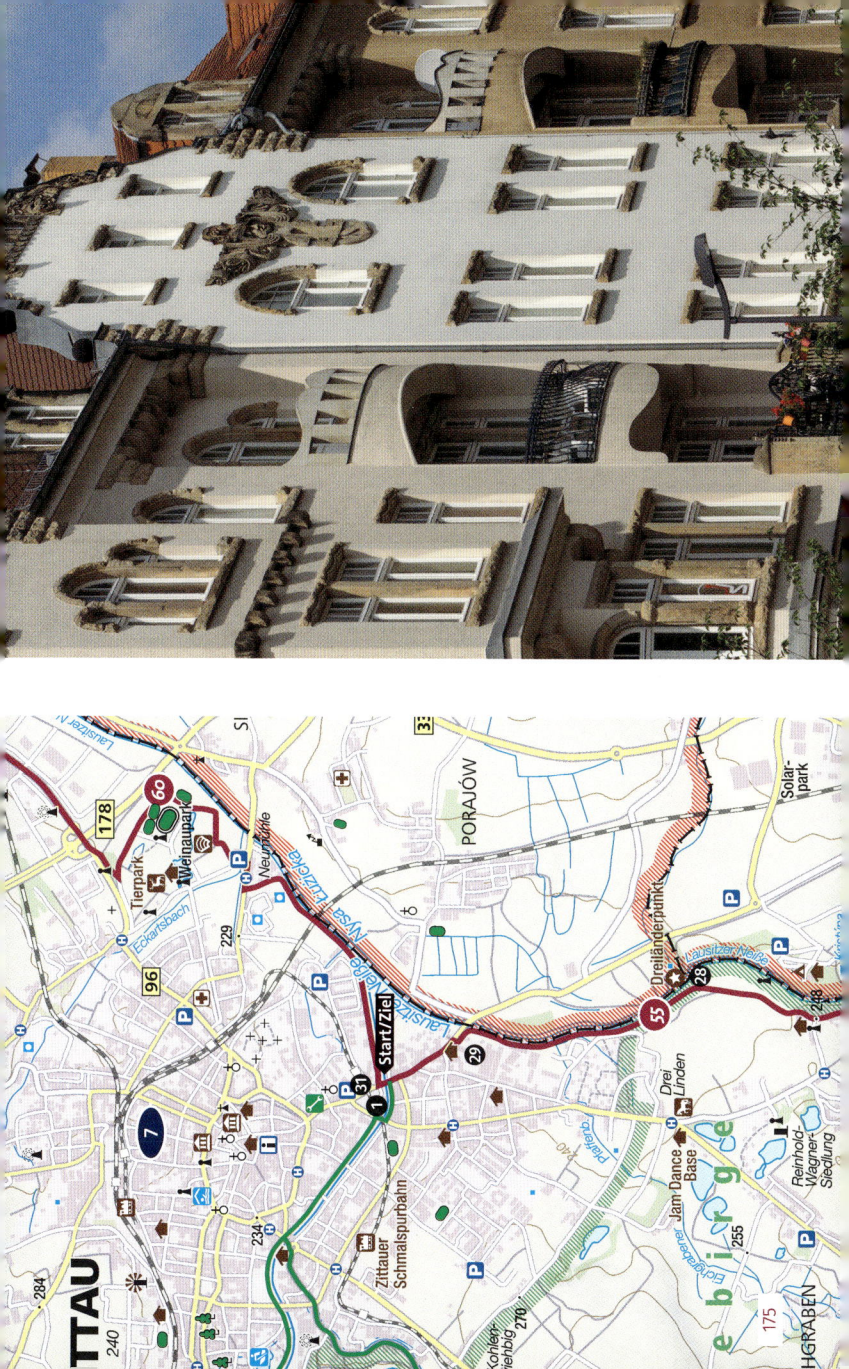

Kapitel 2: Von Zittau nach Rothenburg/Oberlausitz

3 Nach dem Tor geradeaus auf der *Klosterstraße*, dann links-rechts in die *Julius-Rolle-Straße* zum Marktplatz von **Ostritz** → links um den Platz herum und geradeaus weiter auf der *V.-Schmitt-Straße* → links in die *Bahnhofstraße* → rechts in die *Heinrich-Kretschmer-Straße*, weiter durch die Neißeniederung auf dem *Schönfelder Weg* zur B99, der Radweg verläuft neben der B99.

4 Am Ortseingang von **Leuba** rechts auf dem Radweg an Leuba vorbei, zwei Brücken über den Mühlgraben queren, weiter geradeaus → links zurück zur B 99, rechts auf straßenbegleitenden Radweg, nach dem **Wasserwerk Leuba** → rechts auf Wirtschaftsweg (*An der Alten F99*), abbiegen auf den Radweg → unbeschrankter Bahnübergang → zwischen zwei Seen und am Freibad Hagenwerder vorbei, Linksbogen → rechts ab, am Kiessandtagebau Hagenwerder entlang auf *An der Alten F 99* zur Kreuzung Radmeritzer Straße

1 → rechts in die *Radmeritzer Straße* → Neißebrücke/Grenzübergang → rechts Zufahrtsstraße zum **Weltadeligen Evangelischen Fräuleinstift Joachimstein**.

5 die *Radmeritzer Straße* queren → nach dem Sportzentrum rechts der Beschilderung nach **Hagenwerder,** einem Stadtteil von Görlitz, folgen

Kloster Marienthal

Kapitel 2: **Von Zittau nach Rothenburg/Oberlausitz**

2 Noch vor der Pließnitz und vor einem Gebäude → links zur B99 → rechts vor zum Kreisverkehr → links in die *Berzdorfer Straße*

3 nach der Bahnlinie rechts zum **Schaufelradbagger,** dann zurück zur *Berzdorfer Straße* → rechts weiter auf der *Berzdorfer Straße*

4 → rechts in die Straße *Am Wasserschloss* → rechts auf einen Radweg zum **Berzdorfer See.**

6 → links über die Pließnitz-Brücke. Nach der Pließnitzbrücke geradeaus in die *Karl-Marx-Straße* → rechts in die *August-Bebel-Straße* → links in die Straße *der Freundschaft* → rechts in die *Thomas-Müntzer-Straße* → links in die *Friedensstraße*, vorbei an einer Kleingartensiedlung → rechts auf den asphaltierten Radweg, diesem nach Norden bis **Görlitz-Weinhübel** folgen, zuletzt parallel zur *Zittauer Straße.*

7 Von der *Zittauer Straße* rechts in die *Posottendorfer Straße* → links in die *Seidenberger Straße* → diese queren und rechts in die Straße *An den Neißewiesen* → vor dem Wasserwerk links in *Am Wasserwerk* → rechts kurz auf der *Zittauer Straße* zur Kreuzung → dort rechts und gleich links auf der Straße *Am Wasserwerk*, am Stadion vorbei → rechts, ein Linksbogen und weiter am linken Ufer des Feldmühlgrabens und später der Neiße zum Bahnviadukt → unter der Brücke hindurch zum **Brauhaus Obermühle** in Görlitz → an einer Weggabelung links hinauf zur *Dr.-Kahlbaum-Allee.*

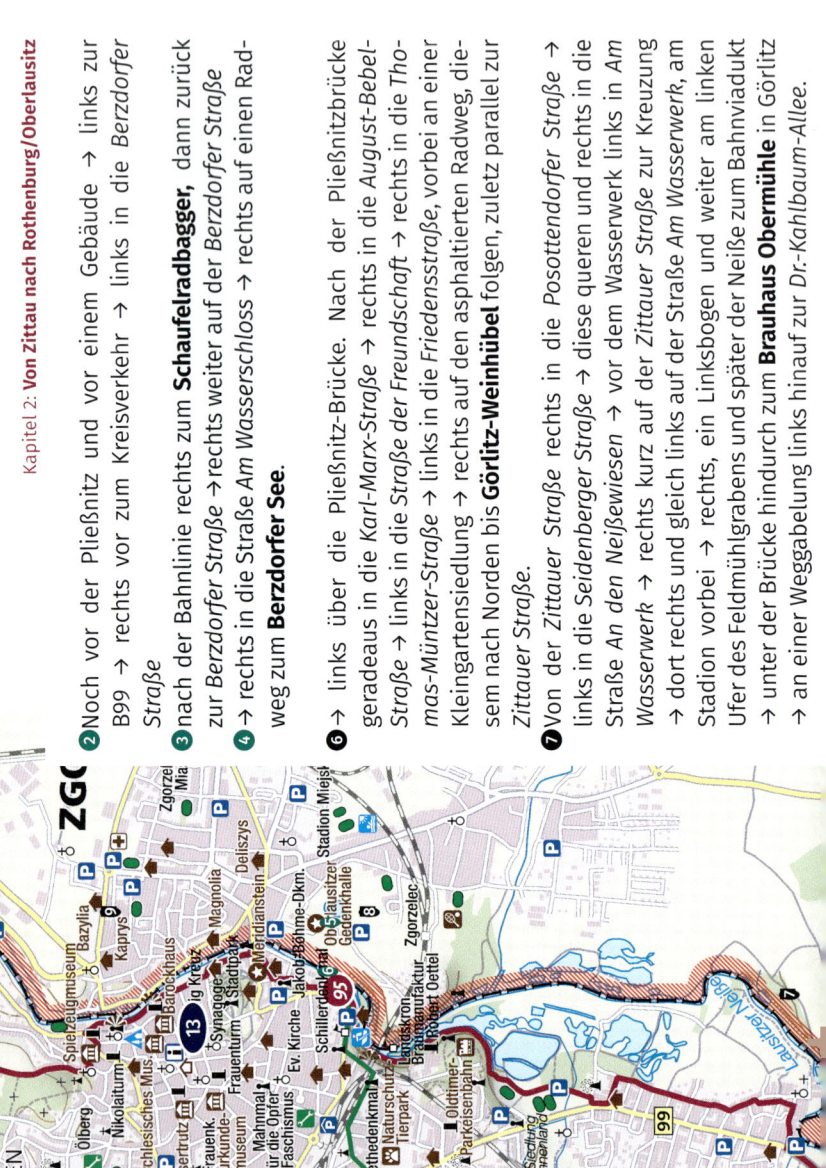

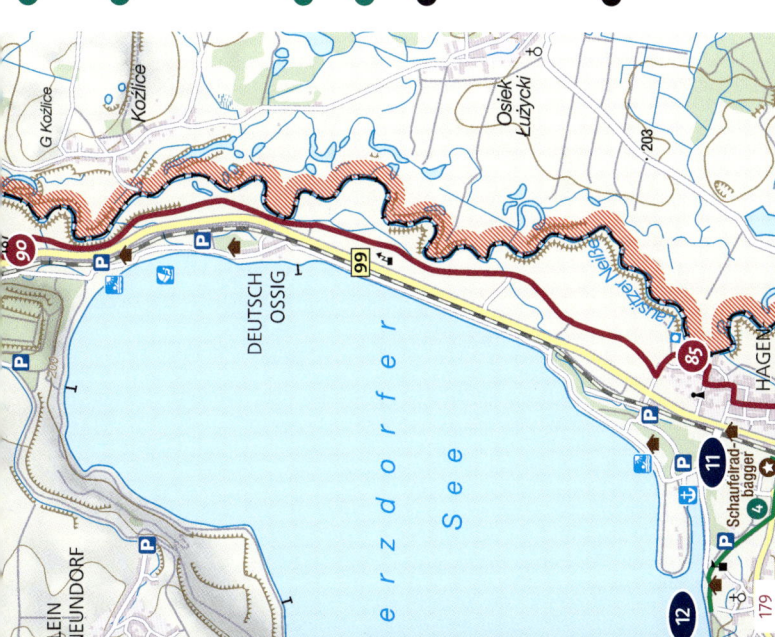

5 An der *Dr.-Kahlbaum-Allee* links, nach dem Rechtsbogen → links in die *Blockhausstraße* → rechts in die *Sattigstraße*, der Bahnlinie folgen

6 beim Verkehrsgarten der *Sattigstraße* nach links zur Heilig-Geist-Kirche → rechts in die *Zittauer Straße* und gleich links in die *Biesnitzer Straße* → immer der Straße folgen, weiter auf *Promenadenstraße* bis zur **Straßenbahnhaltestelle Biesnitz/Landeskrone,** die *Promenadenstraße* geht in die *Aufgangstraße* über

7 an der *Schönbergstraße* → links und gleich → rechts in den *Pffaffendorfer Weg*.

8 Ab hier zu Fuß hinauf zur **Görlitzer Landeskrone**.

8 → rechts auf einem Radweg entlang der *Dr.-Kahlbaum-Allee* vor zur Kreuzung → rechts auf der *Brückenstraße* bis zur Schule → rechts in die *Furtstraße*, unter der Straßenbrücke (Grenzbrücke) hindurch und auf der *Uferstraße* bis zur Altstadtbrücke. Links geht es in die **Altstadt von Görlitz**, über die Altstadtbrücke kommt man in die Altstadt von **Zgorzelec.**

9 Von der **Altstadtbrücke** geradeaus auf der *Hotherstraße* an der Vierradenmühle vorbei bis zu ihrem Ende → rechts in die Straße *Am Hirschwinkel*, nach 20 m → links in die *Große Wallstraße* bis zur Nikolaikirche → rechts in die *Finstertorstraße*, durch das Finstertor und danach links in den *Ziegeleiweg* und bergauf auf die Höhe.

Kapitel 2: **Von Zittau nach Rothenburg/Oberlausitz**

⑩ Oben geradeaus weiter, die *Schlesische Straße* und später die *Birkenallee* queren – wir sind nun in **Klingewalde** → geradeaus auf der Straße *An der Alten Ziegelei* weiter bis zum Ziegeleiteich und einer T-Kreuzung →

⑪ links in die *Dorfstraße* → nach 200 m rechts auf einen ungefestigten Wirtschaftsweg, leicht bergan, dann bergab zur A4, vor dieser → rechts parallel zur Autobahnunterführung → links durch die Unterführung in den *Kirchsteg* → rechts in den *Schäferweg* vor zur *Rothenburger Landstraße* → links durch **Ludwigsdorf** auf einer vielbefahrenen Landstraße.

⑫ Beim Feuerwehrhaus → rechts in die *Neißetalstraße*, dem Straßenverlauf folgen, vorbei an der **Kunstmühle Ludwigsdorf**, weiter der *Neißetalstraße* folgen. Nach der Dorfkirche am *Platz der Einheit* rechts auf den Radweg zur Neiße. Entlang der Neiße nach **Zodel**.

⑬ In **Zodel** nach den ersten Häusern links in die *Dorfstraße*, an der Dorfkirche vorbei vor zur Hauptstraße (*Dorfstraße*) → rechts in die *Dorfstraße* und nach Norden

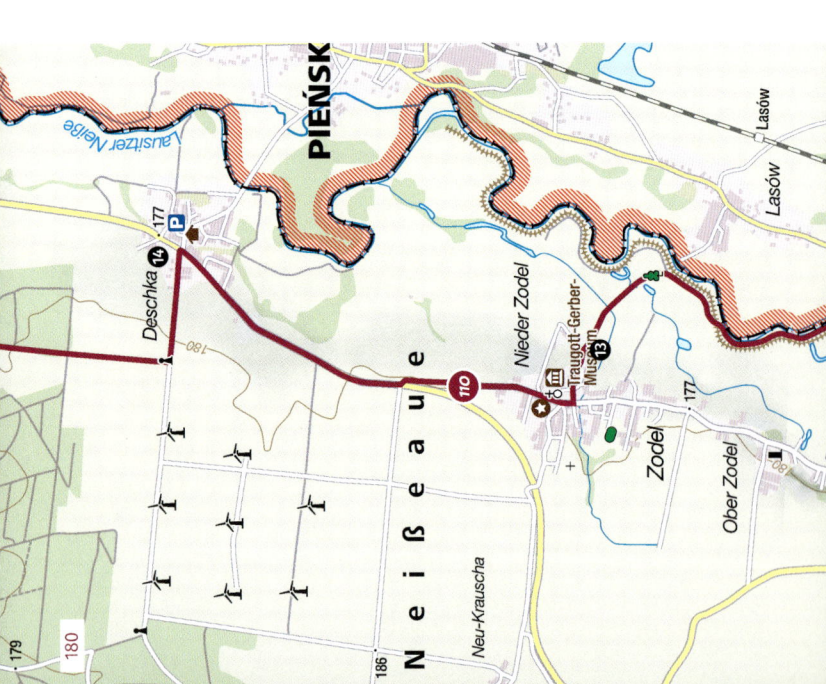

den Ort verlassen. Parallel zur Landstraße den Radwegweisern folgend nach **Deschka**

⑭ im Ort → links in die *Auenstraße* → nach 600 m und noch vor den Windrädern → rechts auf einen Asphaltweg, die Brücke über die Eisenbahn nehmen und geradeaus weiter durch den Wald → bei einem Rastplatz → rechts vor zur Landstraße (*Zentendorfer Straße*) → links abbiegen

Kapitel 2: **Von Zittau nach Rothenburg/Oberlausitz**

und → rechts das Gelände der **Geheimen Welt von Turisede** passieren.

⑮ Nach einer Rechtskurve am Eingang von **Kahlemeile** → rechts und gleich links entlang der Häuser zur *Görlitzer Landstraße*, nach 100 m → rechts steil bergab zur Neiße. Dem Radweg Richtung **Nieder-Neundorf** folgen → nach der ehemaligen Papierfabrik → links in den *Fabrikweg*, die *Görlitzer Landstraße* queren und links nach Südwesten in die Straße *Viebicht* → im spitzen Winkel rechts in die Straße *Am Taubenhübel*, am westlichen Ortsrand entlang, bei den letzten Häusern → links zur *Görlitzer Landstraße*, links und gleich rechts in den Radweg zur Neiße. Kurvenreich durch die Neißeauen zur T-Kreuzung *Tormerdorfer Allee* (links geht es zum Neiße-Camp)

⑯ → rechts halten und dem Radweg weiter durch die Auen Ortsanfang von Rothenburg/Oberlausitz

⑰ den Neißedamm überschreiten und an der Kreuzung geradeaus bergauf in die *Mühlgasse*, nach einem Linksbogen → rechts in die *Badergasse* zum

⑱ *Marktplatz* von **Rothenburg/Oberlausitz (Ziel)**.

Kapitel 3: **Von Rothenburg/Oberlausitz nach Guben**

Start

❶ Start in **Rothenburg/Oberlausitz** am Nordende des *Marktplatzes* in die *Priebuser Straße* → rechts in die Vorfahrtsstraße *S127 (Noeser Straße)* Richtung Bad Muskau und auf dem straßenbegleitenden Radweg zum Flugplatz Rothenburg/Görlitz folgen →

1 Nach der Hochschule der Sächsischen Polizei links zum **Luftfahrttechnischen Museum** abzweigen (500 m)

geradeaus weiter auf der Vorfahrtsstraße *(Friedensstraße)* bis **Lodenau.**

Kapitel 3: Von Rothenburg/Oberlausitz nach Guben

② In **Lodenau** rechts auf die *Neusorger Landstraße* bis **Neusorge** → rechts in die *Dorfstraße* und auf dieser nach **Spreeaufwurf** → im Ort links in die *Dorfstraße* nach **Niederspree**

③ nach den Teichen → rechts zum **Schloss Niederspree.**

② In **Lodenau** 500 m nach den letzten Häusern → rechts dem Radweg zur Neiße folgen (unterwegs Rastbank mit Infotafel zum Biosphärenreservat) und am Fluss entlang nach **Steinbach**. Am Ortsanfang auf Höhe der Landstraße → rechts ab und auf der *Steinbacher Straße* durch den Ort, am Ortsende → rechts in Richtung Schießplatz, aber noch vorher links → geradeaus auf dem Radweg durch den Wald ordentlich ansteigend und kurvenreich bis **Klein Pribus**

③ → auf dem *Steinbacher Weg* in den Ort → beim Biergarten rechts und gleich links in die Straße *Am Damm*, erst rechts entlang des Flusses, dann wieder nach links weg vom Wasser. Der Radweg mündet in die *Podroscher Straße* ein → rechts in die *Priebuser Straße*, nach einem Linksbogen weiter dem Straßenverlauf der *Priebuser Straße* nach **Podrosche** folgen

④ → beim Abzweig nach Polen geradeaus weiter auf der *Priebuser Straße* aus dem Ort. Am Ortsende → rechts auf dem dem asphaltierten Radweg nach **Werdeck.**

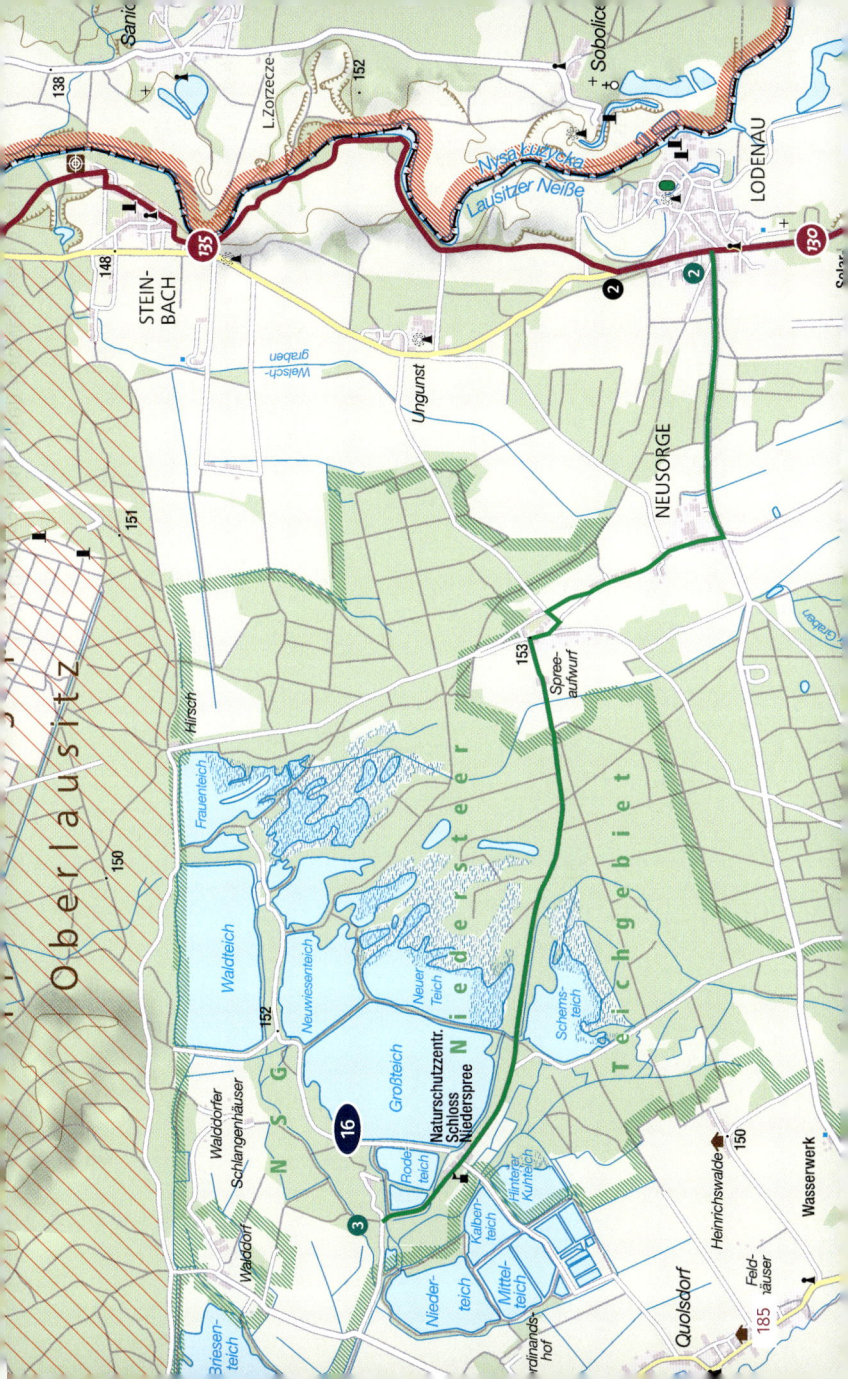

Kapitel 3: Von Rothenburg/Oberlausitz nach Guben

5 Dort → rechts in die Straße Königshügel Richtung Pechern bergab, dann zu einer Schutzhütte an der Neiße → links weiter auf dem Radweg nach Pechern.

6 Nach einem Rastplatz → links und auf der Straße *Wasserwerk* am **Wasserwerk Pechern** vorbei → rechts auf die *Dorfstraße* und auf dieser durch **Pechern** zur Dorflinde und Dorfkirche. Auf der *Dorfstraße* weiter, den Ort verlassen, an einer Weggabelung → links halten und auf dem Radweg nach **Skerbersdorf**, nach dem Sportplatz und Schwimmbad → links, dann rechts in die *Lindenstraße* zur Kreuzung mit der *Mittelstraße* → rechts in die *Mittelstraße* und am Ortsende leicht rechts auf den Radweg.

7 Diesem vorbei an einer Hütte bis zum *Bienengartenweg* folgen → rechts in den *Bienengartenweg* und bei den Häusern → links und der Beschilderung folgend durch den Wald zur Kiesgrube.

8 Nach der Sandgrube links in den *Lerchenweg* und nach **Sagar**. Vor der Vorfahrtsstraße nach rechts, dann links, über den Mühlgraben. Nach der Brücke → rechts zur Straße *Unterdorf* → rechts und dem Straßenverlauf durch den Ort folgen.

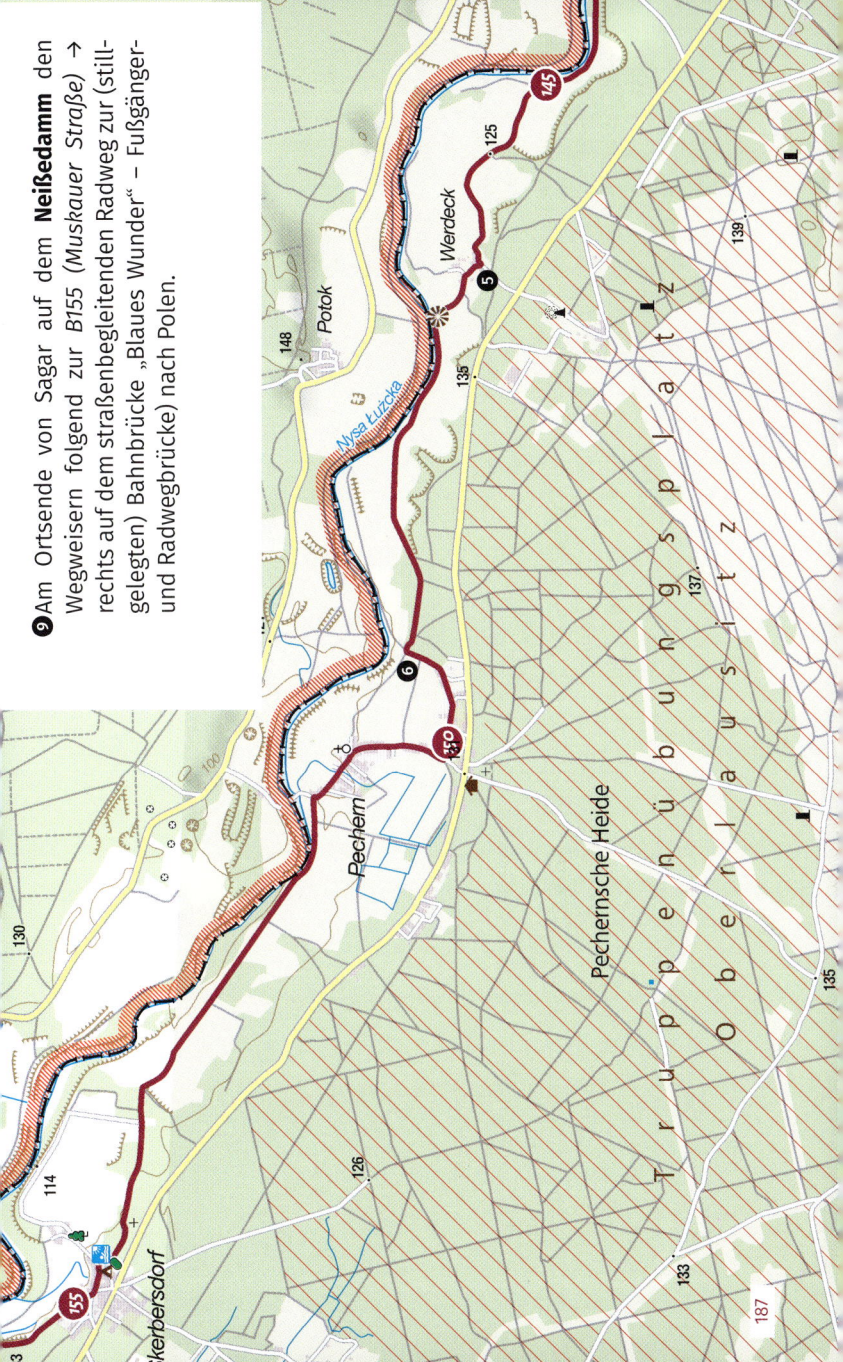

9 Am Ortsende von Sagar auf dem **Neißedamm** den Wegweisern folgend zur *B155 (Muskauer Straße)* → rechts auf dem straßenbegleitenden Radweg zur (stillgelegten) Bahnbrücke „Blaues Wunder" – Fußgänger- und Radwegbrücke) nach Polen.

Kapitel 3: Von Rothenburg/Oberlausitz nach Guben

4 → links auf Höhe der **Bushaltestelle „Bad Muskau/Bahnbrücke"** die Auffahrt zur Bahnbrücke nehmen → geradeaus vor zur Kreuzung → rechts auf *Wojska Polskiego* → links in die *Wolności* → links in die *Tadeusza Kościuszki* → nach 160 m rechts ab und dem Straßenverlauf für 550 m zur Leśna folgen → links und gleich rechts zum Parkplatz und Startpunkt des **Geopfads Grube Barbina.**

5 Nach der Fußgänger- und Radwegbrücke links auf die B155 (*Görlitzer Straße*) und auf dieser bis zum

6 Gasthof Zur Linde in Krauschwitz (**Startpunkt Geopfad**).

→ Unter der Fußgänger- und Radwegbrücke hindurch, kurz geradeaus und

10 an der folgenden Kreuzung → rechts auf den *Neißedamm*. Auf Höhe der Postbrücke (nach Polen) befindet sich der Südeingang zum Fürst-Pückler-Park

7 Von der *Görlitzer Straße* rechts Richtung Postbrücke → links in den **Fürst-Pückler-Park**, am Neißeufer entlang → an der Orangerie vorbei zur Doppelbrücke, geradeaus weiter, immer rechts halten

8 an der Englischen Brücke vorbei, über die Hermannsneiße → rechts zurück zum *Uferweg*

11 links in die *Clara-Zetkin-Straße* → rechts in die *Kirchstraße* zum Markt in **Bad Muskau**, geradeaus weiter auf der *Berliner Straße* zum *Maßmannplatz*.

9 links ab in die *Gablenzer Straße* → geradeaus über den Kreisverkehr → weiter auf *Muskauer Weg* nach **Gablenz** → weiter auf *Dorfstraße*, nach dem Linksbogen → rechts in die *Spremberger Straße*, später *Halbendorfer Straße* zum Parkplatz des **Rhododendronparks Kromlau**.

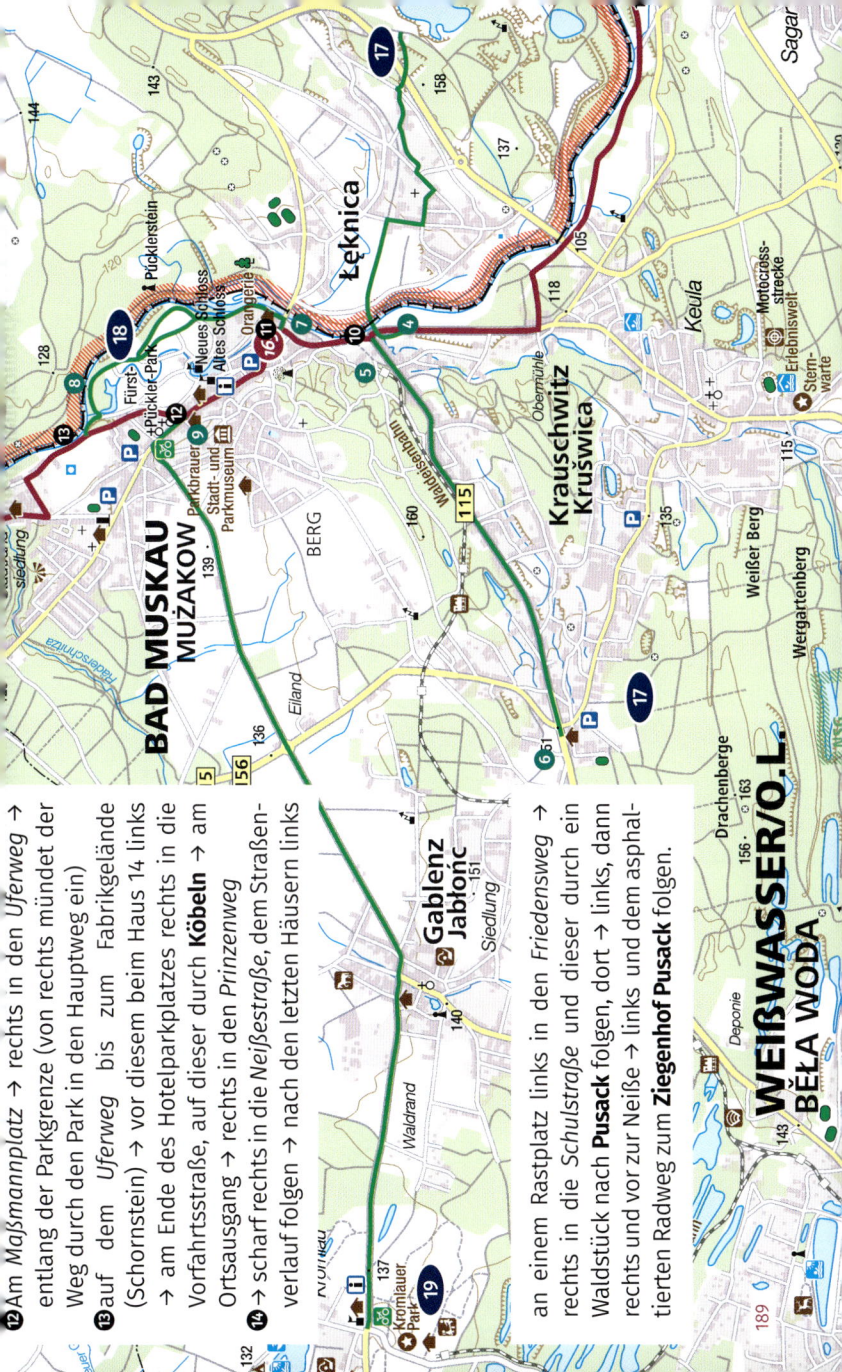

⑫ Am *Maßmannplatz* → rechts in den *Uferweg* → entlang der Parkgrenze (von rechts mündet der Weg durch den Park in den Hauptweg ein)

⑬ auf dem *Uferweg* bis zum Fabrikgelände (Schornstein) → vor diesem beim Haus 14 links → am Ende des Hotelparkplatzes rechts in die Vorfahrtsstraße, auf dieser durch **Köbeln** → am Ortsausgang → rechts in den *Prinzenweg*

⑭ scharf rechts in die *Neißestraße*, dem Straßenverlauf folgen → nach den letzten Häusern links

an einem Rastplatz links in den *Friedensweg* → rechts in die *Schulstraße* und dieser durch ein Waldstück nach **Pusack** folgen, dort → links, dann rechts und vor zur Neiße → links und dem asphaltierten Radweg zum **Ziegenhof Pusack** folgen.

Kapitel 3: **Von Rothenburg/Oberlausitz nach Guben**

⑩ links ab und geradeaus nach **Jerischke** zum Infopavillon **Muskauer Faltenbogen.**

⑮ Am Abzweig nach Jerischke geradeaus auf dem Radweg nach **Zels** → beim Imbis Zum Alten Zollhaus → rechts und vor der Brücke links, parallel zur Neiße nach **Bahren**, am Rastplatz → rechts entlang der Häuser, dann scharf links und weiter geradeaus auf der Dammkrone bis zur Autobahn A15 → vom Damm herunter nach links zur Unterführung, danach geradeaus nach **Klein Bademeusel** → beim alten Feuerwehrhaus rechts in die *Kleinbademeuseler Straße* → am Rastplatz links und auf dem Dammkronenweg 4 km bis **Groß Bademeusel.**

⑯ Am Ort vorbei durch eine parkähnliche Auenlandschaft und schließlich einer Kastanien- und Eichenallee nach **Forst (Lausitz).**

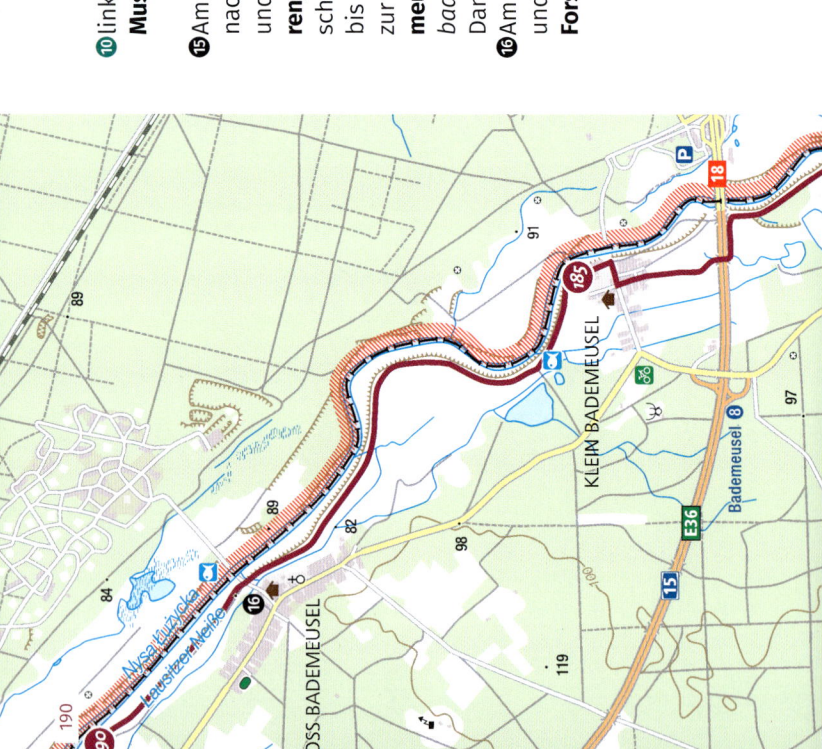

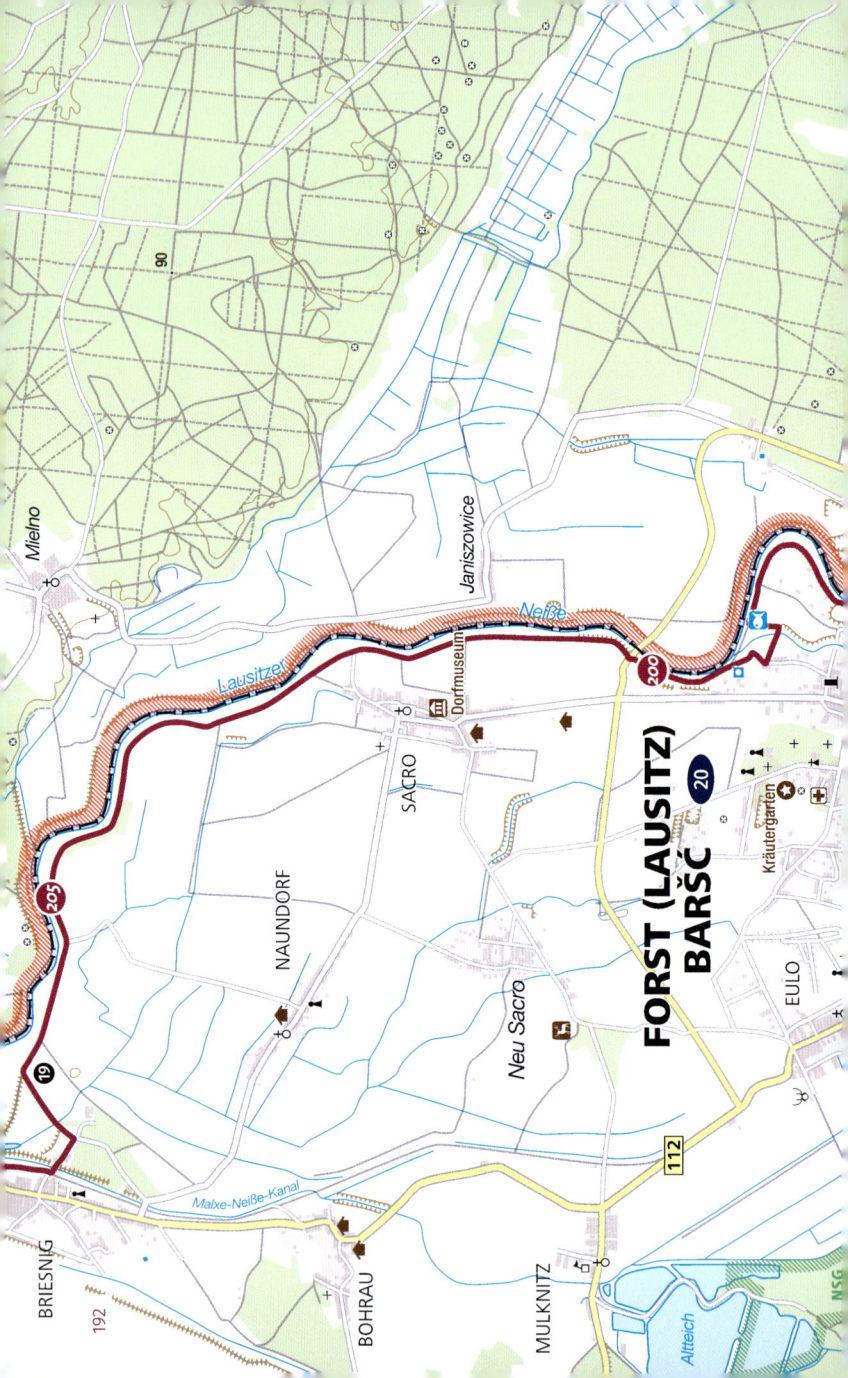

Kapitel 3: **Von Rothenburg/Oberlausitz nach Guben**

17 Am Ortseingang von **Forst (Lausitz)** am Parkplatz des **Ostdeutschen Rosengartens** → rechts in die *Wehrinselstraße* (Eingang mit Fahrradabstellboxen), dieser an der westlichen Parkgrenze entlang nach Norden folgen; am halbrunden Platz → rechts in die *Paul-Högelheimer Straße* → links in den *Kegeldamm* zur Neiße und dem Flussufer nach Norden folgen, unter der Bahn hindurch und weiter auf dem Kegeldamm zum Gutenbergplatz mit den Brückenresten.

18 Auf dem Neiße-Radweg weitere 2 km flussabwärts → nach einem Linksbogen → links zur Brücke über den **Mühlgraben**, an der T-Kreuzung → rechts auf einem Wirtschaftsweg rechts an der Kläranlage vorbei, am Fluss entlang unter der Grenzbrücke **Lusatian Neiße Brücke** hindurch und auf dem *Deichweg* nach **Sacro**.

19 Nach dem **Knotenpunkt 35** den Deichweg Richtung Briesnig nach → links verlassen → rechts in die *Turnergasse*, über den **Malxe-Neiße-Kanal**

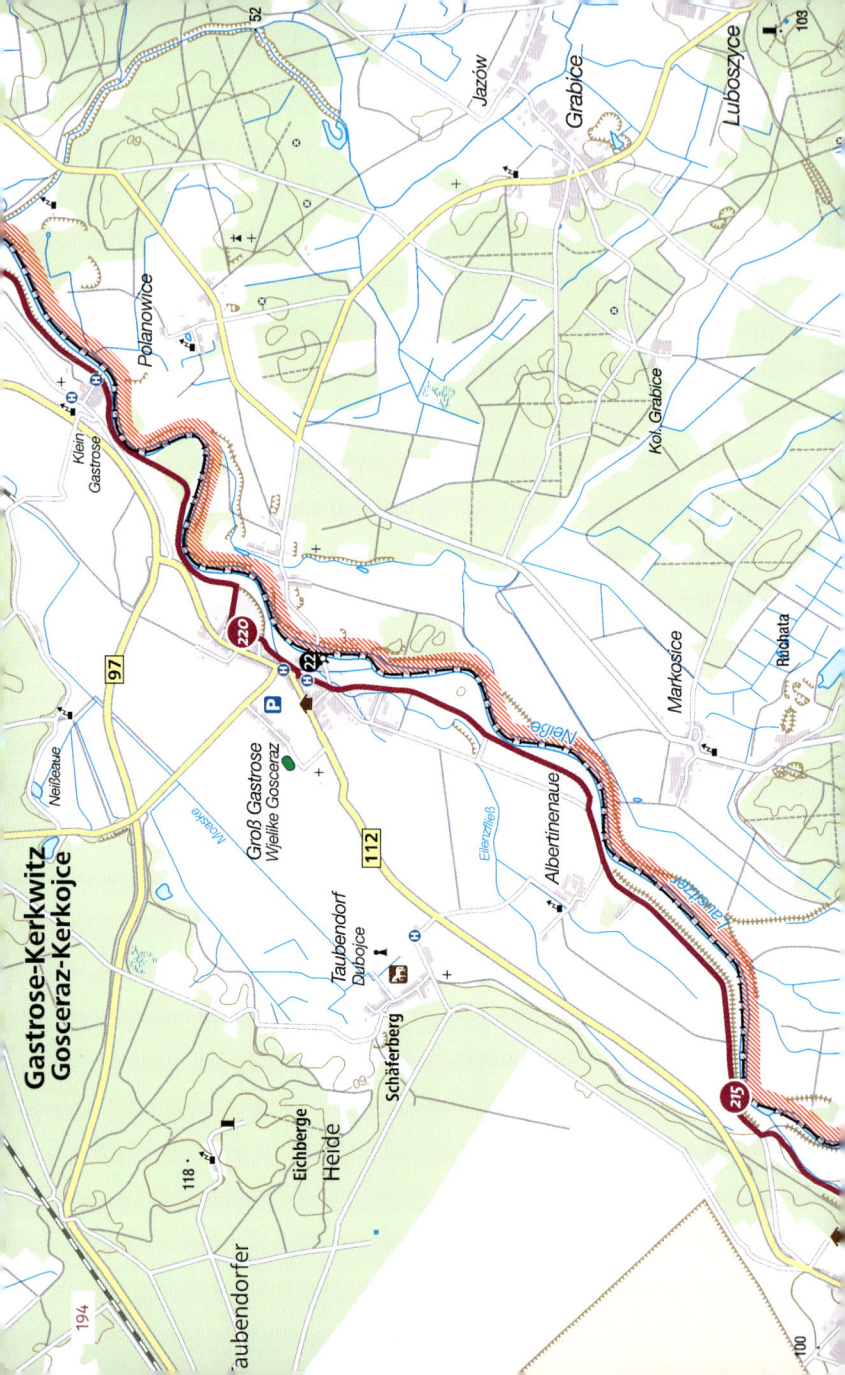

Kapitel 3: **Von Rothenburg/Oberlausitz nach Guben**

20 → gleich rechts am Westufer des Kanals **Briesnig** verlassen, links am Wasserwerk Briesnig vorbei und weiter geradeaus bis Grießen auf einem ehemaligen Bahndamm.

21 Bei den ersten Häusern von **Grießen** → rechts über den Kanal → links und am Ostufer des Kanals weiter → links über den Kanal ans Westufer → rechts weiter am Malxe-Neiße-Kanal entlang an Grießen vorbei zum Damm, am Damm an **Albertinenaue** vorbei → bei der Ruine der Neißebrücke rechts auf der Dammkrone und später der Straße *Am Mühlengraben* nach **Groß Gastrose** hinein →

22 auf Höhe der B112 wieder → rechts auf den Damm und auf der *Dorfstraße* durch ein Wohngebiet → von dort rechts zurück zum Damm und auf diesem an Klein Gastrose vorbei, eine Straßenbrücke unterqueren, an Schlagsdorf und einem Industriegebiet vorbei nach **Guben**.

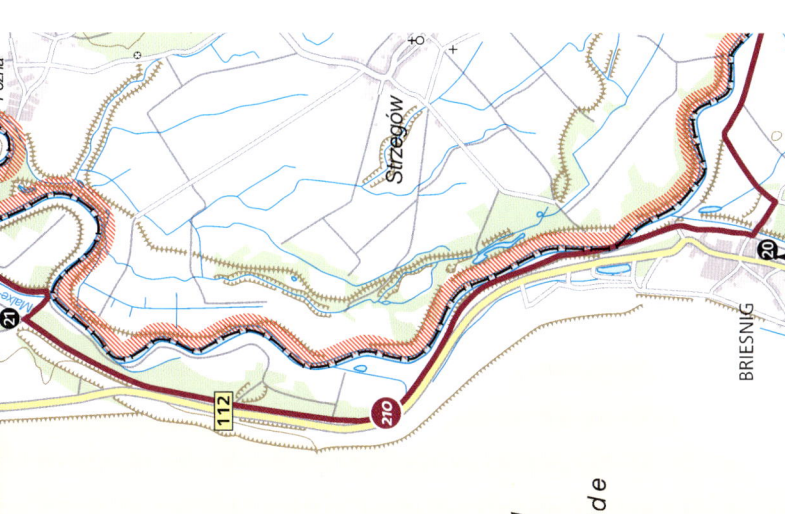

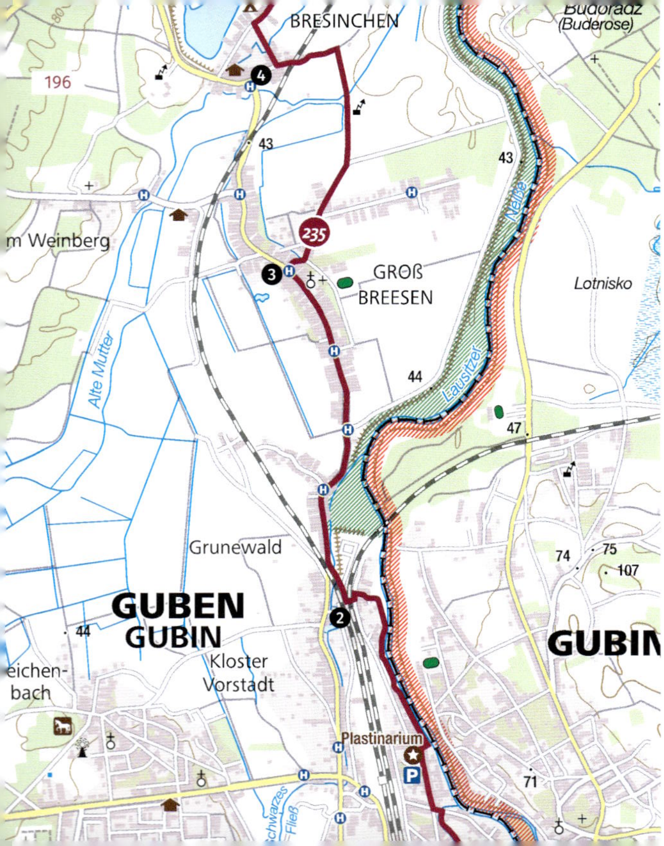

Kapitel 3: **Von Rothenburg/Oberlausitz nach Guben**

㉓ Links der Egelneiße zur Kreuzung folgen → rechts in den *Egeldamm* bis zur
㉔ *Frankfurter Straße* in **Guben/ZIEL**.

Rechts führt die *Frankfurter Straße* zur Neißebrücke nach **Gubin**.

Kapitel 4: **Von Guben nach Frankfurt/Oder**

Start

❶ In **Guben** an der Kreuzung *Frankfurter Straße/Egelneißedamm* rechts → hinter der Brücke über die Egelneiße → links in den *Poetensteig* und entlang des Flüsschens bis zur *Alten Poststraße* → links in die *Alte Poststraße*, über die Brücke und → nach 30 m rechts in die **Uferstraße** → in Linkskurve rechts am Parkplatz vorbei zur Ruine der **Gubener Nordbrücke** → links durch das Gelände des Gubener Hafens, dem Radweg durchs Gewerbegebiet zur *Grunewalder Straße* folgen → links, über den Bahnübergang

❷ → vor dem nächsten Bahnübergang (!) rechts den Radweg-Schildern, erst entlang der Gleiche, nach der Brücke über das Schwarze Fließ der *Kupferhammerstraße* folgen, parallel zur Kreisstraße nach **Groß Breesen**

❸ nach der Evangelischen Kirche → rechts in die *Gärtnerstraße*, dem Verlauf der Straße folgen

❹ → nach der Brücke über das Fließ links nach **Bresinchen** → nach den Bahngleisen beim Dorfweiher rechts in den *Laieweg* → an der T-Kreuzung rechts in die *Coschner Straße* und vorbei am Campingplatz beim Badesee nach **Coschen**

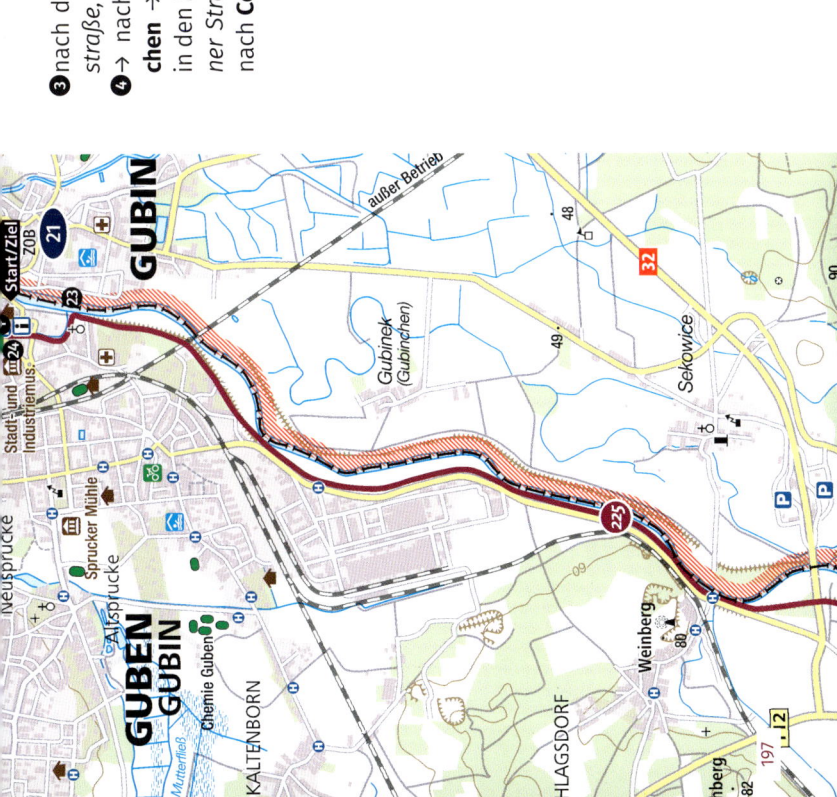

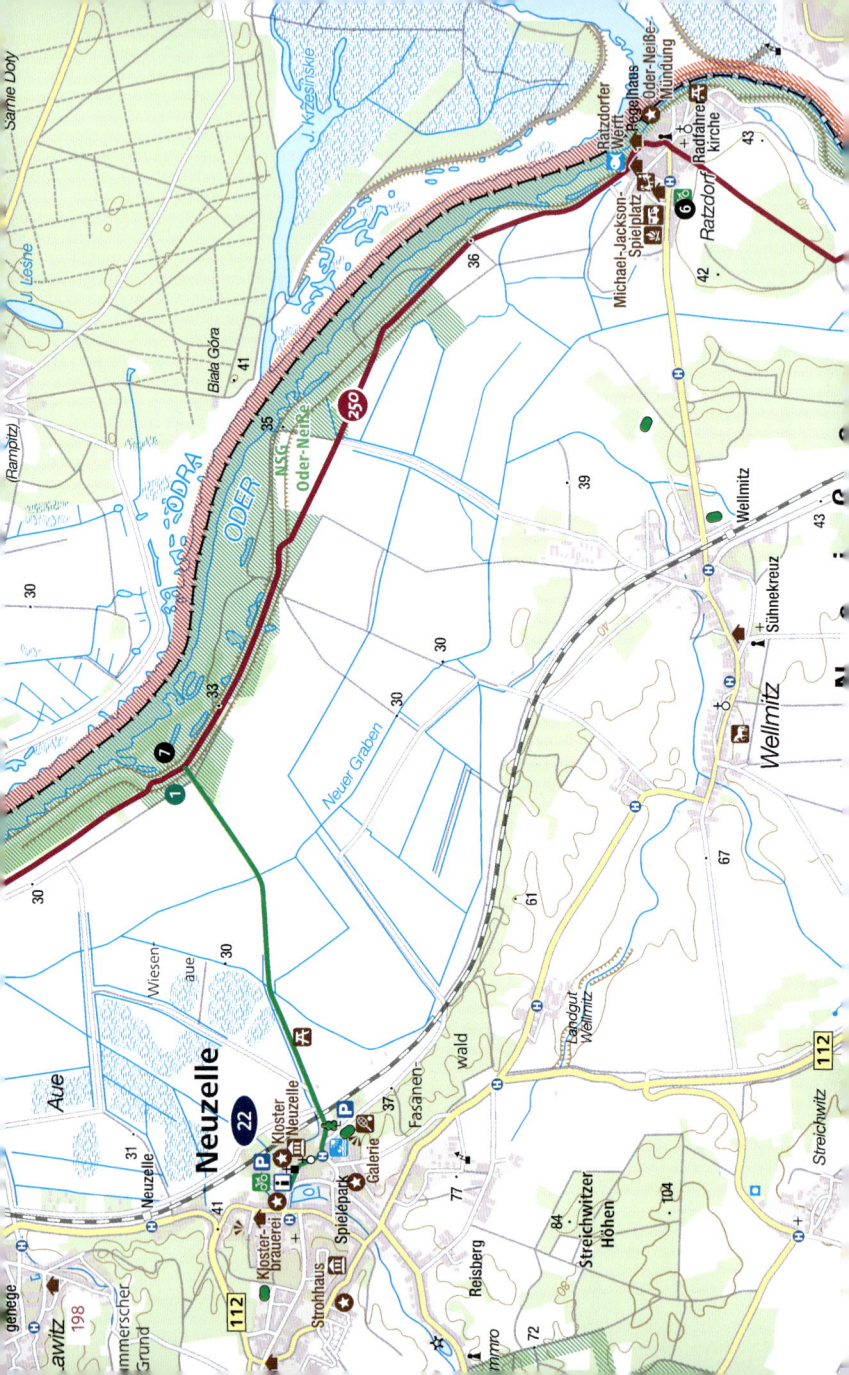

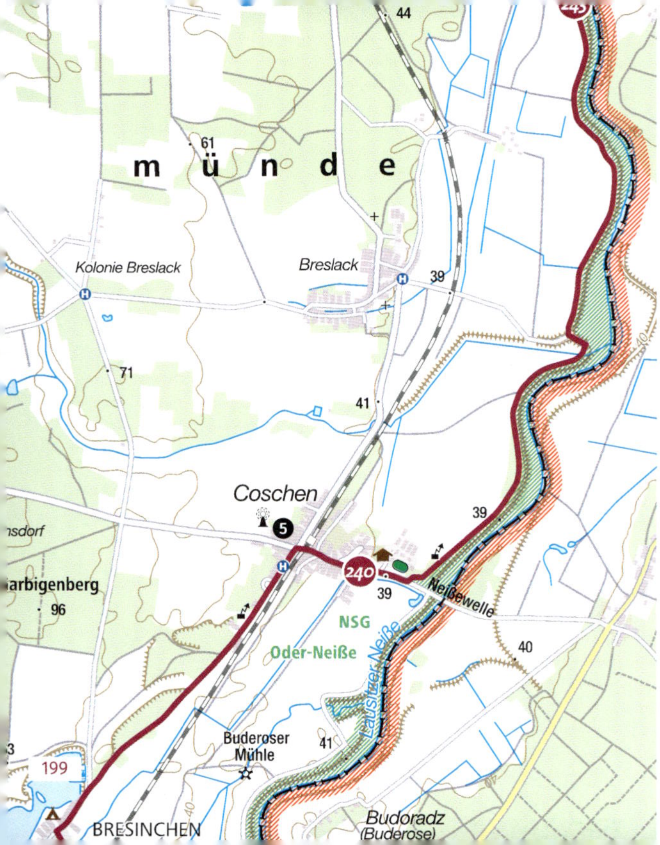

Kapitel 4: Von Guben nach Frankfurt/Oder

5 → beim **Bahnhof Coschen** rechts in die *Hauptstraße* bis zum Fußballplatz → danach links in den Radweg, der auf der Dammkrone kurvenreich durch die Neißeauen nach **Ratzdorf** verläuft.

6 Der Radweg mündet am Ortseingang in die *Neißestraße* ein, führt an der **Ratzdorfer Radfahrerkirche** und dem Friedhof vorbei zur Kreuzung → rechts in die Vorfahrtsstraße → links in die *Lindenallee* zum **Pegelhaus** an der Oder → links in die Straße *Am Oderdamm* → ab der Gaststätte am Wendehammer sind es 5,2 km entlang des Deichfußes zum **Abzweig nach Neuzelle.**

1 Vom Oderdamm → links in die Straße nach Neuzelle, durch die Oderwiesen nach Neuzelle, die Bahngleise queren, geradeaus in die Kirchstraße → rechts über den Stiftsplatz zur Stifskirche von **Kloster Neuzelle**

7 Vom **Abzweig** am Oderdeich entlang sind es 5,5 km

Kapitel 4: **Von Guben nach Frankfurt/Oder**

⑧ zur Brücke über den **Oder-Spree-Kanal** nach **Fürstenberg** und geradeaus weiter bis zur ersten großen Kreuzung (Roßplatz)

❷ Am Roßplatz beginnt die Radtour durch die **Sozialistische Wohnstadt Eisenhüttenstadt.**

❾ → rechts in die Königstraße durch Fürstenberg zum Friedensplatz → rechts in die Buchwaldstraße und auf dieser die Stadt verlassen

❿ nach den letzten Häusern weiter auf oder neben dem Damm durch die **Zitendorfer Niederung** nach

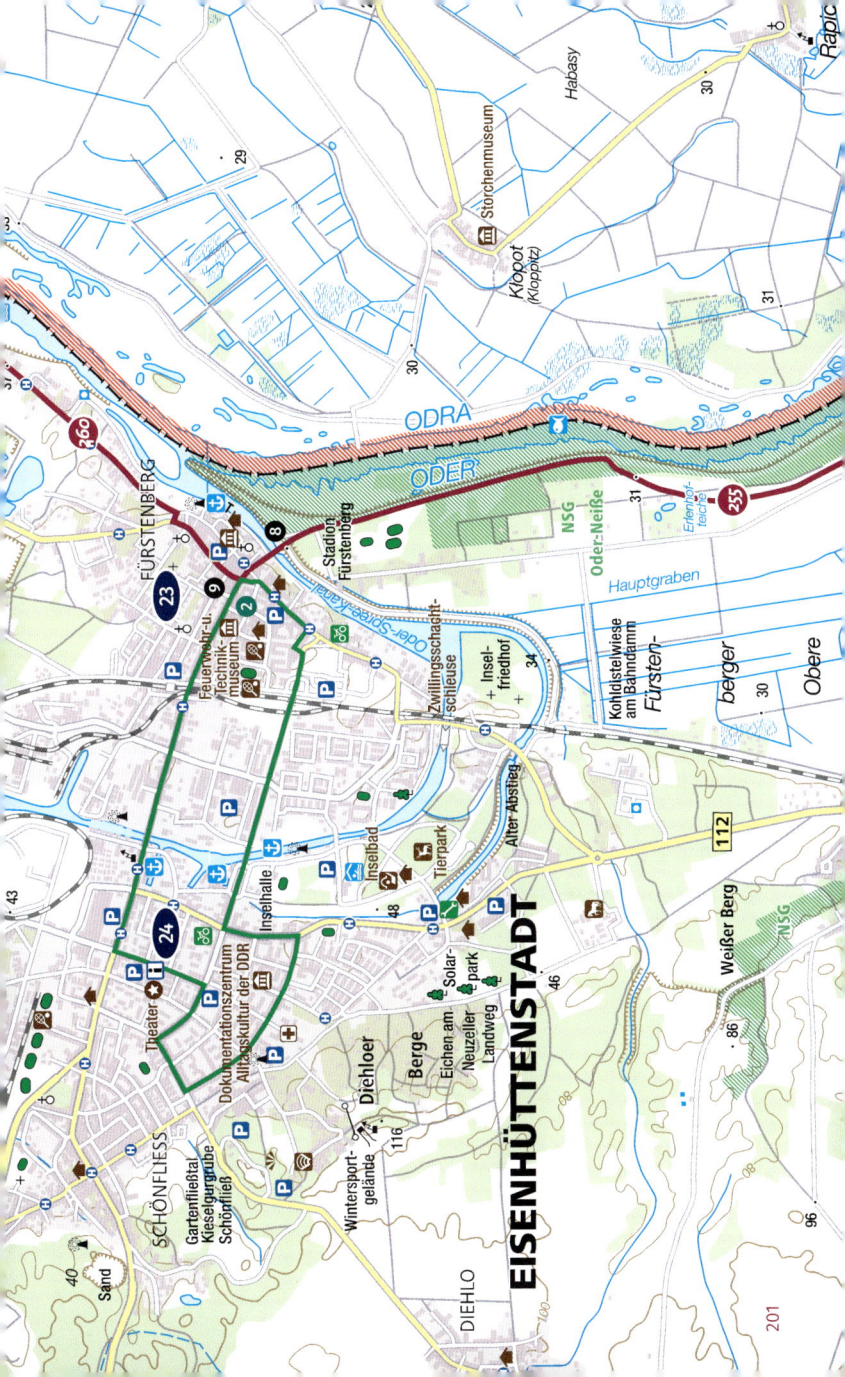

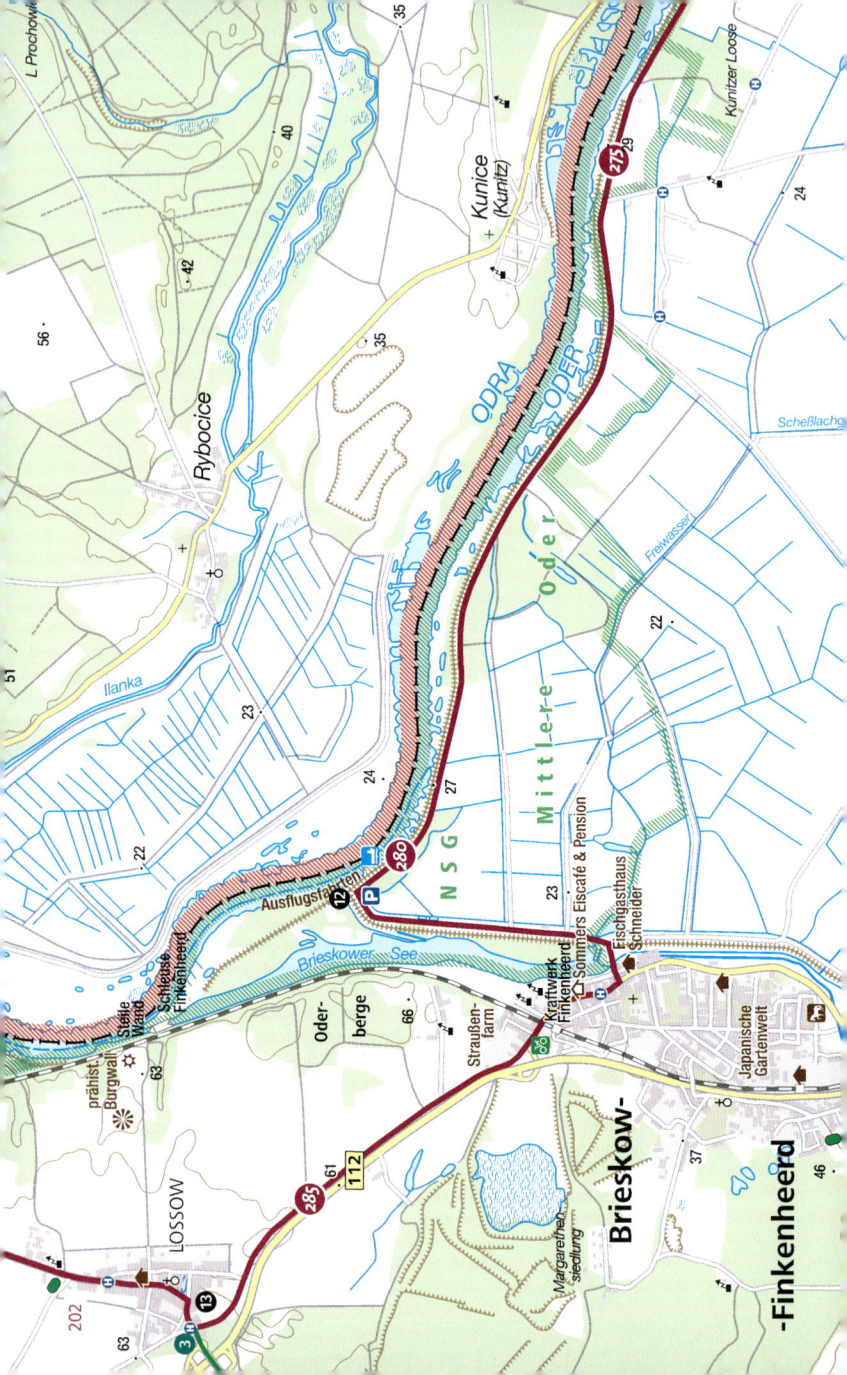

Kapitel 4: **Von Guben nach Frankfurt/Oder**

⓫ **Aurith** → am Damm weiter durch die Oderwiesen bis zum **Eiswachhaus Brieskow-Finkenheerd**

⓬ → links am Parkplatz vorbei am Damm entlang nach Süden → beim Schöpfwerk rechts in die *Seestraße* → nach der Brücke in **Brieskow-Finkenheerd** rechts zur T-Kreuzung → rechts in die *Lindenstraße*, unter der Bahn hindurch, weiter auf der Straße *Am Weinberg* und dann auf dem Radweg parallel zur B112 nach **Lossow** – es geht beständig bergauf.

Kapitel 4: **Von Guben nach Frankfurt/Oder**

③ In Lossow links in den *Tankenweg* → geradeaus zum **Helenensee**.

⑬ In **Lossow** →rechts in die *Straße am Sandberg* → im Linksbogen links in die *Straße Platz der Einheit* und später *Lindenstraße* weiter bergauf, dann kurvenreich und steil die **Lossower Berge** hinunter zur Bahnunterführung

⑭ → auf dem *Buschmühlenweg* vorbei an den ersten Häusern von Frankfurt (oder) nach der Linkskurve geradeaus zur Autobahn, nach der Unterführung geradeaus weiter auf dem *Buschmühlenweg* am **Bahnhof Frankfurt (Oder) Grenzbahnhof** vorbei und durch die Gubener Vorstadt zum **Stadion**.

⑮ Am *Carthausplatz* → rechts und um die Nordseite des Stadions herum zur Brücke über die Alte Oder auf die **Insel Ziegenwerder**

⑯ → auf unbefestigten Wegen den Schildern zum Zentrum folgen (*Hermann-Weingärtner-Weg*) → links über die Brücke über die Alte Oder →rechts dem Radweg zur *Uferstraße* folgen. Auf der *Uferstraße* zur *Bischofstraße*

⑰ → links auf der *Bischofstraße* in die Altstadt von **Frankfurt (Oder)/Ziel.**

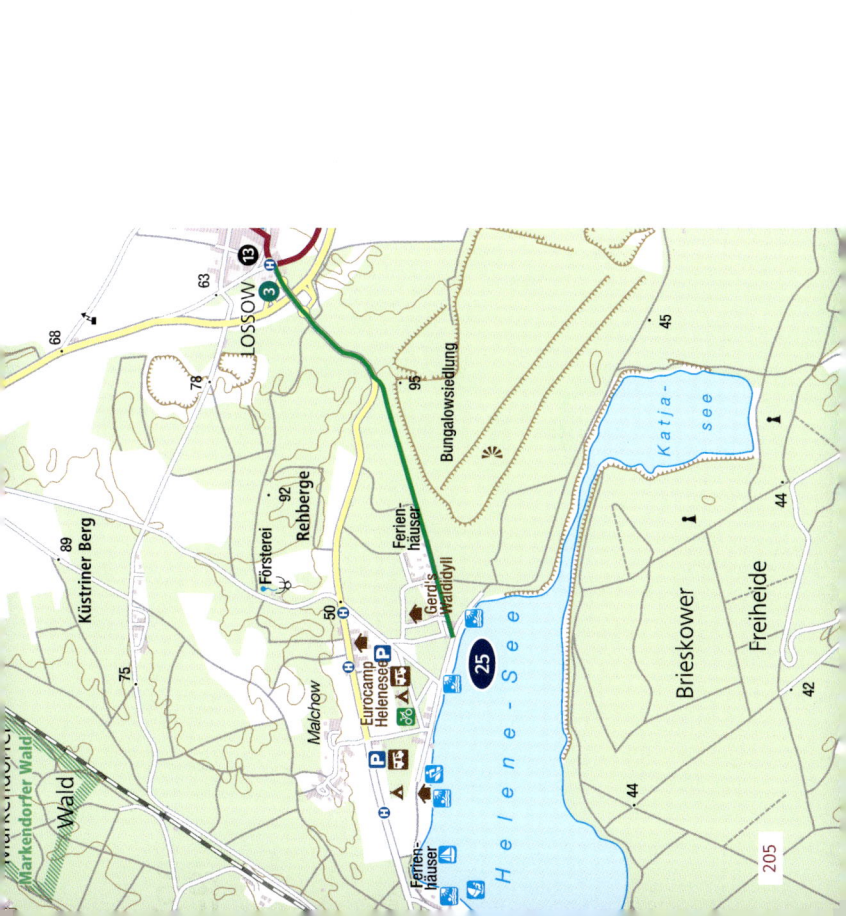

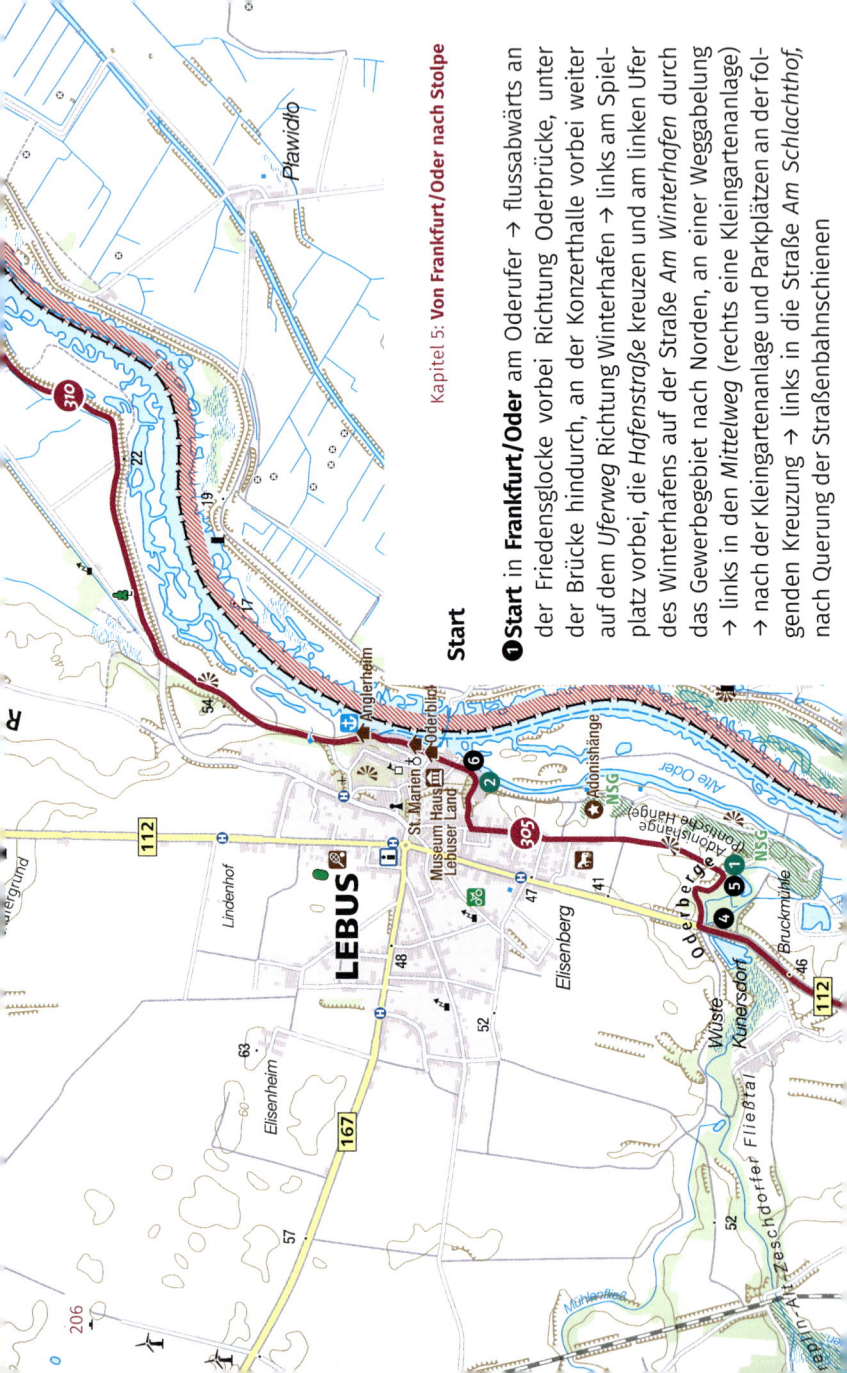

Kapitel 5: **Von Frankfurt/Oder nach Stolpe**

Start

❶ **Start** in **Frankfurt/Oder** am Oderufer → flussabwärts an der Friedensglocke vorbei Richtung Oderbrücke, unter der Brücke hindurch, an der Konzerthalle vorbei weiter auf dem *Uferweg* Richtung Winterhafen → links am Spielplatz vorbei, die *Hafenstraße* kreuzen und am linken Ufer des Winterhafens auf der Straße *Am Winterhafen* durch das Gewerbegebiet nach Norden, an einer Weggabelung → links in den *Mittelweg* (rechts eine Kleingartenanlage) → nach der Kleingartenanlage und Parkplätzen an der folgenden Kreuzung → links in die Straße *Am Schlachthof,* nach Querung der Straßenbahnschienen

2 → rechts in die *Kliestower Straße* → an der Weggabelung links in den *Ragoser Talweg* → steil bergauf zur *B112* (*Lebuser Chaussee*)

3 → parallel zur *B112* zum **Kunersdorfer See**

4 → nach dem See rechts ab und durch den Wald kurvenreich bergab (*Unterweg*), an einer Weggabelung (Infotafel) → links in die *Kirschallee*.

1 Am Abzweig *Kirschallee* geradeaus zum Wanderparkplatz Unterkrug (Start des **Adonis-Rundwanderweges**).

5 Auf der *Kirschallee* wieder leicht ansteigend entlang des Lebuser Höhenzuges am Panorama-Aussichtspunkt Oderberge vorbei nach **Lebus**, weiter in die Ortsmitte → vor der Kriegsgräberstätte rechts in die *Straße der Freiheit* und → rechts auf der *Breiten Straße* bergab zur Oder

2 An der Oder rechts zum Ende der Kietzer Straße zum Einstieg in den **Adonis-Rundwanderweg**).

6 → links in die *Oderstraße* und am Ortsende nach einer Kleingartenanlage auf die Deichkrone oder daneben auf dem Deichverteidigungsweg entlang der Oder durch das Oderbruch zur Diplomatentreppe, nach einem Linksbogen kommt der **Abzweig nach Reitwein.**

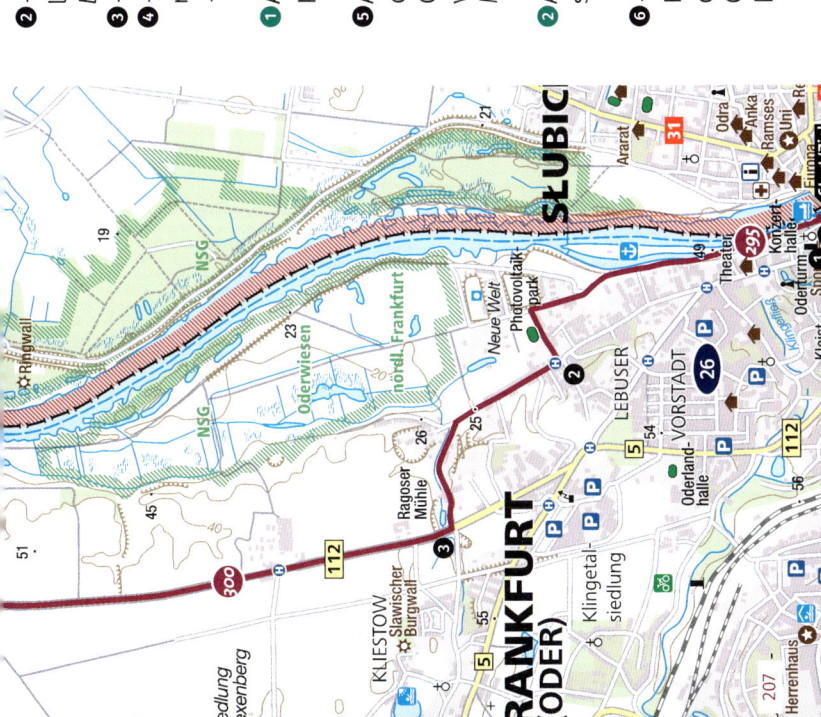

Kapitel 5: **Von Frankfurt/Oder nach Stolpe**

3 Links ab auf die Straße *Reitweiner Loose* (L331), später *Hauptstraße* nach **Reitwein**.

4 An der großen Kreuzung links in den *Hathenower Weg* zur **Stüler Kirche**.

7 Geradeaus weiter auf dem Damm durch die Polderlandschaft zur T-Kreuzung (*Karl-Marx-Straße*) in **Küstrin-Kietz**.

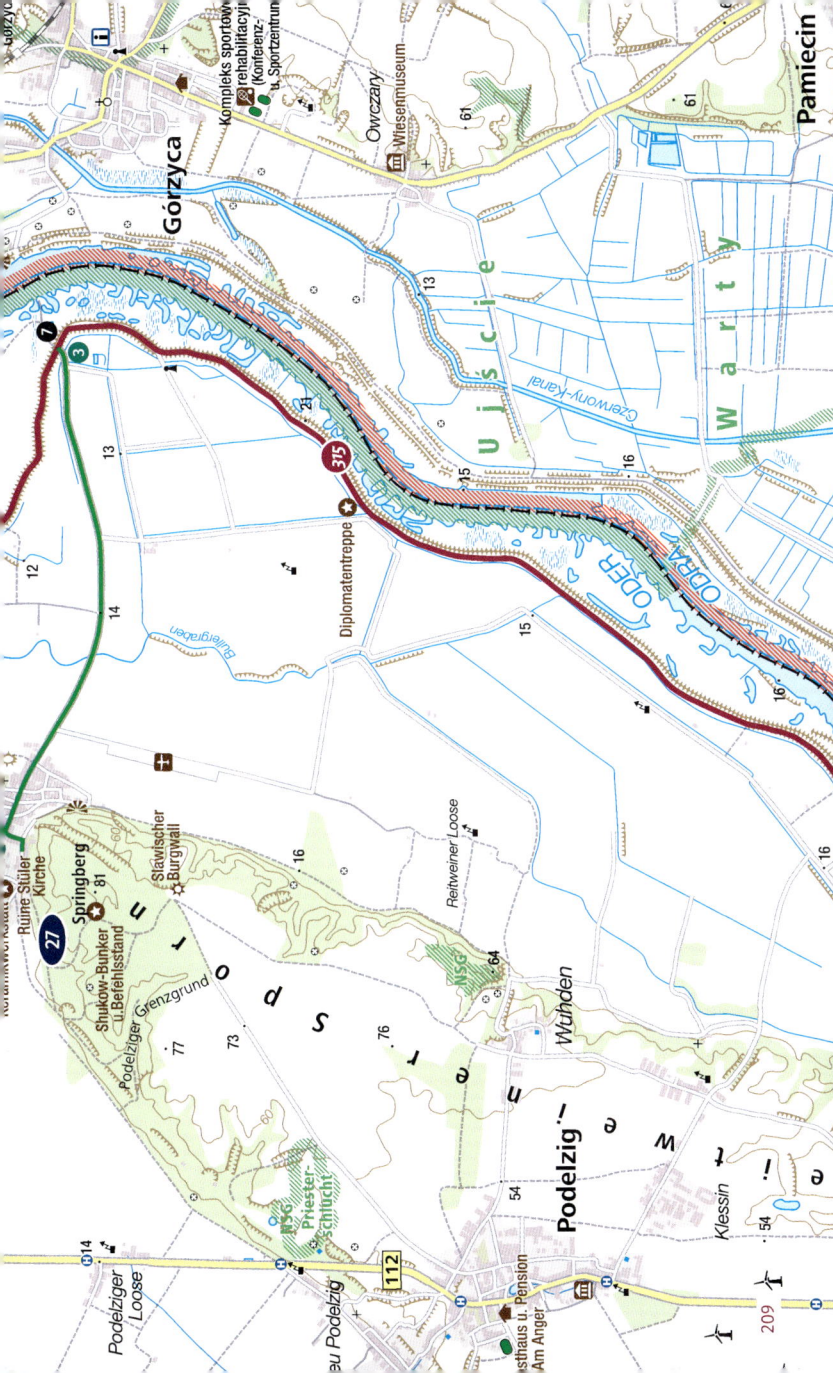

Kapitel 5: Von Frankfurt/Oder nach Stolpe

5. Links auf der *Karl-Marx-Straße* bis zur Kreuzung mit *B112*.

6. Rechts in die *Ernst-Thälmann-Straße* → links zum **Fort Gorgast**.

7. Rechts auf der *Karl-Marx-Straße* zur *B1*, über die Oderbrücke zum **Museum Festung Küstrin** (Polen).

8. Links in die *Karl-Marx-Straße* → rechts durch den Bahntunnel → rechts in die *Wilhelmstraße*, unter der Straßenbrücke hindurch und vor zum Vorflutkanal → auf dem *Oderdamm* an der Lünette D vorbei, links an **Kuhbrücke** (rechts Camping

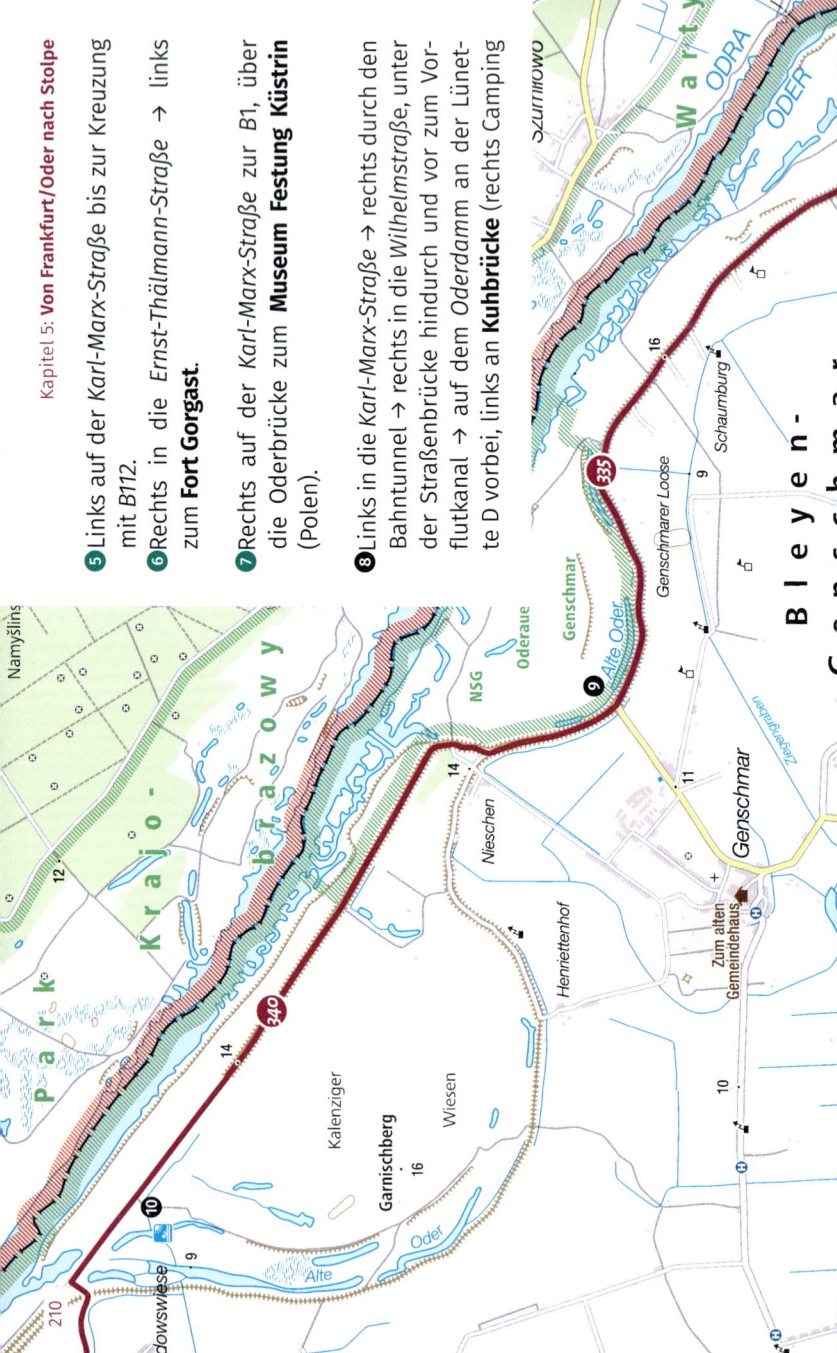

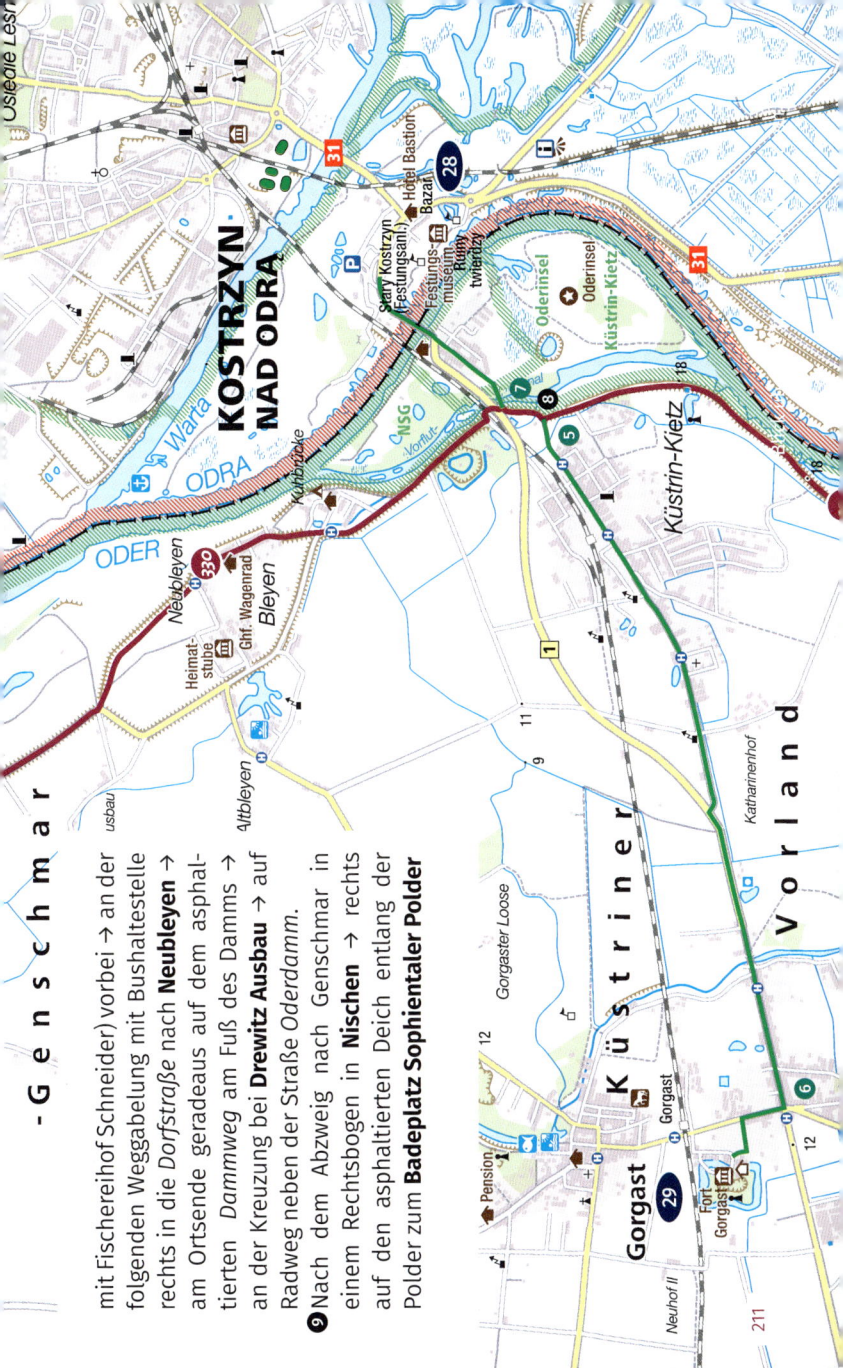

mit Fischereihof Schneider) vorbei → an der folgenden Weggabelung mit Bushaltestelle rechts in die *Dorfstraße* nach **Neubleyen** → am Ortsende geradeaus auf dem asphaltierten *Dammweg* am Fuß des Damms → an der Kreuzung bei **Drewitz Ausbau** → auf Radweg neben der Straße *Oderdamm*.

❾ Nach dem Abzweig nach Genschmar in einem Rechtsbogen in **Nischen** → rechts auf den asphaltierten Deich entlang der Polder zum **Badeplatz Sophientaler Polder**

Kapitel 5: Von Frankfurt/Oder nach Stolpe

🔟 300 m weiter am Rastplatz → scharf links, an der T-Kreuzung → rechts und dem kurvenreichen Deichweg durch das Oderbruch nach **Kienitz** folgen, an der Marina vorbei zum **Naturerlebinishof Uferloos** am Ortsende →

⓫ rechts weiter auf dem *Deichweg* zum **Kulturhafen** in **Groß Neuendorf**

⓬ weiter auf dem *Dammweg* in Richtung **Güstebieser Loose** →

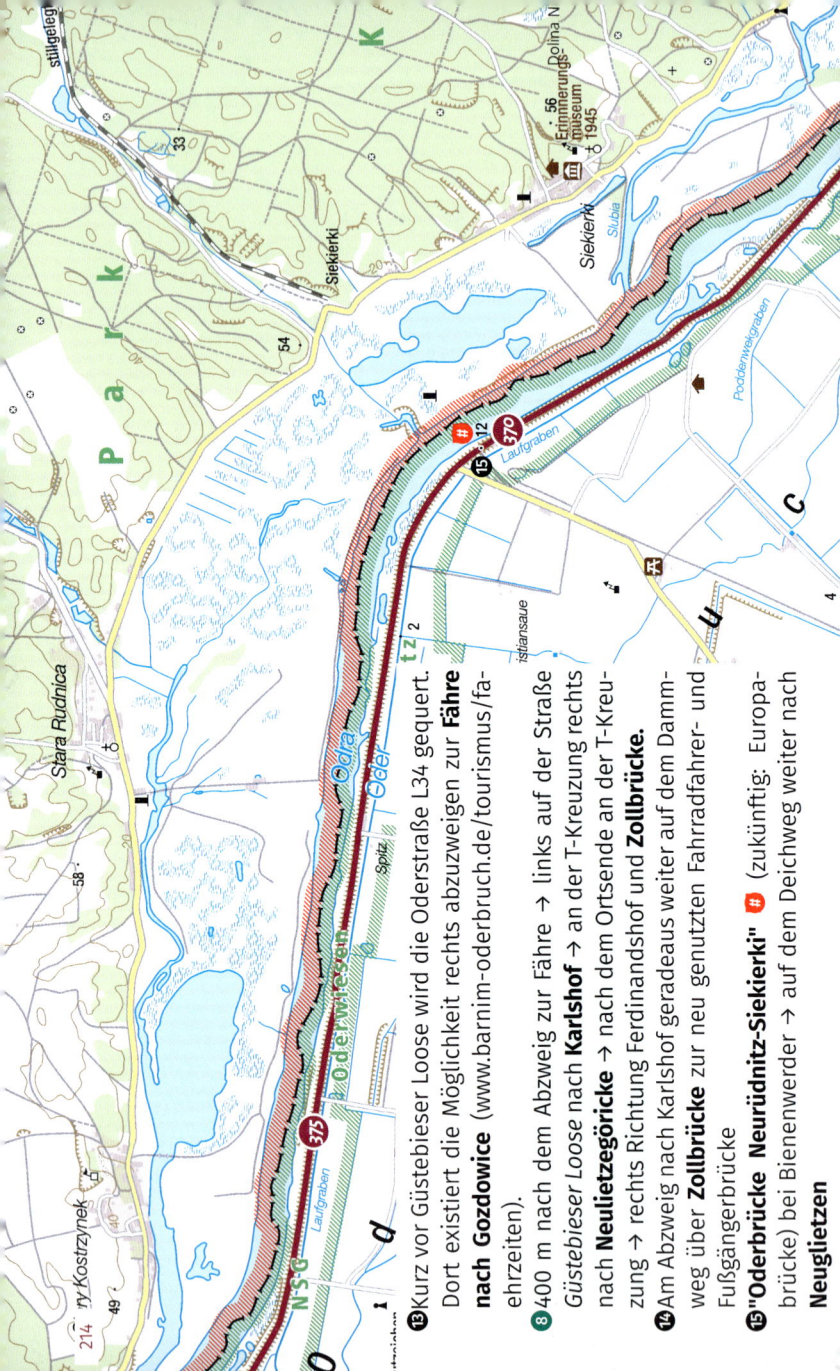

⓭ Kurz vor Güstebieser Loose wird die Oderstraße L34 gequert. Dort existiert die Möglichkeit rechts abzuzweigen zur **Fähre nach Gozdowice** (www.barnim-oderbruch.de/tourismus/faehreinfo).

❽ 400 m nach dem Abzweig zur Fähre → links auf der Straße *Güstebieser Loose* nach **Karlshof** → an der T-Kreuzung rechts nach **Neulietzegöricke** → an dem Ortsende an der T-Kreuzung → rechts Richtung Ferdinandshof und **Zollbrücke.**

⓮ Am Abzweig nach Karlshof geradeaus weiter auf dem Dammweg über **Zollbrücke** zur neu genutzten Fahrradfahrer- und Fußgängerbrücke

⓯ "**Oderbrücke Neurüdnitz-Siekierki**" # (zukünftig: Europabrücke) bei Bienenwerder → auf dem Deichweg weiter nach **Neuglietzen**

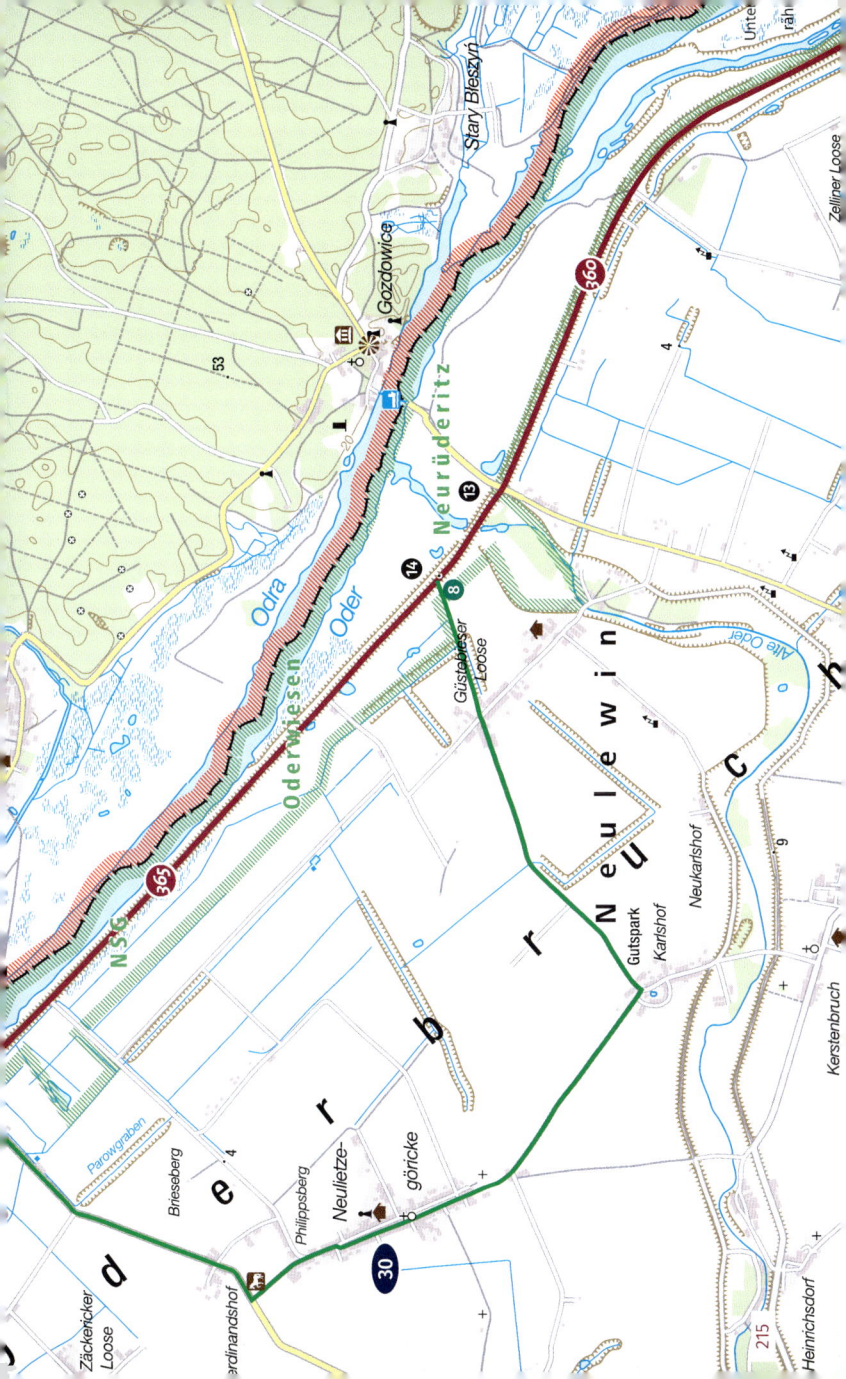

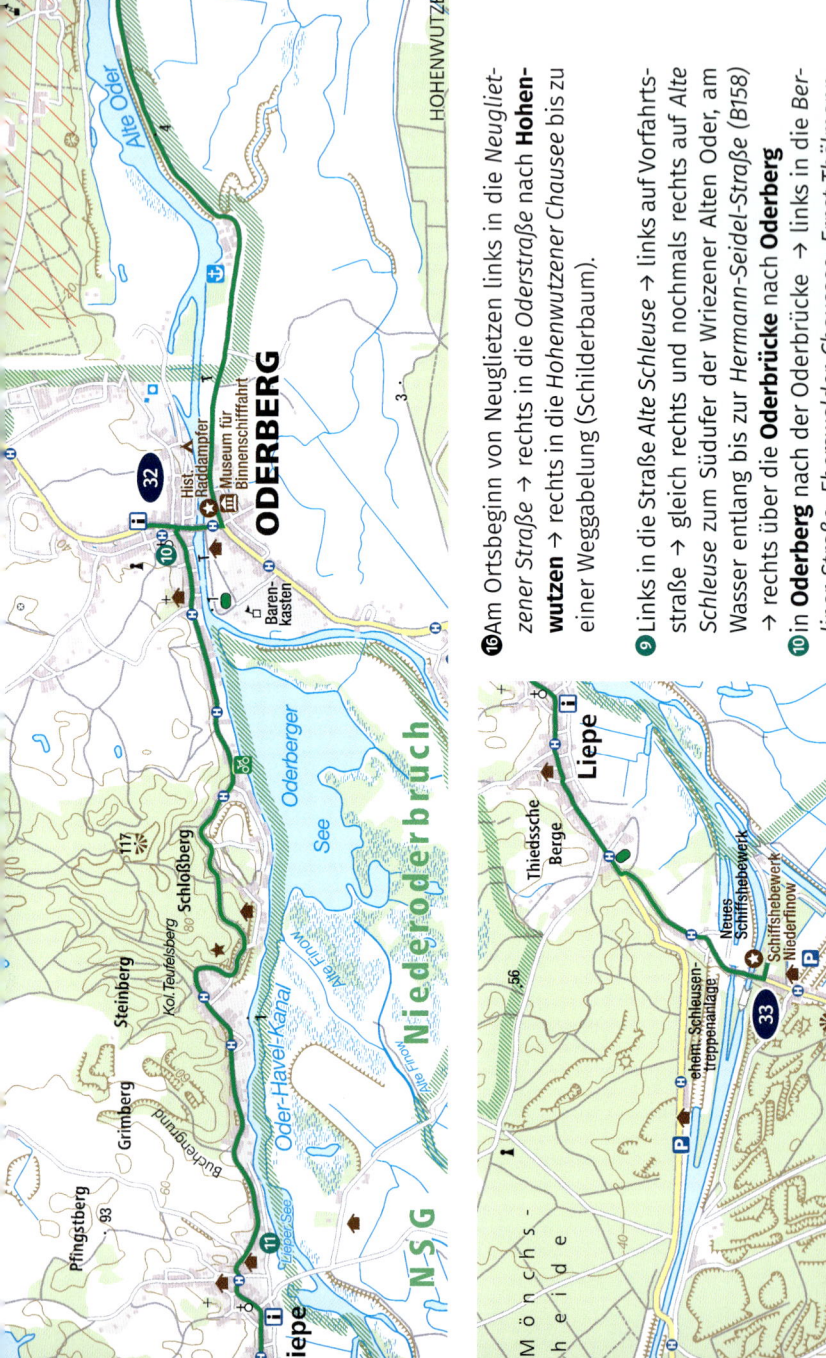

8 Am Ortsbeginn von Neuglietzen links in die *Neuglietzener Straße* → rechts in die *Oderstraße* nach **Hohenwutzen** → rechts in die *Hohenwutzener Chausee* bis zu einer Weggabelung (Schilderbaum).

9 Links in die Straße *Alte Schleuse* → links auf Vorfahrtsstraße → gleich rechts und nochmals rechts auf *Alte Schleuse* zum Südufer der Wriezener Alten Oder, am Wasser entlang bis zur *Hermann-Seidel-Straße (B158)* → rechts über die **Oderbrücke** nach **Oderberg**

10 In **Oderberg** nach der Oderbrücke → links in die Berliner Straße, Eberswalder Chaussee, Ernst-Thälmann-

Kapitel 5: Von Frankfurt/Oder nach Stolpe

11 durch Liepe der Vorfahrtsstraße folgen, weiter auf *Karl-Liebknecht-Straße* zum Abzweig nach dem links liegenden Sportplatz → links den Schildern zum **Schiffshebewerk Niederfinow** folgen.

17 Der Radweg verlässt die *Hohenwutzener Chaussee* auf Höhe der Straße *Alte Schleuse* → nach rechts (Wegweiser „Lunow/Schwedt") auf den Deichweg, geradeaus, auf Höhe der Schleuse → links zur **Ostschleuse**

18 über die Brücke → rechts entlang der **Hohensaaten-Friedrichsthaler Wasserstraße** auf dem Damm weiter

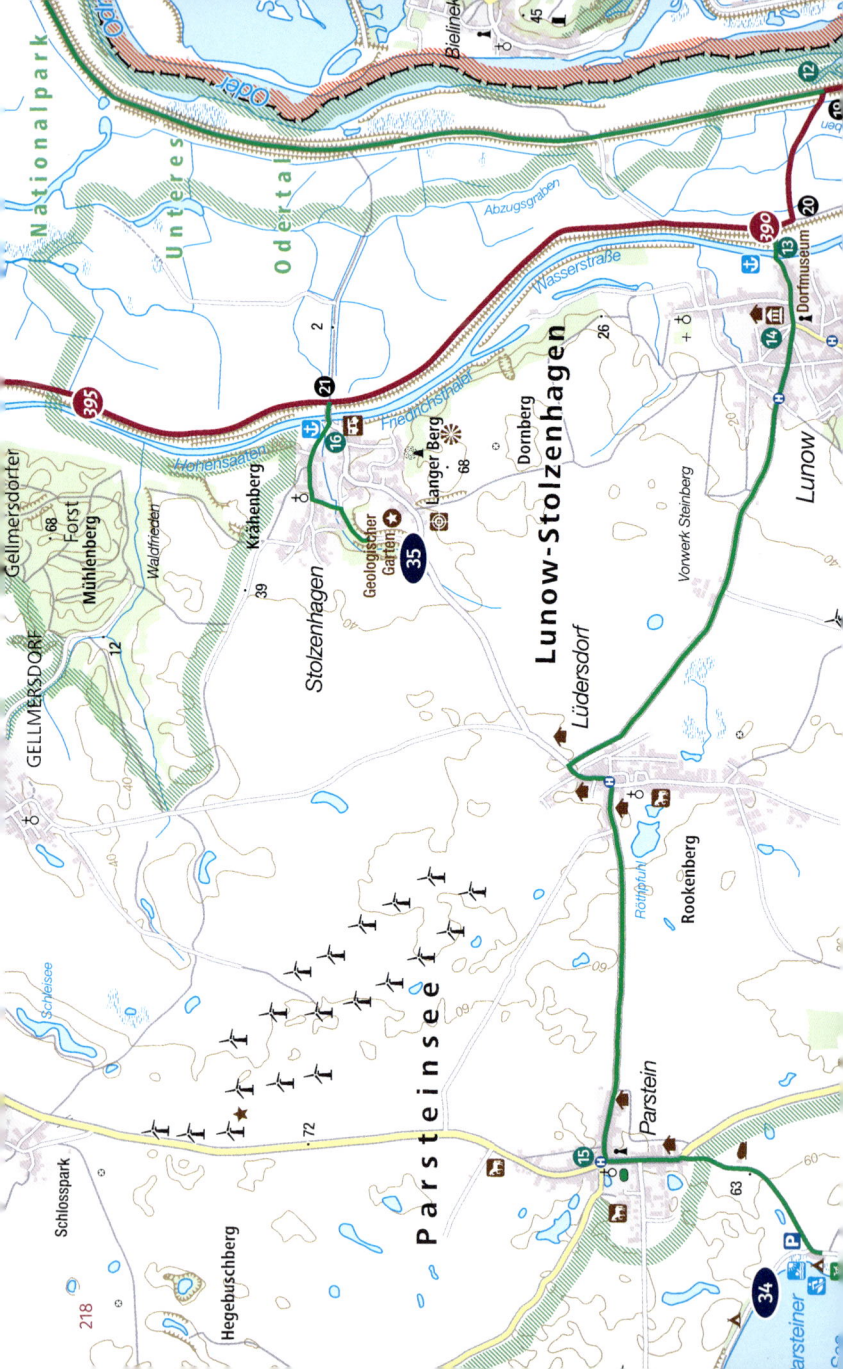

⑲ Beim Eiswächterhäuschen → links vor zur Kanalbrücke nach **Lunow** (Rastplatz).

⑫ **Alternativroute:** geradeaus weiter auf dem Damm bis **Stützkow**

⑬ an der Kanalbrücke → links über die Kanalbrücke nach **Lunow** in die *Fischerstraße*, dann *Dorfstraße* →

⑭ → rechts in die *Lüdersdorfer Straße* (L283) nach **Lüdersdorf** → im Ort rechts in die *Parsteiner Straße* nach **Parstein**

⑮ → im Ort links auf die *B158* → rechts in die Straße *Am Parsteinsee* zum Badestrand am **Parsteiner See.**

⑳ Am Rastplatz nicht über die Kanalbrücke nach Lunow, sondern rechts und weiter auf dem Dammweg Richtung Stolpe zur Kanalbrücke nach **Stolzenhagen.**

⑯ Über die Brücke nach **Stolzenhagen** → links in die *Ernst-Thälmann-Straße*, in einem Bogen an der Kirche Stolzenhagen vorbei zur Kreuzung, geradeaus auf der Straße *Elsengrund* zum **Geologischen Garten Stolzenhagen.**

㉑ Am Abzweig nach Stolzenhagen weiter den Wegweisern nach Stolpe folgen → links über die **Kanalbrücke** ans Westufer und weiter nach **Stolpe/Oder (Ziel).**

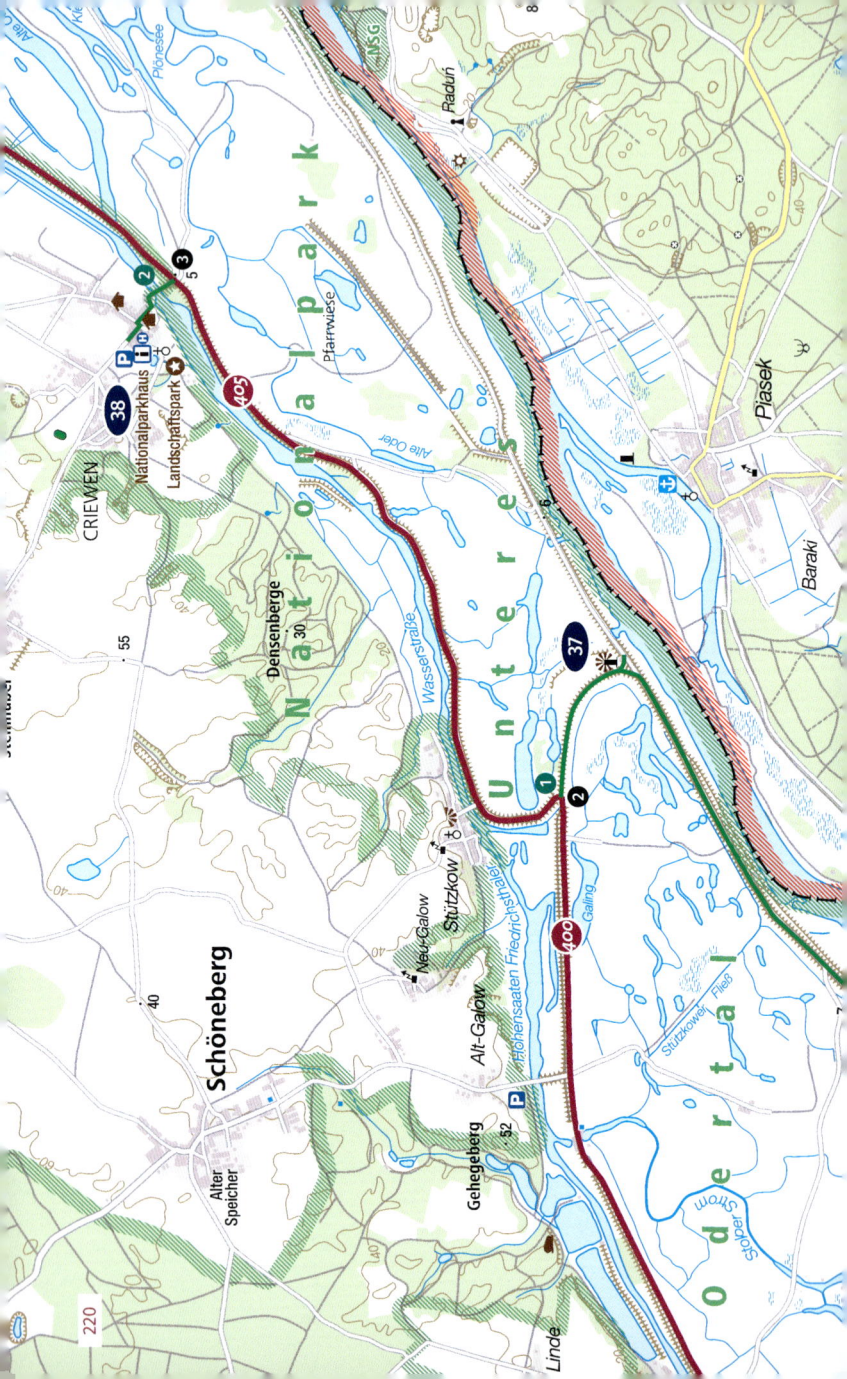

⑰ Von der **Brücke** auf der *Leopold-von-Buch-Straße* über Crussow bis zur B2

⑱ → links, nach dem Friedhof → schräg rechts in die *Schwedter Straße* → vor dem Kloster → rechts in die *Schleusenstraße* → links in die *Brüderstraße* → rechts in die *Wasserstraße* zum Markt von **Angermünde**.

Kapitel 6: **Von Stolpe nach Gartz/Oder**

Start

❶ In **Stolpe/Oder** über die **Kanalbrücke** ans Ostufer fahren → links dem Radweg Richtung Stützkow folgen, über den Stolper Strom zum Abzweig Beobachtungsturm Stützkow.

❶ Rechts in einem Rechtsbogen zum Neißeufer und **Beobachtungsturm Stützkow** des Nationalparks

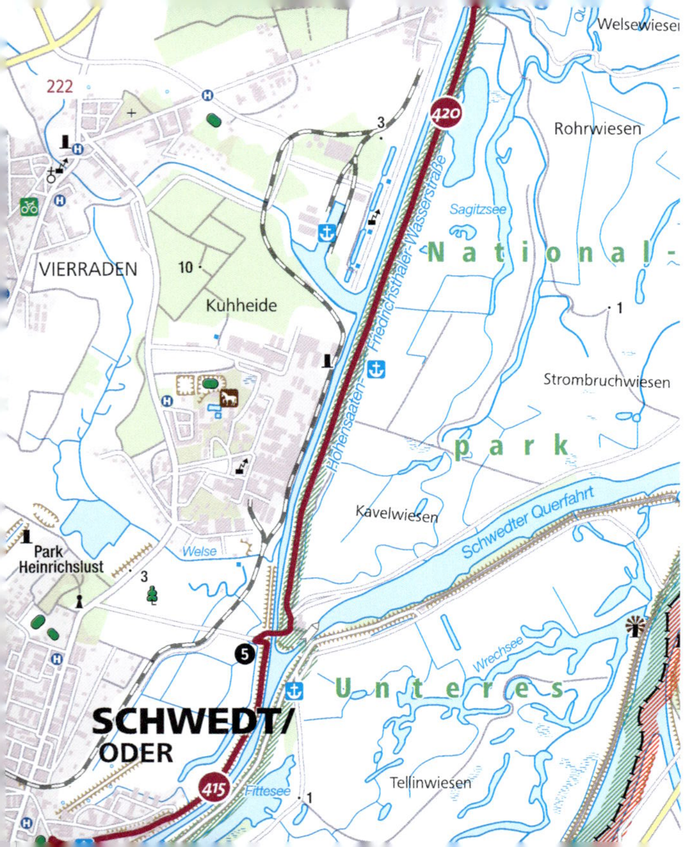

Kapitel 6: Von Stolpe nach Gartz/Oder

❷ Am Abzweig → links zur **Brücke nach Stützkow**, geradeaus weiter auf dem Deichweg zum **Abzweig** nach **Criewen.**

❷ Links über die **Kanalbrücke** → links und dann → rechts in die *Bernd-von-Arnim-Straße* zum **Nationalparkhaus** und **Lennépark** in **Criewen**

❸ Am Abzweig geradeaus am Kanalufer entlang auf dem *Deichweg* Richtung Schwedt → beim Schöpfwerk links über die Kanalbrücke nach **Schwedt/Oder** → geradeaus 200 m auf der Straße *Schöpfwerk* → rechts in die *Baumeisterallee*, dem Verlauf bis zur T-Kreuzung folgen → links in die *Reusenstraße* → rechts *Schilfweg* → links *Am Holzhafen* → rechts dem gepflasterten *Uferweg* an der Oder entlang stadtauswärts folgen → unter der *Stadtbrücke* hindurch.

Nach der Unterquerung der Straßenbrücke → in die *Oderstraße* für einen Besuch des **Zentrums von Schwedt/Oder**

❹ nach der Unterquerung der Straßenbrücke weiter auf Straße *Bollwerk* → links in *Regattastraße* bis zum *Wasserplatz* → rechts in den *Hahnfußweg* → am stadtseitigen Ufer der Hohensaaten-Friedrichsthaler Wasserstraße die Stadt verlassen →

❺ links in die Straße *Zur Querfahrt* → rechts und die Brücke über die Hohensaaten-Friedrichsthaler Wasserstraße nehmen, beim Parkplatz → links und weiter am Ostufer des Kanals auf dem **Deich** (am linken Ufer das Gelände der Papierfabriken und später des Hafens Schwedt) →

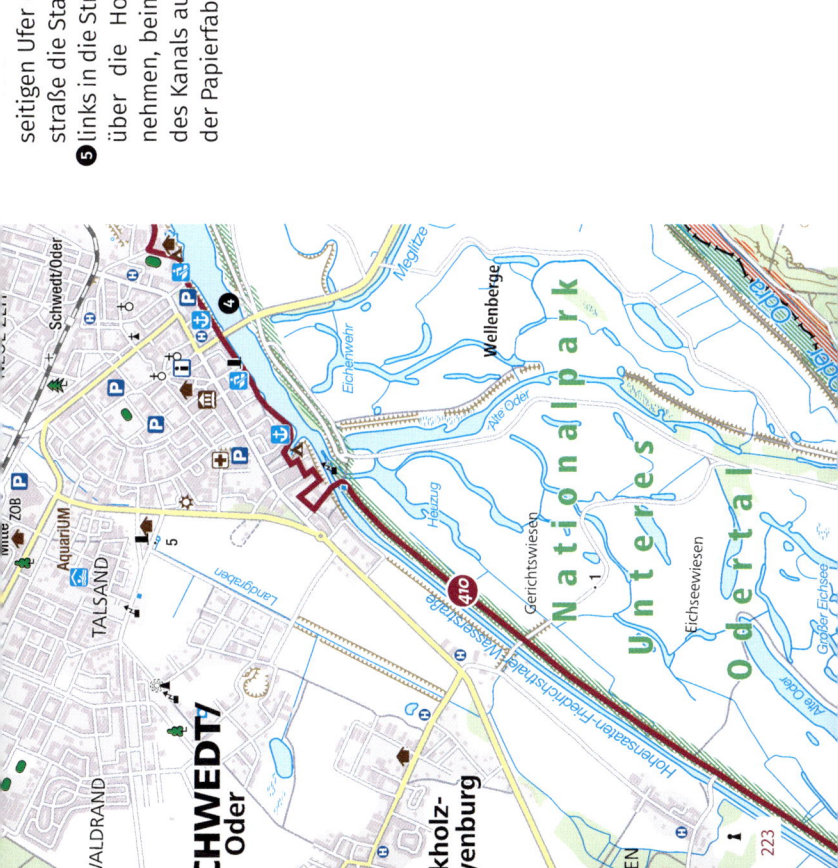

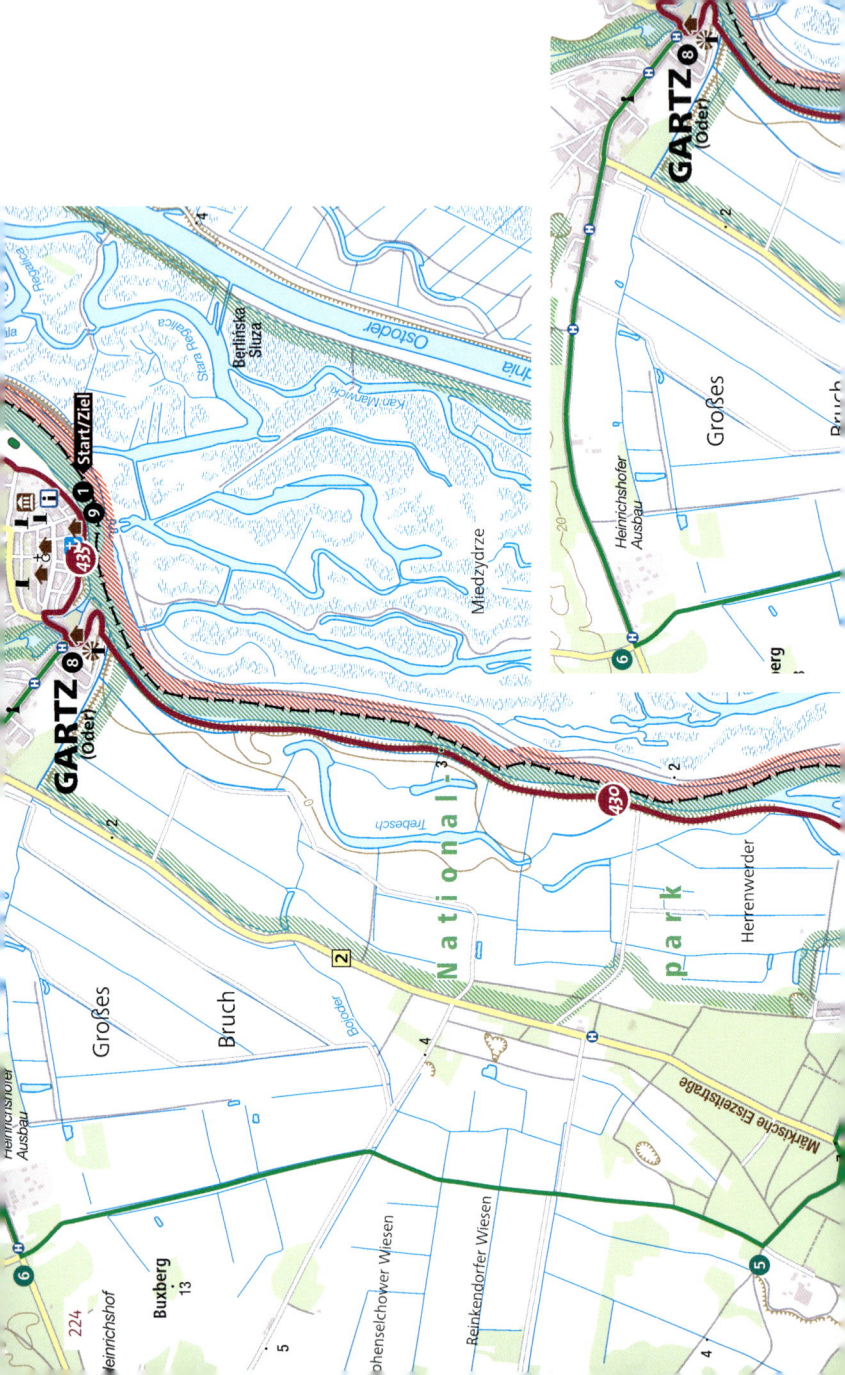

Kapitel 6: Von Stolpe nach Gartz/Oder

6 Am Abzweig nach **Gatow** geradeaus weiter bis zur **Teerofenbrücke**

3 Startpunkt für eine Rundwanderung durch die **Oderauen**

7 → links über die Teerofenbrücke, am Abzweig zur Wildnisschule Teerofen vorbei und ca. 600 m nach der Brücke → rechts abzweigen zum Ortseingang von **Friedrichsthal**

Umleitung nach Gartz (voraussichtlich bis 2024)

4 am Ortseingang von **Friedrichsthal** → links in die *Dorfstraße* → links in den *Försterweg* → an der *B2* links und nach 200 m → rechts auf einen Waldweg

5 am Waldende an der Weggabelung → rechts, 5 km der Umleitung folgen →

6 rechts für 3,5 km auf der *Gartzer Landstraße L7* zur *B2* → links in die *Kastanienallee* (B2) bis zum Ufer des **Mühlenteichs**

Hier stößt man auf den offiziellen Radweg (*Deichweg*)

8 → von der *Kastanienallee* rechts in die Straße *Am Mühlengraben* zum Oderufer (*Am Wasser*)

9 → links über die *Fischerstraße* in die Altstadt von **Gartz (Oder)/Ziel.**

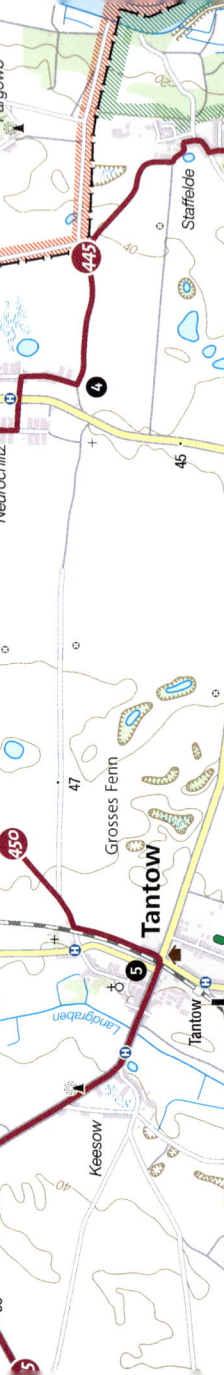

Kapitel 7: Von Gartz (Oder) nach Ueckermünde

Start

❶ In **Gartz (Oder)** der um die Altstadt verlaufenden Uferpromenade *Am Wasser* in einem Linksbogen folgen → beim Sportplatz etwas versetzt geradeaus weiter in die *Wiesenstraße*, dann *Schreyweg* durch den Wald Gartzer Schrey allmählich ansteigend und zum Schluss absteigend nach

❷ Mescherin → auf der *Oberen Dorfstraße* bis zu einem rechts liegenden Parkplatz

❶ → rechts hinunter zum Oderufer (*Untere Dorfstraße*) und dem Verlauf der Straße aus dem Ort zur B113 folgen – rechts Unterführung für Fußweg zum **Aussichtsturm Mescherin**

Alternative (Aufstieg Stettiner Berg): auf der *Oberen Dorfstraße* zum Parkplatz an der *B113* – von dort zu Fuß zum Aussichtsturm Mescherin

❸ → links auf die stark befahrene *B113* und auf dieser bergauf Richtung Staffelde, in einer markanten Linkskurve → rechts auf die Straße *Zur Lindenallee*, auf dieser durch *Staffelde*, links am Gelände des Betriebshofs vorbei →

beim Grabhügel schräglinks eine Allee (*Lindenallee Ost*) entlang →

4 rechts nach **Neurochlitz** (*Dorfstraße Ost*) → bei der Feuerwehr links in die *Dorfstraße Ost*, die *B2* queren und auf der *Dorfstraße West* weiter zur T-Kreuzung → rechts in die *Dorfstraße West* und am Ende der Häuserzeile nach links den Ort verlassen → auf dem Radweg über eine Anhöhe nach **Tantow.**

5 Bei den Gleisen links → rechts die Gleise queren und auf der *Lindenallee (B13)* den Ort verlassen und der *B11* auf dem links verlaufenden Radweg folgen → an einer Kreuzung (rechts geht es nach Damitzow) endet der Radweg → links auf der Kreisstraße Richtung Schönfeld, um den Teich **Keesowschen Pfuhl** herum weiter geradeaus nach **Schönfeld**, dort der *Hauptstraße* folgen

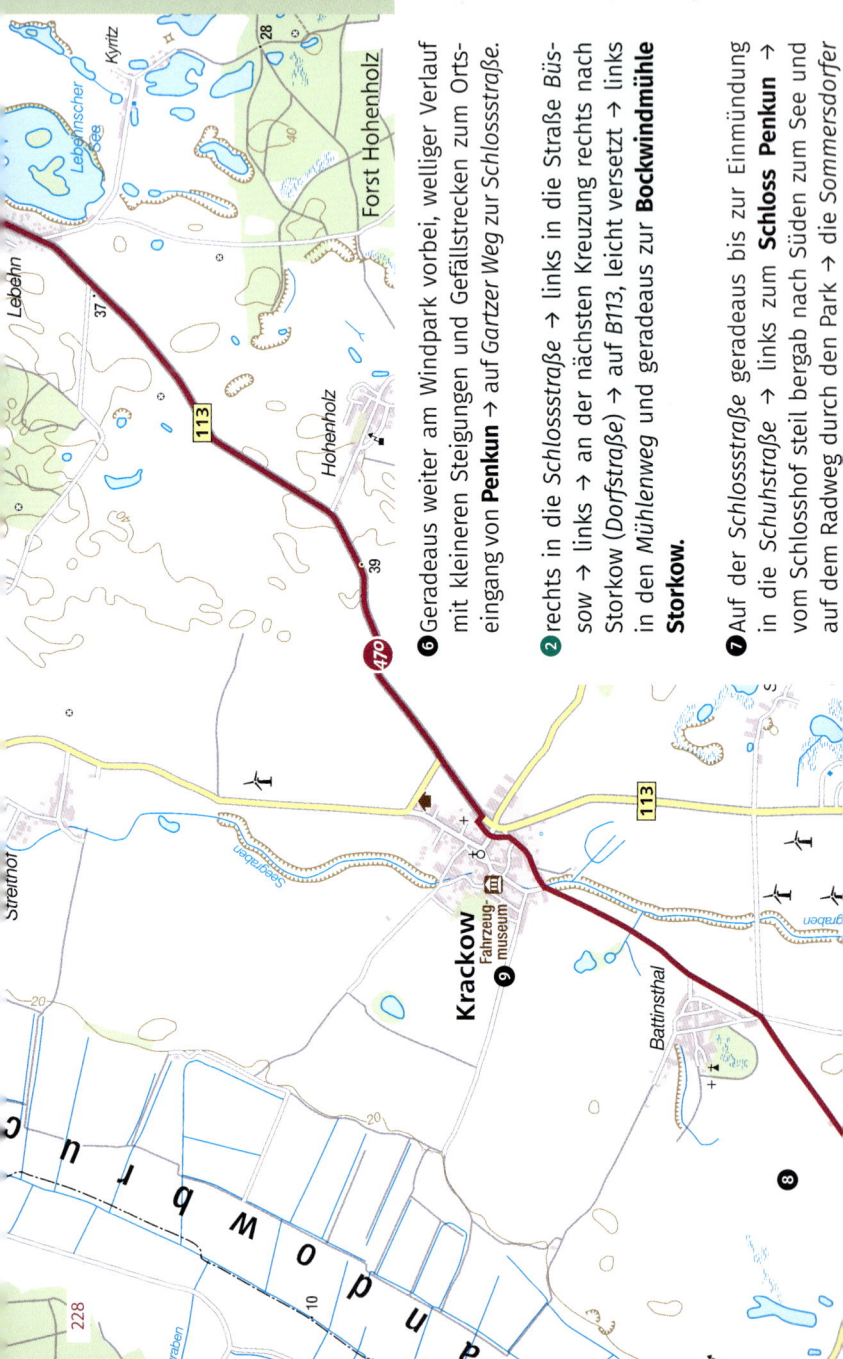

6 Geradeaus weiter am Windpark vorbei, welliger Verlauf mit kleineren Steigungen und Gefällstrecken zum Ortseingang von **Penkun** → auf *Gartzer Weg* zur *Schlossstraße*.

2 rechts in die *Schlossstraße* → links in die Straße *Büssow* → links → an der nächsten Kreuzung rechts nach Storkow (*Dorfstraße*) → auf *B113*, leicht versetzt → links in den *Mühlenweg* und geradeaus zur **Bockwindmühle Storkow.**

7 Auf der Schlossstraße geradeaus bis zur Einmündung in die *Schuhstraße* → links zum **Schloss Penkun** → vom Schlosshof steil bergab nach Süden zum See und auf dem Radweg durch den Park → die Sommersdorfer

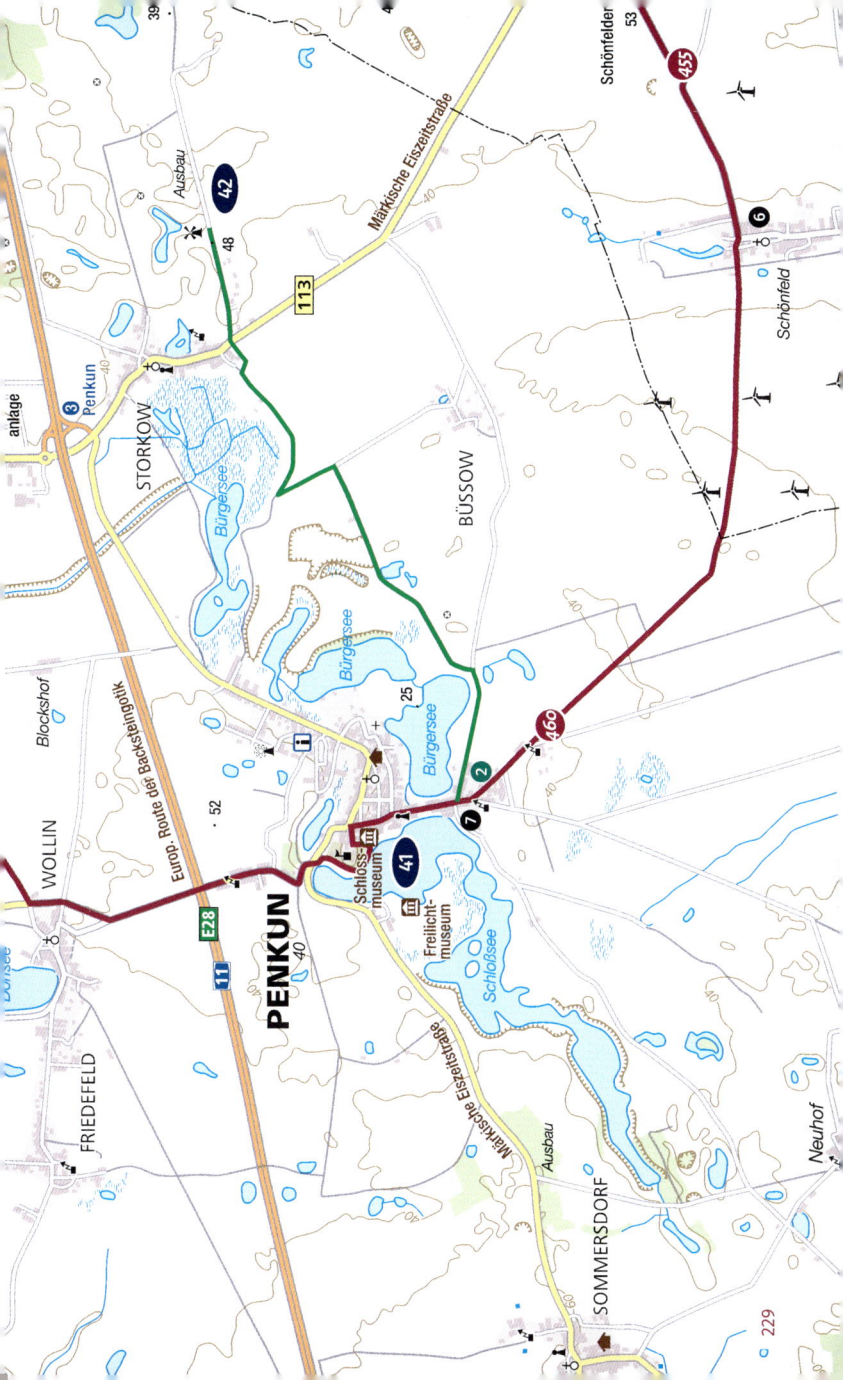

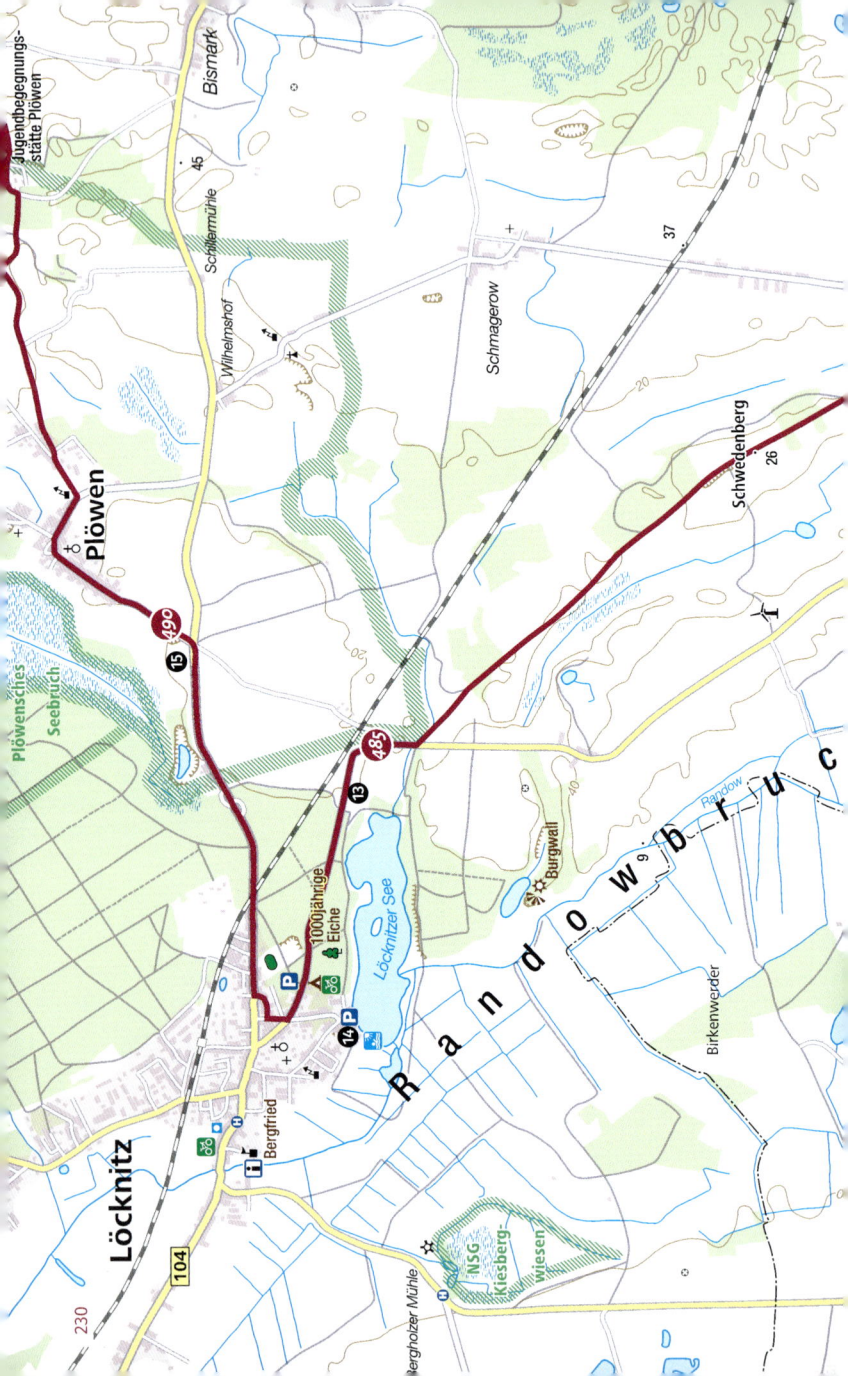

Kapitel 7: Von Gartz (Oder) nach Ueckermünde

Chaussee kreuzen und auf die Straße *Am Bahnhof* → dem Verlauf der Straße aus dem Ort folgen → unter der Autobahn hindurch und steil bergauf zum Ortsrand von **Wollin**, den Ort umrunden → auf der Höhe an der zweiten Ortszufahrt rechts auf die *Battinsthaler Straße* zu den ersten Häusern von **Battinsthal**

❽ an der Sternkreuzung geradeaus an Battinsthal vorbei nach **Krackow** → am Ortseingang rechts weiter auf dem *Battinsthaler Weg* zur *Penkuner Straße* (B113)

❾ diese queren und links auf dem straßenbegleitenden Radweg an Windrädern vorbei zum Abzweig nach Hohenholz → geradeaus weiter bis **Lebehn,** auf der *B133* durch den Ort, am Ortsausgang ein Rastplatz am Seeufer

❿ 500 m weiter → links Richtung Ramin nach **Sonnenberg** → links und gleich rechts aus dem Ort nach **Ramin**

⓫ der *Raminer Dorfstraße* geradeaus bis zur Kreisstraße folgen → links und auf der Kreisstraße nördlich von Ramin am Ort vorbeifahren.

⓬ Nach rund 1 km am Beginn einer nach links abbiegenden Allee → rechts in den *Salzower Weg*, nach 4 km → rechts in die *L283* auf den Radweg.

⓭ Nach 1 km und einer Anhöhe beim Radschild die *L283* queren und durch den Wald parallel zum See nach **Löcknitz.**

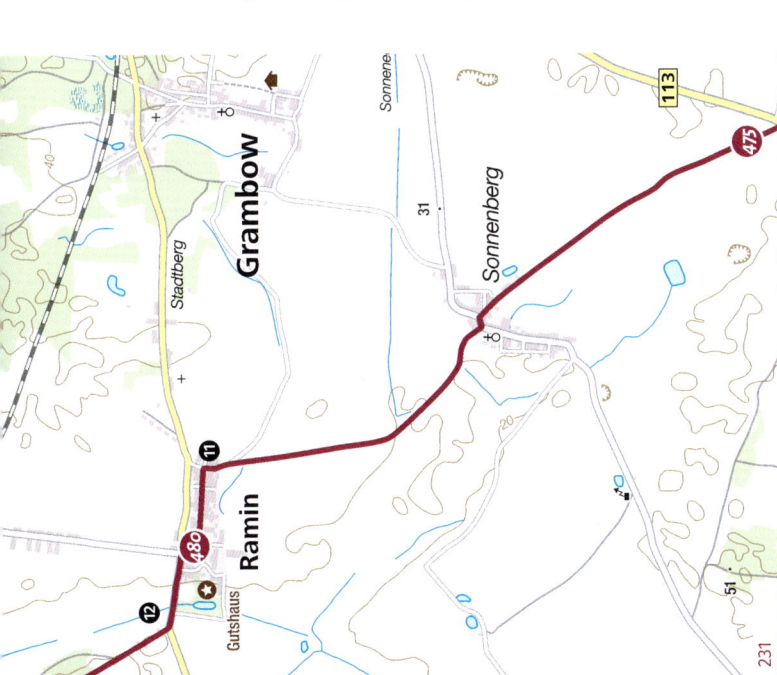

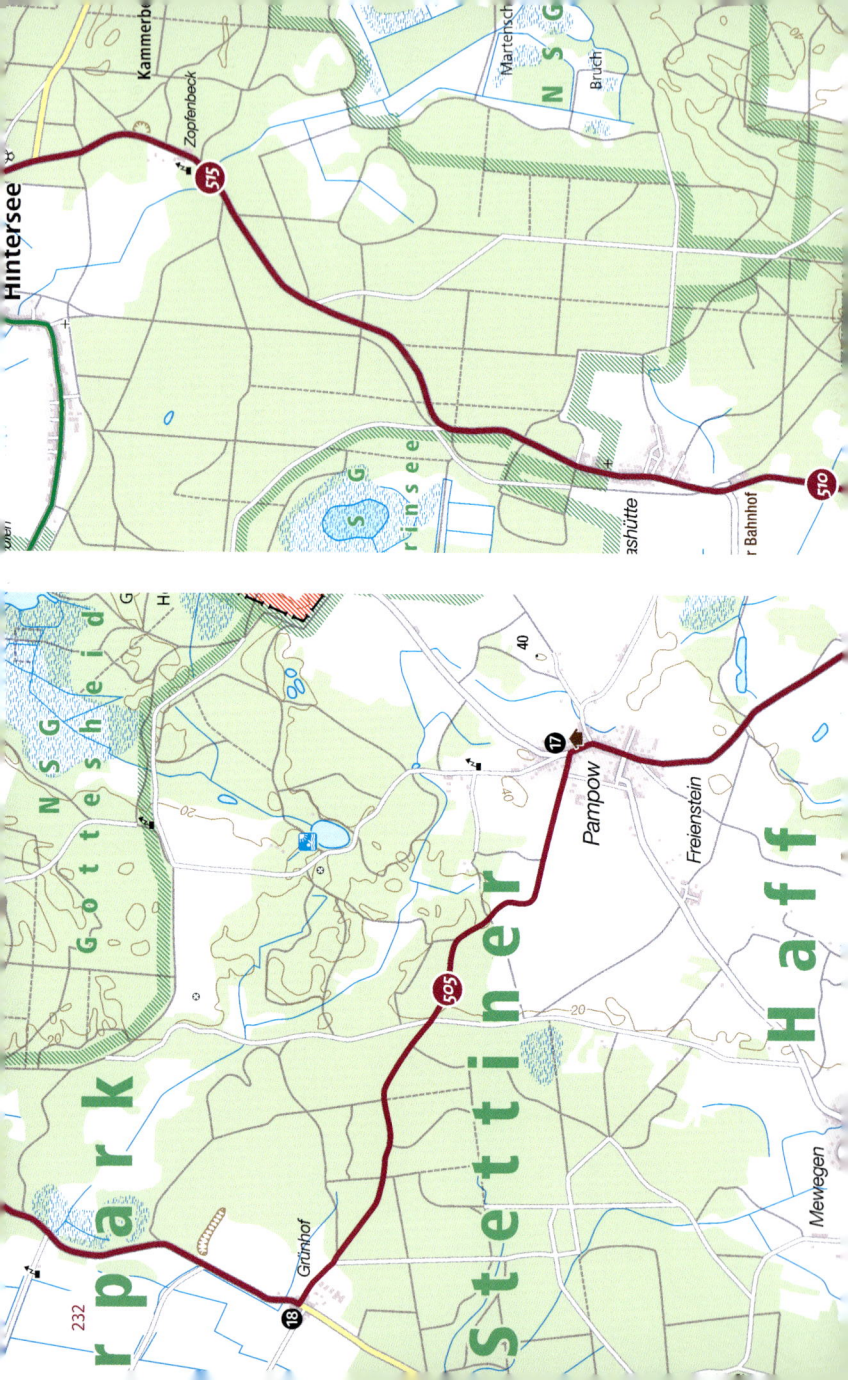

Kapitel 7: Von Gartz (Oder) nach Ueckermünde

⓮ In **Löcknitz** beim Parkplatz des Hotels → rechts in die Straße *Am See* → die *L283* queren und geradeaus weiter in die *Karl-Liebknecht-Straße* → an der *Chausseestraße (B104)* rechts und auf dem Radweg die Stadt nach Osten Richtung Plöwen verlassen

⓯ 2 km nach dem Ortsende beim Abzweig nach Plöwen → links auf die *Dorfstraße* durch **Plöwen** → nach der Kirche rechts halten und weiter auf der *Dorfstraße* bleiben → am Ortsende links in den *Springweg* → nach dem Gewerbeareal nach rechts in den *Hohenfelder Weg*, vorbei am links liegenden **Kutzowsee** → im Bogen rechts an der Jugendbegegnungsstätte vorbei.

⓰ An der T-Kreuzung → links und durch die Felder, 4 km nach der Begegnungsstätte liegt links der **Obersee**, weiter nach **Blankensee** → auf der *Dorfstraße* in den Ort, nach der Kirche an der T-Kreuzung → links in die Vorfahrtsstraße (*Dorfstraße*) → dieser in einem Rechtsbogen aus dem Ort und weiter nach **Pampow** folgen

⓱ im Ort links und in einem Linksbogen den Ort Richtung Grünhof verlassen → der Hauptroute durch Wald leicht bergab nach **Grünhof** folgen

⓲ → rechts auf dem straßenbegleitenden Radweg leicht ansteigend nach **Glashütte** → durch den Ort und am Ortsende auf dem Radweg nach **Hintersee**

Kapitel 7: **Von Gartz (Oder) nach Ueckermünde**

3 Auf der *Dorfstraße* an der Kirche vorbei → links in die *Dorfstraße*, auf dieser um den Seegrund herum nach **Gegensee** und weiter auf der Landesstraße nach **Ahlbeck** zur Dorfkirche → dem Verlauf der *Dorfstraße* folgen, nach einem Rechtsbogen geradeaus → 3. Straße rechts ab und →rechts in die Straße *Vorsee* → gleich wieder links und in einem weiten Linksbogen durch Wald nach **Ludwigshof** → rechts auf die Kreisstraße und vor zum Radweg

19 Noch vor der Kirche beim Haus 42a → rechts auf den unbefestigten Radweg, der am Waldrand auf der Trasse der ehemaligen Randower Kleinbahn nach **Ludwigshof** führt (dort führt links ein Weg zum Aussichtsturm Ludwigshof)

20 Die *Kreisstraße* in Ludwigshof queren und weiter durch Wald entlang eines Bahndamms nach **Rieth** →

21 Am Ortseingang links zur *Kreisstraße* → rechts und gleich links in den *Stieger Weg* Richtung Warsin, nach den letzten Häusern in einer Links-Rechtskurve in den Ortsteil **Riether Stiege** und weiter zum **Neuwarper See**

22 Auf dem Deich am **Aussichtsturm** vorbei zum **Hedwigshof**, dann nach dem Schöpfwerk Riether Stiege eine leichte Rechtskurve und durch Wald der Beschilderung folgend zum Ortseingang von **Warsin**

Kapitel 7: **Von Gartz (Oder) nach Ueckermünde**

㉓ Auf der Straße *Sanddüne* zur *Dorfstraße* →

❹ Rechts in die *Dorfstraße* → rechts in die *Südstraße* und für 6,8 km der Straße folgen → bei den ersten Häusern rechts ab und an den Binnendünen vorbei zur *Hafengasse* → nach 400 in der *Hafengasse* → rechts in die *Hafengasse* zum
❺ **Hafen Altwarp.**

㉔ links auf dem straßenbegleitenden Radweg (linke Seite) Warsin verlassen, durch **Vogelsang** nach **Bellin** → die L31 queren (der Radweg verläuft nun durch Bellin auf der rechten Straßenseite), der *Dorfstraße* (L31) durch das Dorf folgen und geradeaus zu einem Kreisverkehr, geradeaus weiter →

㉕ 800 m nach dem Kreisel zum Ortseingang von Ueckermünde → rechts auf den *Kanalweg* und am Feldrand entlang (Richtung Strand) → links weiter auf dem *Kanalweg* und den Wegweisern nach rechts zum **Fischereihafen** folgen und → links weiter auf der Strandpromenade zum **Strandbad Ueckermünde**

Kapitel 7: **Von Gartz (Oder) nach Ueckermünde**

㉖ Am Parkplatz → links und auf der Straße *Zum Strand* zur Holzbrücke über den **Köhnschen Kanal** → geradeaus weiter auf der Straße *Zum Strand*, über die Bahn und vor zum Kreisverkehr → rechts in die *Ueckerstraße* und über die **Ueckerbrücke** → geradeaus weiter auf der *Ueckerstraße* → rechts in die *Schulstraße* zur Marienkirche und zum

㉗ **Markt von Ueckermünde/Ziel.**

Kapitel 8: **Von Ueckermünde nach Ahlbeck**

Start

❶ In **Ueckermünde** vom Nordende des Marktes → links in die *Hospitalstraße* → rechts in die *Ueckerstraße* → an der Y-Kreuzung geradeaus der Vorfahrtsstraße (*Anklamer Straße/L31*) folgen zur Radbrücke über die Zarow, auf der *Dorfstraße* in den Ort **Grambin** → an der Y-Kreuzung beim Haus 97 → links die Hauptstraße verlassen, weiter auf der *Ernst-Thälmann-Straße*, nach dem Friedhof → rechts im spitzen Winkel in die *Neue Straße* zur Hauptstraße → links in die *Dorfstraße* (L31) und auf der linken Seite auf dem straßenbegleitenden Radweg aus dem Ort

❷ die *L31* queren und rechts auf dem Radweg durch die Felder nach Mönkebude, auf der Straße *Am Mühlenberg*, dann *Haffstraße* in einem weiten Rechtsbogen zum Hafen von **Mönkebude** (Zeesenboot zur Insel Usedom)

❸ vom Hafen gleich links in die *Alte Dorfstraße* → die *Hauptstraße* queren und weiter auf der *Lübser Straße* (rechts St. Petri) → am Waldrand rechts und nochmals rechts zurück Richtung *Hauptstraße*

❹ Im Wald parallel zur L31 auf Kiesweg nach Westen (beschwerlich, alternativ auf der Hauptstraße fahren) → am südlichen Ortsrand von **Leopoldshagen** → rechts in die *Bahnhofstraße*, geradeaus → nach den letzten Häusern links → links zurück in den Wald und dem Radweg bis zu

den Häusern von **Hoheheide** folgen → rechts vor zur L31, diese queren → links auf Teerstraße nach **Bugewitz** 1 →

5 rechts, über die Brücke Anklamer Mühlgraben und geradeaus auf der *Dorfstraße* nach **Bugewitz** → geradeaus nach Norden auf der *Dorfstraße* durch den Ort → vor der Kirche links und auf der *Dorfstraße* den Ort verlassen → Brücke über den Alten Mühlgraben → links auf kleiner Teerstraße parallel zum Wasser vor zum **Beobachtungsturm** (Rastplatz und Parkplatz)

6 rechts vom Alten Mühlgraben dem Wasserlauf folgen,

7 den Abzweig nach Kamp passieren → weiter dem kurvenreichen Wasserlauf (Rosenhager Beck) folgen, der Weg zwischen Wasserlauf zur Linken und See zur Rechten ist schmal und schwer zu befahren

8 nach 4 km an der Teerstraße nach **Kamp** (K48) → links über die **Brücke** der Rosenhager Beck Richtung Anklam, nach 800 m an der T-Kreuzung → rechts auf Plattenweg, vor bis **Gnevezin** → rechts auf Betonplattenweg, den

Kapitel 8: Von Ueckermünde nach Ahlbeck

Schildern auf dem Radweg durch die Felder bis zu den ersten Häusern von **Anklam** (OT Schanzenberg) folgen

❾ nach Linksbogen → rechts in die *Bluthsluster Straße*, am Schwimmbad vorbei, die Gleise kreuzen, an zwei Kreiseln geradeaus weiter in die *Pasewalker Straße* (Radweg), nach drittem Kreisverkehr geradeaus in Straße *Neuer Markt*, am Steintor vorbei zum **Marktplatz von Anklam.**

❿ Rechts in die *Peenestraße* (rechts der Radweg) zur Peene → über die Fußgängerbrücke schieben und geradeaus auf den links der *Greifswalder Straße* verlaufenden Radweg → nach einem Rechtsbogen die Bahnunterführung nehmen und rechts der *B109* nach Relzow folgen (rechts das NSG Peenetalmoor)

⓫ bei den ersten Häusern von **Relzow** → rechts in die Straße *Relzow* und an der T-Kreuzung rechts, der Straße in einem Links-, dann Rechtsbogen folgen, den Relzower Mühlbach queren, geradeaus, dann ein weiterer Linksbogen → am Waldrand links und diesem nach Norden folgen.

⓬ Vor dem Parkplatz an der B110 rechts am Waldrand entlang, dann auf einem Waldweg durch den Wald und über die Felder zur B110 in **Libnow** → rechts weiter auf straßenbegleitendem Radweg ansteigend nach **Pinnow** und weiter der *B110* folgend Richtung Zecheriner Brücke → vor der Brücke vorsichtig die *B110* queren und auf ihrer linken Seite über **Zecheriner Brücke** auf die **Insel Usedom** fahren.

Bei den ersten Häusern wieder die *B110* queren und auf dem rechts verlaufenden Radweg bis zur Kreuzung.

243

13 → rechts Richtung Karnin, rechts an **Zecherin** vorbei über die Felder vor zu einer T-Kreuzung → rechts nach **Karnin**

1 Im Linksbogen geht es rechts zum Hafen mit Blick auf die **Hubbrücke.**

14 der *Hauptstraße* weiter nach **Mönchow** folgen, am Lotsenturm und der Kirche vorbei und auf der *K46 (Karniner Straße)* Richtung **Wilhelmshof** → an der Y-Kreuzung in Wilhelmshof links weiter der *K46* nach **Usedom** folgen, an der Stadtgrenze beginnt rechts ein Radweg → diesem zum **Anklamer Tor** folgen.

15 Durch das Stadttor, nach der Kirche → links, über den *Marktplatz* und geradeaus in die *Swinemünder Straße*, dieser bis zur Einmündung in die *B110* folgen → rechts auf den Radweg.

16 Am Ortsende → rechts auf die *K44* Richtung Stolpe, durch Wald, dann über die Felder zum nördlichen Ortsrand von **Stolpe** und in einem Rechtsbogen (Straße *Neubau*) zur *K44* (*Stolper Straße*) → links weiter auf der *K44*, dem Verlauf für 5 km Richtung **Dargen** folgen

2 Bei der Bushaltestelle Prätenow links zum **Wisentgehege Insel Usedom.**

17 An der **Bushaltestelle Prätenow** geradeaus weiter auf der *K44* nach **Dargen,** die *K44* biegt nach links ab → hier geradeaus in die *Schmiedestraße* → rechts in den *Bos-*

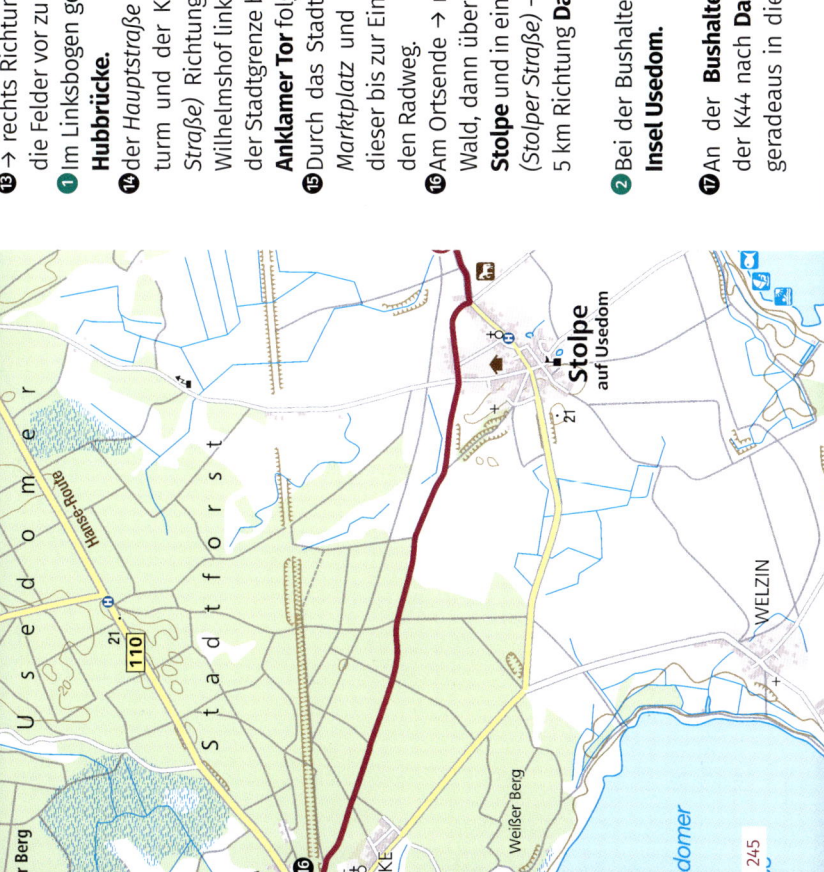

siner Landweg bis zum Straßenende, dann weiter auf Wirtschaftsweg Richtung Bossin → in **Bossin** geradeaus und eine Anhöhe hinauf auf der *Haffbergstraße*, weiter auf der *Garzer Straße* nach **Neverow** hinunter →

⑱ → links und am Waldrand entlang vor zur Vorfahrtstraße (K43) → dieser links am Flugplatzgelände vorbei und dann der Lindenstraße folgen → In der Rechtskurve bietet sich die Möglichkeit auf einem Radweg (parallel zum Flughafen) über Garz bis zum Hafen von Kamminke zu gelangen.

⑲ an der T-Kreuzung auf die Hauptstraße B110 rechts einbiegen und weiter nach **Zirchow** → 100m hinter der Kirche der Hauptstraße nach links folgen und am Ortsende hinter den letzten Häusern auf den straßenbegleitenden Radweg bis zum Waldrand und Siedlungsbeginn von Ulrichshorst bei **Korswandt** →

⑳ dort auf die *Hauptstraße* wechseln und Korswandt durchqueren → durch den Wald am Ufer vom Wolgastsee bis zur Rechtskurve der Hauptstraße L266 → dort links in den *Goetheweg* → am Ende des Parkplatzes → rechts in den ansteigenden Waldweg; durch den Wald schließlich bergab nach **Ahlbeck** →

die Landstraße & Gleise queren → am Einkaufszentrum vorbei zur *Swinemünder Chausee*

Kapitel 8: **Von Ueckermünde nach Ahlbeck**

㉑ → rechts auf den Radweg den Ort Richtung Swinemünde verlassen → vor dem **Parkplatz (Grenze)** →links ab und auf dem Radweg vor zur *Uferpromenade (Dünenstraße)* → links Richtung Ahlbeck bis zu unserem Ziel, der **Seebrücke an der Ostsee**.

Schlenker zum Steilufer von Bansin:

❸ An der Seebrücke auf der Uferpromenade geradeaus nach Heringsdorf und weiter zur Seebrücke nach **Bansin.**

❹ Am Ende der Uferpromenade (Parkplatz) zu Fuß am

❺ **Steilufer Bansin** entlang.

Schlenker zum Historischen Rathaus in Swinemünde:

❸ An der Seebrücke auf der *Uferpromenade* geradeaus nach Südosten Richtung Grenze

❻ Nach der Grenze beim Parkplatz leicht versetzt geradeaus in die *Stefana Żeromskiego* nach **Swinemünde**

❼ auf Höhe des Hotels Admiral → rechts in die *Feliksa Nowowiejskiego* → links in die *Juliusza Słowackiego* → rechts in die *Jana Matejki*, durch den Wald. Auf Höhe des Amphitheaters (links) →

❽ → links in die *Fryderyka Chopina* und dem Straßenverlauf bis zur Einmündung in die *Marszałka Józefa Piłsudskiego* folgen →

❾ → rechts auf die *Marszałka Józefa Piłsudskiego*, am Platz *Plac Wolności* → links in die *Bohaterów Września*,

an der nächsten Kreuzung →rechts in die *Armii Krajowej* zum **Historischen Rathaus** in **Swinemünde**.

© KOMPASS-Karten, A-6020 Innsbruck (22.01)
1. Auflage 2022   Verlagsnummer 6923   ISBN 978-3-99121-322-2

Text: Raphaela Moczynski

Titelbild: ©LIGHTFIELD STUDIOS - stock.adobe.com

S. 4: © TMB-Fotoarchiv/Steffen Lehmann
S. 5 o.: ©Onda – Stock.adobe.com
S. 5 u.: © Peggychoucair – Pixabay
S. 8 o.: © TMB-Fotoarchiv/Steffen Lehmann
S. 8 u.: © Th. Schulze Prenzlau/Nationalpark Unteres Odertal
S. 10 o.: © Fotograupner – Stock.adobe.com
S. 10 u.: © Kay Tschersich
S. 12-13: © TMB-Fotoarchiv/Steffen Lehmann
S. 14-15, 16-17: © Kulturhafen Groß Neuendorf (www.verladeturm.de)
S. 18-19: © TMB-Fotoarchiv/Steffen Lehmann
S. 20-21: © Jonas Reichard – Pixabay
S. 22-23: © Stefan Brencik Stock.adobe.com
S. 24-25: © Sabine Bends – Pixabay
S. 25: © Kay Tschersich
S. 27: © Ji – Stock.adobe.com
S. 29: © JackF – Stock.adobe.com
S. 31: © Alena Tučímová – Pixabay
S. 33: © André Beer – Pixabay
S. 35: © NPÚ, SH Grabštejn (www.hrad-grabstejn.cz)
S. 36: © Sebastian Rose
S. 37: © Thomas Glaubitz
S. 39: © Thomas Glaubitz
S. 41: © Zittauer StadtentwicklungsGmbH
S. 42: © zora120875– www.pixelio.de
S. 43: © cattalin – Pixabay
S. 44-45: © Ben Drohninger – Pixabay
S. 47 o.: © Michael Warm – Pixabay
S. 47 u.: © Kay Tschersich
S. 49: © Lohoyski – Pixabay
S. 50: © Kay Tschersich
S. 50-51: © Martin Tajmr – Pixabay
S. 51: ©Verein bergbaulicher Zeitzeugen e.V. (www.verein-bergbaulicher-zeitzeugen.de) (Highlights)
S. 53: © Stephanie Broege – Pixabay
S. 55: © Berkemeyer – Pixabay
S. 56-57: © Künstlerische Holzgestaltung Bergmann GmbH.
S. 57 u.: © Ben Drohninger – Pixabay
S. 58-59: © Engin Akyurt – Pixabay
S. 60-61: © Progarten – Stock.adobe.com
S. 63: © Itprax – Pixabay
S. 64-65, 68-69: © konradkerker – Stock.adobe.com
S. 70: © Herbert Aust – Pixabay
S. 72: © Kay Tschersich
S. 74-75: © Jörg Peter Rademacher – Pixabay
S. 76-77: © Wolf Pohl – Pixabay
S. 79: © Berkemeyer – Pixabay
S. 80-81: © Peggychoucair – Pixabay
S. 82: © Kay Tschersich
S. 83: © Elke Englert

S. 85, 86: © Peggychoucair – Pixabay
S. 87: Michael Werner Nicke– www.pixelio.de
S. 88: © Liane M – Stock.adobe.com
S. 89: © Henry Martin Klemt – Stock.adobe.com
S. 91: © Kay Tschersich
S. 92: © Katja Xenikis – Stock.adobe.com
S. 93: © David Mark – Pixabay
S. 94: © edam – Stock.adobe.com
S. 95: © Janusz Szuba – Pixabay
S. 98-99: ©Bollwerk 4 (www.bollwerk4.de)
S. 100-101: © TMB-Fotoarchiv/Steffen Lehmann
S. 102 o.: © eagleeye56 – Pixabay
S. 102-103: © Werner Anders – www.pixelio.de
S. 104-105: © TMB-Fotoarchiv/Steffen Lehmann
S. 106-107: © TMB-Fotoarchiv/Steffen Lehmann
S. 108-109: © Museum der Festung Küstrin (www.muzeum.kostrzyn.pl)
S. 109: ©Verein Fort Gorgast e.V.
S. 111: © Kulturhafen Groß Neuendorf (www.verladeturm.de)
S. 113: © TMB-Fotoarchiv/Steffen Lehmann
S. 115: © Olaf Jentzsch – Pixabay
S. 120-121: © Hans-Jörg Wilke
S. 122-123: © Hans-Jörg Wilke
S. 124: © TMB-Fotoarchiv/Steffen Lehmann
S. 125: © Tilo Grellmann – Stock.adobe.com
S. 126-127: © ArTo – Stock.adobe.com
S. 128-129: © Aufwind-Luftbild – Stock.adobe.com
S. 130-131: © TMB-Fotoarchiv/Steffen Lehmann
S. 132: © Tabakmuseum Vierraden
S. 133: © Hans-Jörg Wilke
S. 134-135: © RitaE – Pixabay
S. 136-137: © TMV/Thomas Grundner
S. 139: © Michael Voigt
S. 140 u.: © Almgren – Stock.adobe.com
S. 140-141, 142: © Kay Tschersich
S. 143: © Fotograupner – Stock.adobe.com
S. 144: © Kay Tschersich
S. 145: ©Pecold – Stock.adobe.com
S. 146: © Fotograupner – Stock.adobe.com
S. 148, 149: © TMV/Andreas Süß
S. 150: © Fotograupner – Stock.adobe.com
S. 151: © Oderhaff Reederei Peters GmbH & Co. KG
y Peters
S. 152-153: © TMV/Andreas Süß
S. 154-155: © RitaE – Pixabay
S. 156: © Rene Wandel – Pixabay
S. 159: © Alwin Harder (www.segeln-am-stettiner-haff.de)
S. 160: © Peter Engelke – Stock.adobe.com
S. 161: © Kerstin Riemier – Pixabay
S. 162, 164: © Gundula Vogel – Pixabay
S. 166: © Otto-Lilienthal-Museum
S. 167: © TMV/Thomas Grundner
S. 168: © Jan Kästner
S. 169: © TMV/Andreas Süß
S. 170: © Gabriele Planthaber – www.pixelio.de
S. 171: © Blickfang – Stock.adobe.com

S. 172: © Uta Riethig – Pixabay
S. 173: © Andreas Köhler-Balden
S. 174-175: © nck_gsl – Pixabay
S. 176: Dr. Matthias Gründling
S. 178-179: Reinhard Thrainer – Pixabay

Grafische Herstellung: Raphaela Moczynski
Kartengrundlage für Extra-Tourenkarte: © MairDumont, D-73751 Ostfildern 4

Alle Angaben und Tourenbeschreibungen wurden nach bestem Wissen gemäß unserer derzeitigen Informationslage gemacht. Die Radtouren wurden sehr sorgfältig ausgewählt und beschrieben, Schwierigkeiten werden im Text kurz angegeben. Es können jedoch Änderungen an Wegen und im aktuellen Naturzustand eintreten. Radfahrer und alle Kartenbenützer müssen darauf achten, dass aufgrund ständiger Veränderungen die Wegzustände bezüglich Befahrbarkeit sich nicht mit den Angaben in der Karte decken müssen. Bei der großen Fülle des bearbeiteten Materials sind daher vereinzelte Fehler und Unstimmigkeiten nicht vermeidbar. Die Verwendung dieses Radreiseführers + Extratourenkarte erfolgt ausschließlich auf eigenes Risiko und auf eigene Gefahr, somit eigenverantwortlich. Eine Haftung für etwaige Unfälle oder Schäden jeder Art wird daher nicht übernommen. Für Berichtigungen und Verbesserungsvorschläge ist die Redaktion stets dankbar. Korrekturhinweise bitte an folgende Anschrift:

KOMPASS-KARTEN GMBH
Karl-Kapferer-Straße 5, A-6020 Innsbruck
www.kompass.de/service/kontakt